神戸市の教員採用試験過去問シリーズ ⑫

2025年度版

神戸市の面接

過 去 問

協同教育研究会 編

協同出版

はじめに～「過去問」シリーズ利用に際して～

教育を取り巻く環境は変化しつつあり，日本の公教育そのものも，教員免許更新制の廃止やGIGAスクール構想の実現などの改革が進められています。また，現行の学習指導要領では「主体的・対話的で深い学び」を実現するため，指導方法や指導体制の工夫改善により，「個に応じた指導」の充実を図るとともに，コンピュータや情報通信ネットワーク等の情報手段を活用するために必要な環境を整えることが示されています。

一方で，いじめや体罰，不登校，暴力行為など，教育現場の問題もあいかわらず取り沙汰されており，教員に求められるスキルは，今後さらに高いものになっていくことが予想されます。

本書の基本構成としては，面接試験の概要，過去数年間の面接試験の出題内容を掲載しています。各自治体や教科によって掲載年数をはじめ，面接試験対策や提出書類の書き方を掲載するなど，内容が異なります。

また原則的には一般受験を対象としております。特別選考等については対応していない場合があります。なお，実際に出題された順番や構成を，編集の都合上，変更している場合があります。あらかじめご了承ください。

みなさまが，この書籍を徹底的に活用し，教員採用試験の合格を勝ち取って，教壇に立っていただければ，それはわたくしたちにとって最上の喜びです。

協同教育研究会

CONTENTS

第１部

面接試験の概要

面接試験の概要

面接試験の意義

論作文における筆記試験では，教員として必要とされる一般教養，教職教養，専門教養などの知識やその理解の程度を評価している。また，論作文では，教師としての資質や表現力，実践力，意欲や教育観などをその内容から判断し評価している。それに対し，面接試験は，教師としての適性や使命感，実践的指導能力や職務遂行能力などを総合し，個人の人格とともに人物評価を行おうとするものである。

教員という職業は，児童・生徒の前に立ち，模範となったり，指導したりする立場にある。そのため，教師自身の人間性は，児童・生徒の人間形成に大きな影響を与えるものである。そのため，特に教員採用においては，面接における人物評価は重視されるべき内容であり，最近ではより面接が重視されるようになってきている。

面接試験とは

面接試験は，すべての自治体の教員採用選考試験において実施されている。最近では，教育の在り方や教師の役割が厳しく見直され，教員採用の選考においても教育者としての資質や人柄，実践的指導力や社会的能力などを見るため，面接を重視するようになってきている。特に近年では，1次選考で面接試験を実施したり，1次，2次選考の両方で実施するところも多くなっている。

面接の内容も，個人面接，集団面接，集団討議(グループ・ディスカッション)，模擬授業，場面指導といったように多様な方法で複数の面接試験を行い，受験者の能力，適性，人柄などを多面的に判断するようになってきている。

最近では，全国的に集団討議(グループ・ディスカッション)や模擬授業を実施するところが多くなり，人柄や態度だけでなく，教員としての社会的な能力の側面や実践的な指導能力についての評価を選考基準として重視するようになっている。内容も各自治体でそれぞれに工夫されていて，板書をさせたり，号令をかけさせたりと様々である。

このように面接が重視されてきているにもかかわらず，筆記試験への対策には，十分な時間をかけていても，面接試験の準備となると数回の模擬面接を受ける程度の場合がまだ多いようである。

面接で必要とされる知識は，十分な理解とともに，あらゆる現実場面において，その知識を活用できるようになっていることが要求される。知っているだけでなく，その知っていることを学校教育の現実場面において，どのようにして実践していけるのか，また，実際に言葉や行動で表現することができるのか，といったことが問われている。つまり，知識だけではなく，智恵と実践力が求められていると言える。

なぜそのような傾向へと移ってきているのだろうか。それは，いまだ改善されない知識偏重の受験競争をはじめとして，不登校，校内暴力だけでなく，大麻，MDMA，覚醒剤等のドラッグや援助交際などの青少年非行の増加・悪質化に伴って，教育の重要性，教員の指導力・資質の向上が重大な関心となっているからである。

今，教育現場には，頭でっかちのひ弱な教員は必要ない。このような複雑・多様化した困難な教育状況の中でも，情熱と信念を持ち，人間的な触れ合いと実践的な指導力によって，改善へと積極的に努力する教員が特に必要とされているのである。

面接試験のねらい

面接試験のねらいは，筆記試験ではわかりにくい人格的な側面を評価することにある。面接試験を実施する上で，特に重視される視点としては次のような項目が挙げられる。

① 人物の総合的評価　面接官が実際に受験者と対面することで，容姿，態度，言葉遣いなどをまとめて観察し，人物を総合的に評価することができる。これは面接官の直感や印象によるところが大きい

が，教師は児童・生徒や保護者と全人的に接することから，相手に好印象を与えることは好ましい人間関係を築くために必要な能力と言える。

② 性格・適性の判断　面接官は，受験者の表情や応答態度などの観察から性格や教師としての適性を判断しようとする。実際には，短時間での面接のため，社会的に，また，人生の上でも豊かな経験を持った学校長や教育委員会の担当者などが面接官となっている。

③ 志望動機・教職への意欲などの確認　志望動機や教職への意欲などについては，論作文でも判断することもできるが，面接では質問による応答経過の観察によって，より明確に動機や熱意を知ろうとしている。

④ コミュニケーション能力の観察　応答の中で，相手の意思の理解と自分の意思の伝達といったコミュニケーション能力の程度を観察する。中でも，質問への理解力，判断力，言語表現能力などは，教師として教育活動に不可欠な特性と言える。

⑤ 協調性・指導性などの社会的能力(ソーシャル・スキル)の観察　ソーシャル・スキルは，教師集団や地域社会との関わりや個別・集団の生徒指導において，教員として必要とされる特性の一つである。これらは，面接試験の中でも特に集団討議(グループ・ディスカッション)などによって観察・評価されている。

⑥ 知識・教養の程度や教職レディネスを知る　筆記試験において基本的な知識・教養については評価されているが，面接試験においては，さらに質問を加えることによって受験者の知識・教養の程度を正確に知ろうとしている。また，具体的な教育課題への対策などから，教職への準備の程度としての教職レディネス(準備性)を知る。

第2部

神戸市の面接
実施問題

2024年度　面接実施問題

◆適性検査(1次試験)　45分

【検査項目】

□その他

写真を見て，感情を読み取る問題

※WEB上での受験。

※受検期間は2023年6月16日～6月25日とし，未受検の場合は選考試験の受験資格を失う。

※点数化はせず，面接時の参考資料とする。

◆集団面接(1次試験)

※複数の受験者を1組として行う集団面接形式

▼小学校　面接官2人　受験者6人　30分

【質問内容】

□自身の強みについて。

□教師に求められる資質・能力は。

→どのように身につけるか。

□ストレスが溜まるのはどんな時か。

→その時のマネジメント方法は。

□漢字一字で自分を表すと何か。

▼小学校　面接官2人　受験者5人　30分

【質問内容】

□児童とともに成長するとよく言われるが，あなたはどう思うか。

□教員の働き方改革でなにか新たなアイデアはあるか。

→教科担任制という意見がでたが，あなたがするとすればどの教科をしたいか，またなぜなのか。

▼小学校　面接官2人　受験者6人　30分

【質問内容】

□無人島に一つだけ持っていくとしたら何を持っていくか。ただし，スマホ以外。
→どうしてそれを持っていくのか。

□まる1日休みで100万円あげます。何に使うか。

□趣味はなにか。

□神戸で1番好きなところは。

□神戸で1番好きな食べ物は。

□面接が終わるとどこへ行くか。

◆実技試験(2次試験)

▼小学校教諭(小学校英語コース)

【課題】

□英語による質疑応答
①　英語での簡単なやり取り
②　外国語授業の導入部分の模擬授業

▼中学校・高等学校教諭(英語)

【課題】

□英作文試験

□英語による質疑応答
①　自己紹介および身近な事柄について質問
②　与えられた写真を使用してスピーチ
③　英語教師としての考え方や姿勢

〈持参物〉

筆記用具(HBの鉛筆，消しゴム)

▼中学校・高等学校教諭(技術)

【課題】

① けがき(約10分)

② 木取・切断・仕上げ(約35分)

③ 組み立て・接合(約20分)

④ 回路制作(約10分)

⑤ 電子部品組み立て(約15分)

〈持参物〉

鉛筆(HB)，消しゴム，作業に適した服装，運動靴，水分補給用の飲み物，汗拭き用タオル・ハンカチ等

▼中学校・高等学校教諭(家庭)　80分

【課題】

□課題作品(ミニトートバッグ)の製作

〈製作条件〉

・指定の留意点に従い「ミニトートバッグ」を製作する。

・材料は，布，スナップボタン，手縫い糸，ミシン糸，刺繍糸，四つ穴ボタン，持ち手テープ

・製作の一部でミシンを使用する。

〈持参物〉

筆記用具(裁縫道具等実技試験に必要なものは用意されている)

▼中学校・高等学校教諭(音楽)

【課題】

① ピアノ演奏

・ソナチネ程度(2分程度)

② 歌唱(伴奏なし)

・日本歌曲(2分程度)

③ アルトリコーダー奏

・調号2つまで。表現力が求められる曲(2分程度)

④　移調の筆記問題
〈持参物〉
アルトリコーダー，同封している楽譜，筆記用具

▼中学校・高等学校教諭(美術)　90分
【課題】
□トイレットペーパーとねじ，パプリカを構成しデッサン着色せよ。
ただし，パプリカは切る・つぶす等，加工せず使用すること。
〈使用画材〉
画用紙(配布したもの)，鉛筆，消しゴム，水彩用具(アクリル絵の具は不可)，画板又はカルトン，クリップ
〈持参物〉
B～6Bの鉛筆，消しゴム，水彩用具(アクリル絵の具は不可)，画板又はカルトン，クリップ

▼中学校・高等学校教諭(保体)
【課題】
□器械運動
・マット運動(倒立前転→伸膝前転→前転→側方倒立回転→伸膝後転)
□陸上競技
・50m走
・50mハードル走(男子：4台，H 84cm　インターバル8.5m
女子：4台，H 76cm　インターバル7.5m)
□バスケットボール
・ドリブル(8の字)
・パスからのランニングシュート
・リバウンドからのゴール下ジャンプシュート
〈持参物〉
陸上競技用運動靴(スパイクは不可)，運動ができる服装，体育館シ

ューズ(屋内用の運動靴)・シューズケース，水分補給用の飲み物

▼養護教諭

【課題1】

□歯の脱臼の対応について

校内で行う救急法の研修会の時間に，「子供の歯が抜けた場合」の対応について，教職員を対象に説明することになりました。

下記の事例を元に①～⑦の準備物を必要に応じて使用し，病院へつなぐまでの流れを別紙の項目①～③の順番に3分以内で説明してください。

〈事例〉

子供が体育の時間に運動場で走っていて転倒し，地面に歯をぶつけ永久歯が抜けました。歯茎から出血があり，抜けた永久歯は地面に落ちて砂が付いています。

〈別紙〉

①　ケガをした子供の口腔内の観察と手当について説明する。

②　脱落歯の扱いについて注意点も含め説明する。

③　病院へ搬送する際の注意点について説明する。

〈準備物〉

①歯牙保存液，②牛乳パック(200ml)，③ビニール手袋，④ガーゼ，⑤ティッシュ，⑥歯が破折しているイラスト(A4)，⑦水道水のイラスト(A4)

【課題2】

□異物除去法(背部強打法・腹部突き上げ法)

心肺蘇生法訓練人形を用いて，異物除去(背部強打法，腹部突き上げ法)を傷病者発見から実施してください。

※手順を声に出して，確認しながら行ってください。

◆個人面接(2次試験)　面接官4人　30分(場面指導，模擬面接を含む)

※試験の流れは，自己紹介→模擬授業→場面指導→面接の順で実施される。

〈評価の観点〉

・子供一人一人に愛情をもって関わり，温かく寄り添う感性を持っているか。
・いかなる困難にあっても，子供の笑顔と成長につながる行動がとれるか。
・社会人として守るべき法令やルール，マナーを身につけているか。
・組織の一員として，互いを理解し尊重しながら協働する意義を理解しているか。
・良好な人間関係を築くことができるコミュニケーション能力を有しているか。
・教育を取り巻く社会情勢の変化に関心を持っているか。
・教育者としての責任感・使命感を備え，学び続ける向上心があるか。

▼小学校教諭　面接官4人　30分

【質問内容】

□いつから先生になりたいと思っているのか。
　→きっかけはあるか。
□なぜ神戸市なのか。
　→他に神戸市で魅力に感じる教育は。
　→もし神戸市がだめだったらどうするのか。
□エントリーシート記載の挫折体験について。
□小学校の先生を希望しているが，もしあなたが部活の顧問として部活を引きしめるならどうするか。
□最近怒りを感じたことは。
□趣味は。
□周りからどんな人といわれるか。
□意見がちがう人がいると思うが，どう対応するか。

□アルバイトは何をしていたのか。

□教員以外になるならなにか。

□今日の面接は10点満点中何点か。

→なぜ○点引いたのか。

【場面指導課題】

□プールに行きたくないという児童がいます。対応しなさい。

・1分構想，2分実践(ロールプレイ)。

→他の児童にはどのような指導をするのか。

→このことは保護者に伝えるか。

▼小学校教諭　面接官4人　30分

【質問内容】

□中・高の免許取得見込みだがなぜ小学校か。

□自分の嫌なところは。

□苦手なことは。

→そういう子どもがいたらどうするか。

□長年続けているスポーツについて。

【場面指導課題】

□明日の校外学習，お弁当を作ってもらえず，パンを持参しなければならないから，行きたくないという児童への対応。なお，この児童の保護者は給食費を滞納することもあるが，最終的には支払い済。

▼小学校教諭　面接官4人　30分

【質問内容】

□他県を受験しているが，どこが第1志望か。

□場面指導はどのような事に気をつけたか。

□神戸市を志望した理由は。

□神戸市はどんなつながりを大切にしていると思いますか，具体的な内容で答えよ。

□どの教科を教えることが得意か。

□何の教科を教えたくない，または苦手を感じるか。
□特別支援の先生にならない理由は。
□親は教員になることを応援しているか。
□不登校の子ども達はあらゆる要因で不登校になっていると思うが，学級担任としてどう向き合うか。
□特別支援の実習で大変だったことは何か。
□講師をしていて，やりがいはあるか。
□なにか新たに取り組みたいことはあるか。
□挫折した経験について。
→挫折についてほかの現場に出てからの挫折はないか。
□今あなたが頑張りたいと思うことは。
□講師について，どの教科，どの期間行っているか。
→講師をしていて大変なことは。
□併願県のいい所は。
→併願県の教育施策は。

▼中高社会　面接官4人　30分
【質問内容】
□志望動機について。
□ICTを授業でどのように活用するか。
□中学校と高校の違いは。
□教員として不足していることは。
□どのような人だと他人から言われるか。
□最近感情が表に出たことは何か。
□他に受験している自治体は。
□自己アピール。
【場面指導課題】
□美化委員に立候補する生徒がいない中，BさんがAさんを美化委員に推薦した。その場でAさんは小さくうなずいてくれたので，Aさんが美化委員に決まった。その日の放課後，Aさんの親から「Aが学校に行きたくないと言っている。学校で何かあったのか」という電話があった。電話対応しなさい。

▼中高家庭　面接官4人　40分

【質問内容】

□なぜ神戸市を選んだのか。

□神戸市の魅力は何か。

□その他，エントリーシートなど事前に提出した書類の内容について。

【場面指導課題】

□Aくんは授業態度が悪く，何回注意しても改善しない。ある日，同じクラスのBくんがAくんにもっと強く指導してくれないかと相談してきた。Bくんにどのような対応をするか。

・面接官4人のうち，1人が生徒役になり，1：1で場面指導を行った。

・お題が渡され，それを声に出して読み，1分間考える時間が与えられる。その後，3分間場面指導を行う。

◆模擬授業(2次試験)

▼全校種

【実施内容】

□予め提出した指導案から，当日面接官が指定する場面状況に応じて授業を行う。

※時間は全部で5分程度(説明1分，準備時間1分，実演・質問3分程度)

※可能な限り黒板(またはホワイトボード)を使用すること。

※授業開始のあいさつやプリント配布など，授業内容と直接関係ない行為はしない。

※教材教具の持ち込みは一切できない(教材教具が必要な場面では，それらが「あるもの」として授業を行う。)

※教室に子供がいるものとして，発問や説明，指示，板書等を進める。

〈選択する教科等〉

<table>
<tr><th>試験区分</th><th>選択する教科等</th><th>指導略案</th></tr>
<tr><td>小学校教諭
（英語コース）</td><td>小学校高学年（5・6年生）を対象とした授業とし、
教科は「国語」「算数」から選択して行う。</td><td rowspan="5">1単位時間分
A4版1枚
（必ず片面のみ）に
まとめる。

※小学校選択の場合は，
45分設定
※中・高校選択の場合は，
50分設定</td></tr>
<tr><td>中学校・
高等学校教諭</td><td>「出願教科」</td></tr>
<tr><td>特別支援学校教諭</td><td>特別支援学校における集団で行う授業を設定する。
志願している校種・教科に応じて，「教科等を合わせた指導」又は「教科別，領域別の指導」を行う。</td></tr>
<tr><td>養護教諭</td><td>小学生又は中学生を対象とした授業とし，学年設定は自由。
教育課程上の位置付けも考えて，単元や内容等を選択して行う。</td></tr>
<tr><td>栄養教諭</td><td>小学生を対象とした授業とし，学年設定は自由。
教育課程上の位置付けも考えて，単元や内容等を選択して行う。</td></tr>
</table>

〈学習指導略案の様式例〉

◆学習指導略案の様式例

(1)受験番号，試験区分，教科，名前，面接日時，学年，設定した単元の教科・領域等を**必ず記入**する。

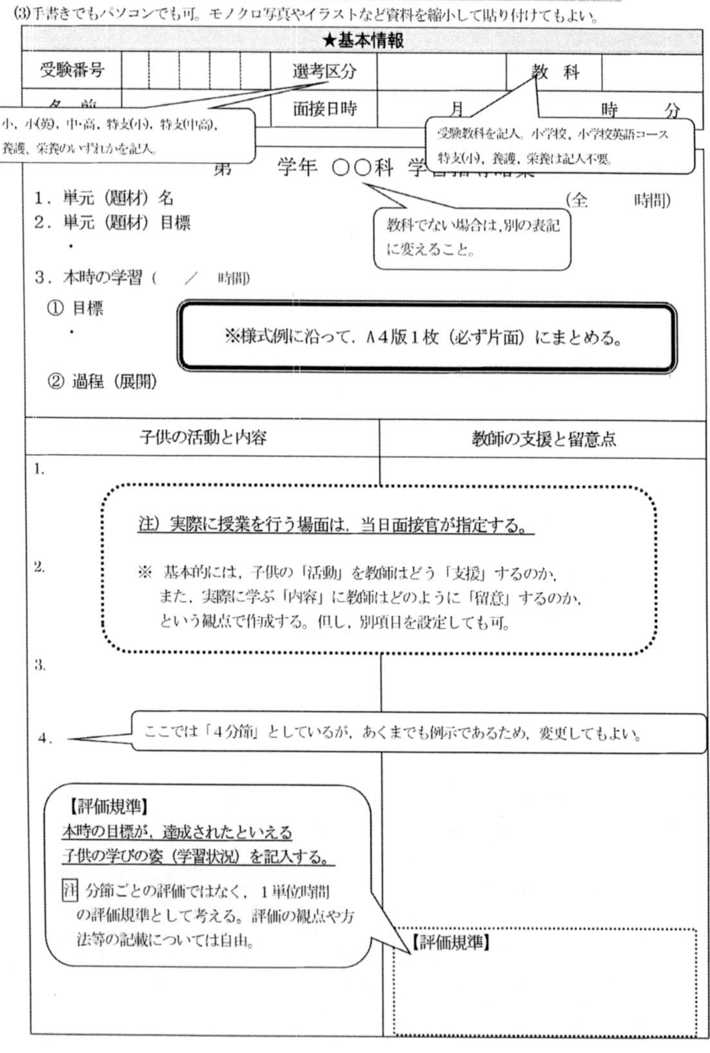

(2)下記の指導略案は**様式例**であり、各項目等の設定は自由。用紙の両端は**1.5cmの余白**をとる。

(3)手書きでもパソコンでも可。モノクロ写真やイラストなど資料を縮小して貼り付けてもよい。

★基本情報

受験番号		選考区分		教　科	
名　前		面接日時	月	時　分	

小，小(英)，中・高，特支(小)，特支(中高)，養護，栄養のいずれかを記入。

受験教科を記入。小学校，小学校英語コース特支(小)，養護，栄養は記入不要。

第　学年　○○科　学習指導略案

教科でない場合は，別の表記に変えること。

1．単元（題材）名　(全　時間)

2．単元（題材）目標

・

3．本時の学習（　／　時間）

① 目標

・

※様式例に沿って，A4版1枚（必ず片面）にまとめる。

② 過程（展開）

子供の活動と内容	教師の支援と留意点
1.	
2.	
3.	
4.	

注）実際に授業を行う場面は，当日面接官が指定する。

※ 基本的には，子供の「活動」を教師はどう「支援」するのか，
また，実際に学ぶ「内容」に教師はどのように「留意」するのか，
という観点で作成する。但し，別項目を設定しても可。

ここでは「4分節」としているが，あくまでも例示であるため，変更してもよい。

【評価規準】
本時の目標が，達成されたといえる
子供の学びの姿（学習状況）を記入する。

注 分節ごとの評価ではなく，1単位時間の評価規準として考える。評価の観点や方法等の記載については自由。

【評価規準】

2023年度　面接実施問題

〈2次試験に関する変更事項〉

※中学校・高等学校教諭区分の保健体育実技試験のうち，「水泳」及び「選択種目(柔道，剣道，ダンス)」は取りやめとなった。

◆適性検査(1次試験)　30分

【検査項目】

□その他

・人の表情などから，感情を読み取る問題

※WEB上での受検。

※受検期間は2022年6月17日～6月27日とし，未受検の場合は選考試験の受験資格を失う。

※点数化はせず，面接時の参考資料とする。

◆集団面接(1次試験)　面接官2人　受験者6人　30分

※複数の受験者を1組として行う集団面接形式

▼小学校

【質問内容】

□教師に必要な資格は。

□これからの子どもに必要な力は。

□最近の気になるニュースは。

□総合的な人間力とは。

→信頼されるためには何が必要か。

□なりたい教師像と今の自分に足りないものは。

・最初の質問のみ順番を決められ，残りの質問は挙手制だった。

◆筆記試験(2次試験)

※小学校教諭，小学校教諭(英語コース)受験者で，特例措置選考「現職教員」区分もしくは大学等推薦特別選考による受験者を対象とする。小論文の試験時にあわせて行われる。

※小学校教諭受験者は【1】～【2】(5分)，小学校教諭(英語コース)受験者は【1】～【3】(10分)を解答する。

〈問題〉

【1】Namiと友人のSandyは，韓国からの留学生について話し合った。2人の会話について，次の問いに答えよ。

Nami : Our student from Seoul arrived on Monday.

Sandy : Fantastic!

Nami : Her name is Soon-hee.

Sandy : That's a pretty name! What's she like?

Nami : She's really nice. I'm sure we'll get on well. We seem to have a lot in common.

Sandy : How do you know that already? What does she like doing?

Nami : Well, she likes dancing, and so do I. And we both like listening to the same kind of music.

Sandy : What does she look like?

Nami : Oh, she's really pretty. She has big, brown eyes and long, dark hair.

Sandy : Why don't we do something with Soon-hee this weekend? What should we do? Go shopping or have lunch? What would she like to do?

Nami : I'll ask her tonight. She was a bit homesick at first, so I'm pretty sure she'll want to go out and make some friends.

Sandy : How is she now?

Nami : Oh, she's OK. She called her parents and felt much better after she'd spoken to them.

Sandy : Oh, that's good. I can't wait to meet her.

(1)　How does Sandy feel about Soon-hee after talking with Nami?

① She gets a little nervous to meet her.
② She wants to know that she can speak English.
③ She finds it might to be difficult to be friends with her.
④ She is looking forward to seeing her.

(2) How does Soon-hee feel now?
① She feels like going shopping and having lunch.
② She is pretty with big eyes and brown hair.
③ She is fine after calling her parents.
④ She feels that she wants to go back home.

【2】次の会話文の(a), (b)にあてはまる適切な語句を①～⑥から選び, 番号で答えよ。ただし, ①～⑥のすべての語句を用いること。

(1) 教師：Now please(　　)(　a　)(　　) and(　　)(　b　)(　　) related to Unit 6. OK?
児童：Yes, OK.
① decide　② into　③ a topic　④ get　⑤ on
⑥ pairs

(2) 教師：Finally,(　　)(　a　)(　　)(　　)(　b　)(　　) about this story. Think about them in groups. How did you like this story?
児童：Very interesting.
① ask　② some　③ let　④ you　⑤ questions
⑥ me

【3】Read the following passage and answer the questions below.

There's nothing worse than going into a class full of people who don't really want to be there. As an EFL teacher most of us have the chance to work with a variety of age groups. Adults are usually in your classroom because they have made the choice to be there and in most cases they have made a financial commitment towards their learning and they know exactly what they want to achieve by (　A　) their language skills.

However, children and teenagers often haven't made their own decision to attend the English class and they are obliged either by their parents or school to do so. It is sometimes appropriate for teachers to take an active role in trying to improve the motivation levels of a group. A highly motivated group of students is generally a lot easier and more fun to teach. Obviously there's only so much you can do, but most teachers have come across de-motivated students at some time in their careers and it's often worth addressing the problem when you recognize it before it escalates further. Don't however feel personally (　B　) for a student's lack of motivation. There are often many factors that contribute towards a lack of motivation and these should be taken into account. Here are some ideas that I've put together which may go some way towards increasing motivation levels in a group or at least addressing the problems and (　C　) them out into the open.

[…]

Try to negotiate some realistic goals with the group. What do they want to be able to do in English by the end of the course? Find out, and think of ways of achieving those goals together. Achieving the goals will take effort on both parts, it's not only up to you; so be sure they accept their part of the bargain and take some responsibility for their own learning goals.

(1) Choose the appropriate word for(A)～(C) from the words below. The same word(s) cannot be used twice.

① bringing　② improving　③ responsible

(2) Choose the answer that fits with the passage above.

① Adults in the English class are usually without any motivation of their learning.

② Children and teenagers often attend the English class with their own decision.

③ There are no good ideas towards student's lack of motivation in the English class.

④ Some realistic goals for English learning will be effective on both of students and teachers.

◆実技試験(2次試験)

▼小学校教諭(小学校英語コース)

【課題】

□英語による質疑応答

① 英語での簡単なやり取り

② 外国語授業の導入部分の模擬授業

▼中学校・高等学校教諭(英語)

【課題】

□英作文試験

あなたが中学校で受けた英語教育について，英語教員になった時に同じような授業を行うか，それとも異なる授業を行うか。具体例と，そう考える理由

□英語による質疑応答

① 自己紹介および身近な事柄について質問

② 与えられた写真を使用してスピーチ

③ 英語教師としての考え方や姿勢について質問

〈持参物〉

筆記用具(HBの鉛筆，消しゴム)

▼中学校・高等学校教諭(技術)

【課題】

① けがき(約10分)

② 木取・切断・仕上げ(約35分)

③ 組み立て・接合(約20分)

　④　回路制作(約10分)
　⑤　電子部品組み立て(約15分)
〈持参物〉
　作業に適した服，靴

▼中学校・高等学校教諭(家庭)　80分
【課題】
□課題作品(小物入れ)の製作
〈製作条件〉
・指定の留意点に従い「小物入れ」を製作する。
・材料は，布，スナップボタン，手縫い糸，ミシン糸，刺繍糸，四つ穴ボタン。
・製作の一部でミシンを使用する。

▼中学校・高等学校教諭(音楽)
【課題】
①　ピアノ演奏
　・ソナチネ程度(2分程度)
②　歌唱(伴奏なし)
　・日本歌曲(2分程度)
③　アルトリコーダー奏
　・調号2つまで。表現力が求められる曲(2分程度)
〈持参物〉
　アルトリコーダー

▼中学校・高等学校教諭(美術)　90分
【課題】
□ポリ袋と角材，レモンを構成しデッサン・着色せよ。ただし，レモンは切る・つぶす等，加工せず使用すること。
〈使用画材〉

画用紙(配布したもの)，鉛筆，消しゴム，水彩用具(アクリル絵の具はのぞく)，画板もしくはカルトン，クリップ

〈持参物〉

B～6Bの鉛筆，消しゴム，水彩用具，画板又はカルトン，クリップ

▼中学校・高等学校教諭(保体)

【課題】

□器械運動

・マット運動(倒立前転→伸膝前転→前転→側方倒立回転→伸膝後転)

□陸上競技

・50m走

・50mハードル走(男子：4台，H 84cm　女子：4台，H 76cm)

□バスケットボール

・ドリブル(8の字)

・パスからのランニングシュート

・リバウンドからのゴール下ジャンプシュート

〈持参物〉

運動靴(スパイクは不可)，体育館シューズ

▼養護教諭

【課題】

□実技A

設問「アナフィラキシー発症時の救急対応について(教職員向け説明)」

食物が原因でアナフィラキシーを発症するおそれのある児童が入学し，アドレナリン自己注射「エピペン」を学校に持参することになりました。4月当初の職員会議で，アナフィラキシー発症時の対応について，教職員へ話をします。アナフィラキシーを発症したと想定し，救急隊につなぐまでの内容で話をしてください。

□実技B

設問「心肺蘇生法(プールで溺れた場合の対応)」

① 心肺蘇生法訓練人形を用いて，心肺蘇生法を傷病者発見から行ってください。

※心肺蘇生法の手順を，声に出しながら行ってください。

※新型コロナウイルス感染症予防の観点から，人工呼吸については実際に吹きこみません(口頭で補足説明をします)。

② AEDトレーナーを用いて，除細動の実施まで行ってください(タオル・ハサミ・人工呼吸用マウスピースを使用してもよい)。

〈事故の状況〉

・水泳の授業中，生徒が溺れひきあげられたところ，意識がありません。

・AEDはプールサイドの救護テントにあります。

◆個人面接(2次試験)　面接官4人　30分(場面指導，模擬授業を含む)

※試験の流れは，自己紹介→模擬授業→場面指導→面接の順で実施される。

〈評価の観点〉

・子供一人一人に愛情をもって関わり，温かく寄り添う感性を持っているか。

・いかなる困難にあっても，子供の笑顔と成長につながる行動がとれるか。

・社会人として守るべき法令やルール，マナーを身につけているか。

・組織の一員として，互いを理解し尊重しながら協働する意義を理解しているか。

・良好な人間関係を築くことができるコミュニケーション能力を有しているか。

・教育を取り巻く社会情勢の変化に関心を持っているか。

・教育者としての責任感・使命感を備え，学び続ける向上心があるか。

▼小学校教諭

【質問内容】

□他の自治体の受験状況について。

□苦手だなと思う人はどんな人か。

→どんな背景があると思うか。

→どのように関わるのか。

□短所について。

→予め決めておくときの工夫とは。

→自分は決めているのに相手が優柔不断だったときは。

→周りからどんな人と言われるのか。

□どんな教師になりたいのか。

□教員になるにあたって不安なことは。

【場面指導課題】

□グループ活動の時に，B君がA君と机をくっつけるのを嫌そうな顔をしています。指導してください。

・課題を読んだ後，1分考える時間が与えられ，2分で実演する。

→この後の展開は。

→指導した後にまたそのような事があればどうするか。

◆模擬授業(2次試験)

▼小学校教諭

【実施内容】

□予め提出した指導案から，1番子どもとの関わりが多い所を聞かれる。

・指定後1分考える(板書OK)。

【模擬授業後の質問内容】

□この授業はどこかでしたことがあるか。

→その時に苦労した点は。

□どうしたら良かったか。

2022年度　面接実施問題

〈2次試験に関する変更事項〉

※小学校教諭区分の実技試験(水泳・器械体操)は廃止された。

※新型コロナウイルス感染症拡大防止の観点から，中学校・高等学校教諭区分の保健体育実技試験(必須種目：水泳，選択科目：柔道・剣道・ダンス)は中止となった。

◆適性検査(1次試験)

※2021年度に引き続き2022年度も全受験者の適性検査はWEB上で行われた。

※受検期間は2021年6月17日～6月23日とし，未受検の場合は選考試験の受験資格を失う。

※点数化はせず，面接時の参考資料とする。

▼養護教諭

□写真や文章を見て「この人の今の心情は」などと聞かれる。あてはまると思うものを選択肢から選ぶ。

・個人のパソコンで実施した。

▼中高国語

【検査内容】

□クレペリン検査

・4択。絵を見て，感じたことを選ぶ。

・自分の性格などについて。

◆集団面接(1次試験)　面接官3人　受験者6人　30分(討論30分，質疑応答30分)

※討論形式による面接官からの質疑応答等。

▼小学校

【テーマ】

□観光業を助けるために行う取り組みについて。

※討論形式

・終了3分前に面接官から声かけあり。

・司会を決める時間を含めて15分。

・司会を中心に，それぞれの意見を思いついた人から意見を述べた。

・一通り意見が出た後に，賛成意見，付け足しをそれぞれ発表した。

【質問内容】

※挙手制

□市外から来た人を，神戸に観光に連れて行くとしたらどこに行くか。

□自分のふだんの役割は何か。

□今回の討論の自己評価(100点中)とその理由

▼中高国語

【テーマ】

□本音と建前について。相手の気持ちを慮ることを踏まえて本音と建前の必要性や場面分けについて話し合いなさい。

・今年は例年と違い時事に関するテーマを出題すると試験前に伝えられた。

【質問内容】

□「本音」と「建前」について今まで経験したこと。

・具体的に答えないと，追質問がある。

▼中高数学

【テーマ】

□神戸市の人口減少を防ぐために，どのような取り組みを行えばよいか。

◆筆記試験(2次試験)

※小学校教諭，小学校教諭(英語コース)受験者で，特例措置選考「現職教員」区分もしくは大学等推薦特別選考による受験者を対象とする。小論文の試験時にあわせて行われる。

※小学校教諭受験者は【1】，【2】(5分)，小学校教諭(英語コース)受験者は【1】～【3】(10分)を解答する。

〈問題〉

【1】Namiと友人のSandyは，韓国からの留学生について話し合った。2人の会話について，次の問いに答えよ。

Nami ：Our student from Seoul arrived on Monday.

Sandy：Fantastic!

Nami ：Her name is Soon-hee.

Sandy：That's a pretty name! What's she like?

Nami ：She's really nice. I'm sure we'll get on well. We seem to have a lot in common.

Sandy：How do you know that already? What does she like doing?

Nami ：Well, she likes dancing, and so do I. And we both like listening to the same kind of music.

Sandy：What does she look like?

Nami ：Oh, she's really pretty. She has big, brown eyes and long, dark hair.

Sandy：Why don't we do something with Soon-hee this weekend? What should we do? Go shopping or have lunch? What would she like to do?

Nami ：I'll ask her tonight. She was a bit homesick at first, so I'm pretty sure she'll want to go out and make some friends.

Sandy：How is she now?

Nami ：Oh, she's OK. She called her parents and felt much better after she'd spoken to them.

Sandy ：Oh, that's good. I can't wait to meet her.

(1) How does Sandy feel about Soon-hee after talking with Nami?

① She gets a little nervous to meet her.

② She wants to know that she can speak English.

③ She finds it might to be difficult to be friends with her.

④ She is looking forward to seeing her.

(2) How does Soon-hee feel now?

① She feels like going shopping and having lunch.

② She is pretty with big eyes and brown hair.

③ She is fine after calling her parents.

④ She feels that she wants to go back home.

【2】次の会話文の(a), (b)にあてはまる適切な語句を①～⑥から選び，番号で答えよ。ただし，①～⑥のすべての語句を用いること。

(1) 教師：Now please (　　)(a) (　　) and (　　) (b) (　　) related to Unit 6. OK?

児童：Yes, OK.

① decide　② into　③ a topic　④ get　⑤ on　⑥ pairs

(2) 教師：Finally, (　　)(a)(　　)(　　)(b)(　　) about this story. Think about them in groups. How did you like this story?

児童：Very interesting.

① ask　② some　③ let　④ you　⑤ questions　⑥ me

【3】Read the following passage and answer the questions below.

There's nothing worse than going into a class full of people who don't really want to be there. As an EFL teacher most of us have the chance to work with a variety of age groups. Adults are usually in your classroom because they have made the choice to be there and in most cases they have made a financial commitment towards their learning and they know exactly what they want to achieve by (A) their language skills.

However, children and teenagers often haven't made their own decision to attend the English class and they are obliged either by their parents or school to do so. It is sometimes appropriate for teachers to take an active role in trying to improve the motivation levels of a group. A highly motivated group of students is generally a lot easier and more fun to teach. Obviously there's only so much you can do, but most teachers have come across de-motivated students at some time in their careers and it's often worth addressing the problem when you recognize it before it escalates further. Don't however feel personally (B) for a student's lack of motivation. There are often many factors that contribute towards a lack of motivation and these should be taken into account. Here are some ideas that I've put together which may go some way towards increasing motivation levels in a group or at least addressing the problems and (C) them out into the open.

[…]

Try to negotiate some realistic goals with the group. What do they want to be able to do in English by the end of the course? Find out, and think of ways of achieving those goals together. Achieving the goals will take effort on both parts, it's not only up to you, so be sure they accept their part of the bargain and take some responsibility for their own learning goals.

(1) Choose the appropriate word for (A)～(C) from the words below. The same word(s) cannot be used twice.

① bringing　② improving　③ responsible

(2) Choose the answer that fits with the passage above.

① Adults in the English class are usually without any motivation of their learning.

② Children and teenagers often attend the English class with their own decision.

③ There are no good ideas towards student's lack of motivation in the English class.

④ Some realistic goals for English learning will be effective on both of students and teachers.

【解答】

【1】 (1) ④　(2) ③

【2】 (1) a ②　b ⑤　(2) a ⑥　b ②

【3】 (1) A ②　B ③　C ①　(2) ④

◆実技試験(2次試験)

▼養護教諭

【課題】

□実技A

設問「熱中症の予防と対応についての保健教育」

6月中旬，気温も上昇してきたので，小学校の朝会の中で熱中症予防についての話を全校生に行う。対象は1年生から6年生までの児童。5分以内で話をせよ。

□実技B

設問「嘔吐への対応について(教職員向けの説明)」

教室で児童生徒等が嘔吐した際の対応について，4月当初の職員会で教職員に話をする。5分以内で説明をせよ。

▼小学校教諭[小学校英語コース](英語)
【課題】
□英語による質疑応答
①　英語での簡単なやり取り
②　自己紹介の授業の導入部分の模擬授業

▼中学校・高等学校教諭(技術)
【課題】
①　けがき(約10分)
②　木取・切断・仕上げ(約35分)
③　組み立て・接合(約20分)
④　回路製作(約10分)
⑤　電子部品組み立て(約15分)

▼中学校・高等学校教諭(家庭科)
【課題】
□課題作品(ティッシュボックスケース)の製作
〈製作条件〉
・指定の条件で「ティッシュボックスケース」を製作する。
・材料　布，スナップ，綾織りテープ，手縫い糸，ミシン糸
・製作の一部でミシンを使用する。
(試験時間：80分)

▼中学校・高等学校教諭(音楽)
【課題】

①	ピアノ演奏	ソナチネ程度(2分程度)
②	アルトリコーダー奏	調号2つまで。表現力が求められる曲(2分程度)
③	歌唱(伴奏なし)	日本歌曲(2分程度)

▼中学校・高等学校教諭(美術)

【課題】

□三角フラスコと養生テープを以下の条件で構成し，デッサン・着色せよ。

(制作時間は90分間)

・養生テープを三角フラスコに巻き付けたり絡めたりして構成すること。その際，養生テープを切って使用してもつながったまま使用してもよい。

・三角フラスコを養生テープで完全に覆わないようにすること。

・モチーフはすべて描くこと。

〈使用画材〉

画用紙(配布したもの)，鉛筆，消しゴム，水彩用具(アクリル絵の具はのぞく)，画板もしくはカルトン，クリップ

▼中学校・高等学校教諭(英語)

【課題】

□英作文試験

外国人英語指導助手(ALT)と協同授業を行う効果と，授業を行う上で留意すべき点を80語以上の英語で書きなさい。

□英語による質疑応答

① 自己紹介および身近な事柄について質問

② 与えられた写真を使用してスピーチ

③ 英語教師としての考え方や熱意について質問

◆模擬授業(2次試験)　面接官4～5人　受験者1人　2～3分

▼養護教諭

【実施内容】

・子供と対話がある部分はどこかと聞かれ，実施する場面を決める。

・面接官1人が子供役で挙手したりしてくれた。
・子供からの答えは，鋭いところを突かれた。
・模擬授業後，口頭試問が行われた。
□この授業は教育実習でしたのか。
□この授業の中で難しそうだと思うこと。
□もし子供から発表がなかったらどうするか。

▼中高国語
【実施内容】
・事前に提出した指導案の中で生徒と関わりの多いところを指定される。
・授業中，面接官の生徒役の1人が手を挙げてきたり，「僕もできる！」など発言したりしてきた。
・終了後，2，3問質問あり。

▼中高数学
【実施内容】
・事前に指導略案を提出した。
・スムーズに進めさせてくれなかった。

◆個人面接(2次試験)　面接官4～5人　受験者1人　約30分(模擬授業3分，場面指導3～5分，個人面接あわせて)
※自己紹介→模擬授業→場面指導→面接の順で実施
▼養護教諭
【質問内容】
□他の自治体の出願状況について。
□中学校(志望校種)を志望する理由。
□穏やかそうに見えるが，声を荒げて怒ったりしたことはあるか。
□子供たちに声を荒げて指導するか。

□自傷行為をする子供に，どんなことに気をつけて対応するか。
□ストレス発散法について。
□子供にストレス発散法についてどのようにアドバイスするか。
□もし4月にどこからも声がかからなかったらどうするか。
→志望校種と違う校種になっても大丈夫か。
□求める教員像3つの中で一番足りていないと思うのはどれか。それを補うには。
□どんな保健室経営を行いたいか。
□気持ちの切り替えは上手くできる方か。
□どんなタイプの人が苦手か。
→苦手なタイプの人と，どう上手くやっていくか。
→根本的に自分と考え方が違う人もいると思うが，やっていけそうか。
□最後に，言い残したことはあるか。
【場面指導】
□Aさんは「お弁当が自分だけパンだから校外学習に行きたくない」と言う。Aさんの保護者は，給食費が滞ることはあっても，最終的にはちゃんと払っていた。Aさんが保健室に入ってきたところから実施する。
・実施後，場面指導についての口頭試問があり。
□場面指導はどんなことが難しいと思ったか。
□保護者への連絡の具体的内容は。
□保護者に，「家庭のことに口を突っ込まないでください」と言われたらどうするか。

▼養護教諭
【質問内容】
□ストレス解消について。
□大学について。
・プライベートな質問が多かった印象。

・対話と笑顔を意識して話した。

【場面指導】

□子供が，校外学習にお弁当ではなくパンを持参する。家庭で作ってもらえない。担任に言わずに保護者へ伝えて欲しい。

・寄り添いつつ，軸を持って話す。ぶれないことが大切。

▼中高国語

【質問内容】

□「神戸市が求める3つの教師像」の中で一番自分が合致しているものと，足りていないと思うものは何か。また，その理由は。

・例年と違って，今年は机の上に「神戸市が求める3つの教師像」が書かれた紙が置いてあり，それについて聞かれた。

・個人面接は自分に関することがほとんどで，専門的なことは1つも聞かれなかった。

【場面指導】

□発達に課題を抱えたAくん。専門機関につないで発達検査をしてもらいたい。Aくんの親にこのことをどう伝えるか。ただし，親は課題があることを認識していない

・1分考える時間あり。

・紙が渡され，番号と課題を読むように指示がある。

・終了後，2～3問質問あり。

▼中高数学

【質問内容】

□数学が苦手だという子は多いと思われるが，どのような工夫をするか。

□教員に対するマイナスなイメージはあるか。

・模擬授業，場面指導を同時に行った。合わせて35分程だった。

【場面指導】

□下校時間になってもA君が帰らない。理由を聞くと，「お母さんが叩

くから帰りたくない」。詳しく話を聞いていると，A君の母から息子が帰ってこないと電話がきた。電話対応をしなさい。

2021年度　面接実施問題

※2021年度(令和3年度採用)神戸市立学校教員採用候補者選考試験は，新型コロナウイルス感染症拡大防止のため，日程及び内容等が大幅に変更された。

※日程：全受験者の適性検査が6月24日までにWEB上で行われた。受験方法等の詳細は受験者に6月11日に一斉メールにて連絡された。

※密集を避けるため，校種・教科ごとに時間帯を「午前開始」と「午後開始」に振り分けて実施された。また，小学校・小学校英語コース区分のうち英語筆記試験のみ受験する受験生の試験が延期され8月の第2次試験において実施された。

※小論文の提出が8月18日から8月23日に変更された。

※内容等：集団面接の討論形式，小学校教論区分の実技試験(水泳・器械運動)が中止された。また，特別支援学校教諭区分の小学校受験についても実技試験は中止された。

※中学校・高等学校の保健体育実技試験について，必須科目のうち水泳を中止するとともに，選択科目(柔道・剣道・ダンス)を中止した。中学校・高等学校の保健体育の実技は中止となった種目以外で実施された。

※一次試験の集団面接について，密接を避けるため受験者同士による討論形式の集団面接を面接官による質疑応答に変更して実施された。

※配点：小学校教諭区分の実技試験(水泳・器械運動)，特別支援学校教諭区分の小学校受験の実技試験の中止に伴い，同実技試験の配点をすべて小論文に移行した。

※その他：試験当日は，コロナウイルス感染拡大予防のためマスク着用の指示があった。

※指消毒用のアルコールが試験会場に設置されていた。

◆適性検査(1次試験)　(試験時間は受験者によって異なる)

※今年度はWEB上で期限日までの実施，点数化はせず，面接時の参考資料とする。

▼小学校教諭

【検査内容】

□YG

□絵を見て自分はどのような感情か答える。

□シチュエーションを想像して，自分の考えを書く。

▼小学校教諭

【検査内容】

□写真を見て，感情を答えるものと，文章の質問に答えるもの。

▼小学校教諭

【検査内容】

□性格検査

・1次試験が行われる前に自宅PCで実施。

▼小学校教諭

【検査内容】

□人の顔の写真を見て，感情を読み取る。

▼中高音楽

【検査内容】

□人の表情に関する問い

□性格に関する問い

□自分の感情に関する問い

◆集団面接(1次試験)　面接官3人　受験者6人　30分

※面接官による質疑応答形式

▼小学校教諭

【質問内容】

・集団面接は挙手制がほとんどであった。

・同じ大学(偏差値45)くらいの大学の知人が，全員挙手を1番にし，全員(4人中4人)1次試験に合格した。神戸市は，1次試験で免除者をのぞき，100人程度(受験者600人中)しかのこらないので，はやめの挙手は効果的だったのかと思われる。

▼小学校教諭

【質問内容】

□教員に必要な資質能力は(1分考える時間あり)

□運動会のことで，先輩(ベテラン)教員と意見がくいちがったら

□上記でくじけそうになったら

→我慢する　その人とどう関わる

□大人，社会人として1番大切なことは

□「採用しないと損しますよ」自己PR

□学校の方針には従わなければならない。自分のやりたいことができなかったらどうする

▼小学校教諭

【質問内容】

□生徒指導で気をつけたいことは

□自殺を予防するには

□教師になる自信は何％あるか。

□教師として一番大切だと思うことは

・和やかな雰囲気というより，圧迫面接に近いものだった。同じところを受けた友人達たちは和やかな雰囲気の面接であった。

▼小学校教諭

【質問内容】

□受験番号，名前，を全員言い終えたら，面接官の指示のもと着席

□教師の資質として大切なことは何か。1分間考えてください。

□先生と意見がぶつかり合うことがあるが，その時どう対応するか。

□実際に教師として働き出したら辛くてどうしようもないことがあると思います。そのときにどうしますか。

・毎年行われていた自己PR(1分間)はなし

・挙手，順番，指名制による質疑応答

・計6問くらいの質問

▼中高音楽

【質問内容】

□教師に向いていると思うところ

□教壇に立って一番に伝えたいこと

□集団活動で付けさせたい力は

□個人活動だけでいいと言われているがどう思うか

□中学校教師を志望した理由

▼高校保体

【質問内容】

□保健体育教員に必要な資質能力は

→その必要なことをどう身につけるか

□上司に指導したいことを全否定されたらどうするか

□ストレス発散法

□社会人として大切にしていきたいこと

・順番に当てたのち，挙手制

・面接官が一人2つくらい質問していく

◆筆記試験(2次試験)

※小学校教諭，小学校教諭(英語コース)受験者で，1次試験で専門教科の筆記試験を受験しなかったものが対象。小論文の試験時にあわせて行われる。

※小学校教諭受験者は【1】～【2】，小学校教諭(英語コース)受験者は【1】～【3】を解答する。

〈問題〉

【1】YokoさんとTomさんは，the Sustainable Development Goalsに関する下記のイラストを見ながら話し合った。YokoさんとTomさんの会話について，次の問いに答えよ。

Yoko : Have you seen this picture? These are the Sustainable Development Goals. The 17 goals were adopted by all UN Member States in 2015. They are set to achieve a better and more sustainable future for all.

Tom : Yes, of course. I know them. Are you interested in them?

Yoko : Yes. It is important that we achieve them all by 2030. I am most interested in Goal 4 : Quality Education. About 260 million children were still out of school in 2018, nearly one fifth of the global population of children.

Tom : Education is a key to escaping poverty. I think that Goal 2 : Zero Hunger is important for children. More than 820 million people regularly go to bed hungry in the world today. I cannot do anything without food.

Yoko : The 17 goals are all interconnected. Let's learn more about them.

Tom : Oh, yes. By the way, do you remember tomorrow's soccer game? I will be one of starting members of the game.

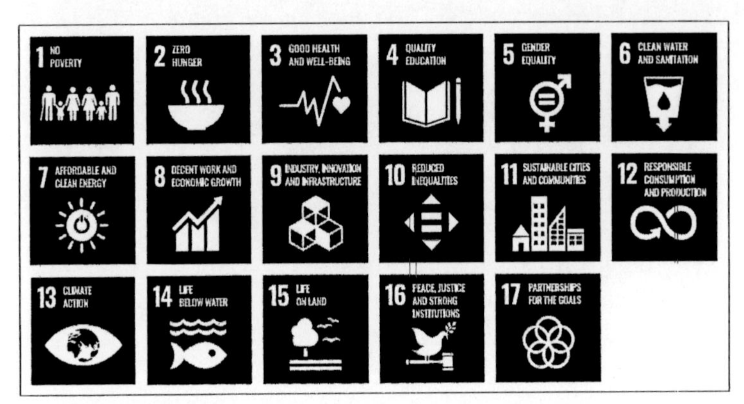

(17 ICONS: BLACK/WHITE VERSION, SUSTAINABLE DEVELOPMENT GOALS, UNITED NATIONS DEPARTMENT OF GLOBAL COMMUNICATIONS)
(https://www.un.org/sustainabledevelopment/wp-content/uploads/2019/01/SDG_Guidelines_AUG_2019_Final.pdf)

(1) Which goal of the 17 is important to Tom?

① No Poverty

② Zero Hunger

③ Good Health and Well-Being

④ Quality Education

(2) Currently, how many years do we have left to achieve the Goals?

① Five years

② Ten years

③ Fifteen years

④ Twenty years

【2】次の担任とALTの会話の(　A　), (　B　)にあてはまる適切な語句を①～⑥から選び，番号で答えよ。ただし，①～⑥のすべての語句を用いること。

(1) ALT: What is the goal of this Unit?

担任: At the (　　) (　　) this unit we want (　　) (　A　) to (　B　)(　　) to introduce themselves.

① of　② able　③ end　④ be　⑤ students
⑥ the

(2) 担任: The students (　　) (　A　) to (　　) (　　) (　B　) (　　) from around the world.
ALT: O.K. I have some traditional clothes from my country. I will bring them.

① traditional　② like　③ would　④ clothing
⑤ about　⑥ learn

【3】Read the following passage and answer the questions below.

When teaching children. maintaining discipline is very important. Without it, our learners can easily drift off task, be distracted, or at worst disruptive. However, this does not mean we need to be super strict with rules and enforcing them. [　①　] We should also strive to be positive with the language we use – avoid “Don’…” and “You mustn’t…” and go for “Always…” and (　A　) commands instead. Finally, too many rules can be confusing so it is best to stick to 4 or 5 simple ones. [　②　] My primary class rules generally look like this：

- Always listen when someone is speaking
- Be on time and be ready
- Always be polite
- Ask before you take

However, we also need to focus on the other aspects of classroom management as well. [③] Learners at this age need to feel safe and secure when learning something new and a positive classroom atmosphere with a (B) environment helps tremendously with this. [④] If you always start the lessons with a familiar song or an active stretching routines, the children can relax and they know the lesson is about to begin.

(Teaching English, British Council, BBC https://www.teachingenglish.org.uk/より一部抜粋)

(1) Choose the most appropriate word for (A) and (B) from the words below.
The same word cannot be used twice.
① strict ② new ③ positive ④ familiar

(2) Choose the most appropriate place from the spaces ([①] ~[④]) for the following sentence.

That is why class routines are so important.

(3) Choose the most suitable title that fits with the passage above.
① Defining Classroom Management
② Enforcing Discipline
③ Negotiating Rules with Learners
④ Making Rules for Teachers

【解答】
【1】 (1) ② (2) ②
【2】 (1) A ⑤ B ④ (2) A ② B ①

【3】 (1)　A　③　　B　④　　(2)　④　　(3)　①

◆実技試験(2次試験)

▼幼稚園教諭

【課題】

①縄を使っての遊び

②ピアノの伴奏と律動　(律動2種類)曲指定

③保育場面での導入　(設定された保育場面の導入をする)

④歌の導入と弾き歌い

前　　半	後　　半
・　バスごっこ ・　どんぐりころころ ・　おおきなたいこ ・　かたつむり ・　どんな色が好き	・　大きな栗の木の下で ・　とんぼりめがね ・　てをたたきましょう ・　ニャニュニョの天気予報 ・　どんな色が好き

▼養護教諭

【課題】

□実技A

設問「視力検査の意義と方法」

4月，中学校で定期健康診断の視力検査を行います。ただ，身体測定・聴力検査など他検査と同時に一斉検診として実施するため，養護教諭は視力検査を行いません。視力検査を担当する他教員に視力検査の実施について説明しなさい。

(視力検査器，遮眼器，ハンドル，アルコール綿，用紙，筆記用具を使用してもよい。)

(時間は5分以内)

□実技B

設問「三角巾を使用した固定方法」

中学1年生女子が，球技大会のバレーボール試合中に，右手を体育館床に突き転倒した。右肩に強い痛みがあり，骨折の疑いのため病院受診することになった。受診までの応急処置として，三角巾を使用し腕を固定しなさい。(試験官を生徒に見立て固定を行う。)
(時間は5分以内)

▼小学校教諭
※コロナウイルスの影響により実施中止
※それに伴い実技試験の配点をすべて小論文に移行する。

▼小学校教諭[小学校英語コース](英語)
【課題】
□英語による質疑応答
① 英語での簡単なやりとり
② 授業の導入部分(自己紹介等)の実施

▼中学校・高等学校教諭(技術)
【課題】
① けがき(約15分)
② 木取り・切断・仕上げ・組み立て・接合(約50分)
③ 電子部品組み立て(約15分)

▼中学校・高等学校教諭(家庭科)
【課題】
□課題作品(ティッシュケース)の製作
〈製作条件〉

・指定の条件で「ティッシュケース」を製作する。
・材料　布，スナップ，手縫い糸，ミシン糸
・製作の一部でミシンを使用する
(試験時間：80分)

▼中学校・高等学校教諭(保健体育)

【課題】

「器械運動」「陸上競技」「バスケットボール」「バレーボール」の計4種目を実施。

種　　目	内　　　容
器械運動	・マット運動 倒立前転→伸膝前転→前転→側方倒立回転→伸膝後転
陸上競技	・６０ｍ走 ・６０ｍハードル 男）６台、Ｈ８３．８ｃｍ 女）６台、Ｈ７６．２ｃｍ
バスケットボール	・ドリブル（８の字） ・パスからのランニングシュート ・リバウンドからのゴール下ジャンプシュート
バレーボール	・一人バレー （反対コートから投げ入れられたボールをレシーブ・トス・スパイクの３段攻撃で返球する。）

▼中高音楽

【課題】

①　ピアノ演奏　　　　　ソナチネ程度(2分程度)
②　アルトリコーダー奏　調号2つまで。表現力が求められる曲(1分30秒程度)
③　歌唱(伴奏なし)　　　日本歌曲(1分30秒程度)
・ピアノ演奏は1次試験時に楽譜が配布される。楽曲はメンデルスゾ

ーンの「信頼」，繰り返し，よく練習しておくこと。
・アルトリコーダー演奏の楽譜は試験時に配布され1分間の音出し可能な準備時間あり，高い「ファ」の運指まで求められる楽曲で5連符など曲の難易度は高い。
・歌唱(伴奏なし)は部屋前で1分の譜読みと部屋内でキーボードを使って1分半の譜読みあり。
・聞いたことのない日本歌曲でカタカナが多く譜読みしにくいため，事前に譜面を速読できる能力を高めておくこと。
・一次の結果を待たずに練習をした方がよい。

▼中学校・高等学校教諭(美術)

【課題】

□利き手と反対の手とスプーンを構成し，デッサン・着色せよ。
(制作時間は90分間)
※作品名を画用紙表の右下すみに記入すること。
〈使用画材〉
画用紙(配布したもの)，鉛筆，消しゴム，水彩用具(アクリル絵の具はのぞく)，画板もしくはカルトン，クリップ

▼中学校・高等学校教諭(英語)

【課題】

□英作文試験
設問　次のテーマについて，あなたの意見を答えなさい。

AIが急速に発展している中で，AIを用いたロボットが英語の授業で試験的に使用され始めている。この指導方法に関する利点と欠点，またそれぞれの理由も合わせて，80語以上の英語で書きなさい。

□英語による質疑応答
① 自己紹介および身近な事柄
② 写真から読み取ったテーマに関して，指定された表現を用いて行うスピーチ
③ 英語教師としての考え方や熱意

◆模擬授業(2次試験)　面接官4～5人　受験者1人　3分
▼小学校教諭
【実施内容】
□自分で自由に指導案を作成し，事前に提出。
□当日，面接官に指示された場所を3分間する。

▼小学校教諭
【実施内容】
□教科は自由，A4判1枚で指導案作成し事前に提出。
□当日，面接官が指定する場所，場面，状況に応じて授業を行う。(面接官は子供役をしない。)
・どこを指定されてもいいように，練習を重ねておく。
・面接官から「子供とのやりとりが一番多いところは？」と質問され，答えた部分を授業させて頂いた。

▼小学校教諭
【実施内容】
□事前に指導略案を郵送で提出(どの学年でも教科でも可能)。
□指導略案のみ持ち込み可能。黒板あり。
□面接官は見ているだけ。
・個人面接時に模擬授業についてふれられた。

▼小学校教諭

【実施内容】

□事前に指導案を提出する。

□内容は特に決まっていない。

□当日に「指導案のこの部分をやってください。」と指定される。

□ホワイトボード(黒，赤，青の3色のペンあり)

▼中高音楽

【実施内容】

□2次試験前に指導案を提出。

□道徳・音楽から自由に範囲を決めることができ，その中から3分することになる。当日，面接官から指定がある。

・活動の多い場面を指定されることが多い。また，板書もできるかぎりしなくてはならないため練習が必要である。

・部屋によって，板書をするものが黒板かホワイトボードか異なる。

◆個人面接(2次試験)　面接官4～5人　受験者1人　約30分(模擬授業3分，場面指導3～5分，個人面接あわせて)

▼小学校教諭

【質問内容】

□なぜ神戸を志望したのか

・3，4回圧迫ぎみに聞かれた。出身でない場合，しっかりと考えた方がよいと思われる。

・嫌いなタイプ，嫌いな人と一緒になったら…などマイナス傾向な質問が多い。

【場面指導】

□遠足の日の前日，4年生の男の子が「明日の遠足に行きたくない」と言っています。理由は，お弁当がパンだから。対応しなさい。

▼小学校教諭

【質問内容】

□緊張しているか

□朝ごはんは食べたか

□受験番号，名前，意気込みを一言で

□神戸市以外の受験状況は

□他の自治体よりも神戸市がいい理由は

□教員を目指すきっかけ

□恩師の名前→どこがよかったか

□喜怒哀楽のエピソード

□ボランティアで困ったこと
　→どう対応した

□不安なことは

□チームワークとは

□チームワークを乱す人がいたら

□面接がおわったら何をする

□面接は何点

【場面指導】

□お母さんにお弁当を作ってもらえず，「みんなとお弁当を食べる時に一人だけパンだと恥ずかしいから校外学習に行きたくない」と言うAさんを別室に呼び，指導する。Aの保護者は昨年，給食費が滞ることはあるものの，最終的にはきちんと払っていた。

・面接官が子供役だが，言葉を詰まらせず，寄りそうことが大切である。

▼小学校教諭

【質問内容】

□生徒指導で気をつけたいことは

□自殺を予防するには

□教師になる自信は何％あるか。

□教師として一番大切だと思うことは

・なごやかな雰囲気というより，圧迫面接に近かった。同じところを受けた友人達たちはなごやかな雰囲気の面接だった。

【場面指導】

□もうすぐ遠足だが，Aくんが「お母さんがお弁当をつくってくれないから行きたくない」と言いだした。Aくんの家庭は1度給食費の滞納をしている。

※面接官の1人が子ども役をしてくれる。

※お題は紙に書かれたものが渡される。

※終わった後なぜそのようにしたかを聞かれる。

▼小学校教諭

【質問内容】

・私は持病があるので，そのことについての質問や，その関連の話が多かった。

・エントリーシートの内容や面接資料の内容については聞かれることが多いので，覚えておくことをオススメしたい。

【場面指導】

□いつも時間に間に合わないAくん。そのせいで周りの子たちの規律が乱れてきています。教室に遅れて入ってきたAくんに指導しなさい。

※1人の面接官が子供役をしてくれる。

▼中高音楽

【質問内容】

□ストレス発散法

□先生は生徒に悪い影響与える可能性もあるがその心配は

□挫折したことは当たり前じゃないの

→(面接資料を見て)自信家なの

□意気込み

□苦手な子供は？大人は？
　→どう接していく？
□友達は多い
□ボランティアの小学校はどこいってた
□なんで教師になりたいの
□小学校(音楽専科)はどう
□なぜ中学校？
□不合格の時どうする
□面接と実技どっちが緊張する
□誰と一緒に練習した
□結構練習した
□チーム学校はどんなものだと考えるか
・人の内面，性格を重視されているように感じた。
・自分の考えを，しっかり言葉で表現することが大切だと思われる。
・私は何度も口に出して練習した。
【場面指導】
□Aは授業中となりの席のBがうるさいと親にうったえている。Aの親が学校へそのことについてクレームを言ってきた。どう対応するか
・1対1で行われる。
・大学で様々なパターンを練習していたので冷静にできた。
・「聞く」ということ，子どものことを一番に考えているということが大切である。

2020年度　面接実施問題

◆適性検査(1次試験)　60分

※今年度から実施。点数化はせず，面接時の参考資料とする。

▼小学校教諭

【検査内容】

□写真をみてイメージをとらえ，感情であらわすとどれかを選ぶもの。

・60分で大問A，Bに分かれており，問題数が多い。

▼小学校教諭

【検査内容】

□性格検査

▼小学校教諭

【検査内容】

□写真を見て，どんな感情に近いか選んだり，当てはまるものを選択する(マークシート形式)。

▼小学校教諭

【検査内容】

□人の表情や，風景の写真をみて，どんな感情をいだくのか選んだり，こんな状況の時にどんなふうに動くか，この状況のとき，どんな気持ちになるかを選ぶ。

・考えても難しくわかりにくい問題が多かった。

▼中高保体

【検査内容】

□人の顔をみて，どんな表情をしているように見えるか。ある場面において，どの感情に近いか(自分の感情に近いものはどれか)。語句の分類(この中で1つだけ違う感情の語句はどれか)などの問題。

▼中高理科

【検査内容】

□写真を見てあなたはどう思うか選びなさい。また，(人の)○○が○○だった時○○になることがある，など当てはめる問題。

◆集団討論(1次試験)　面接官3人　受験者7～10人　約40分(集団面接と合計で)

〈試験の流れ〉

一緒に集団討論を行うメンバーと，司会者を決めるなど話し合いをする時間が設けられる(15分程度)→自己紹介(1人1分間)→テーマ確認(机上におかれている)→各自構想(3分間)→集団討論開始→質疑応答(集団面接)

▼小学校教諭

【テーマ】

□学校園における新任教師としての役割。

・会場に着くと控え室へ案内され，集合完了時刻まで待機。集合完了時刻になると，教育委員会の方から諸注意などの話しがある。その後15分くらい，一緒に集団討論をするメンバーで話し合いをし，司会を決めて試験教室へ向かう。仲良くなる方が討論も深まると思ったので，私のグループは司会を決めた後に円陣を組みました。

▼小学校教諭

【テーマ】

□子どもを平等に扱うとはどういうことか，具体例をあげて述べる。

・1人3回程度しか発言できないため，短く心に残るようなワードを用意しておくことが大切。討論というより，相手の意見をふまえつつ自分の思いや意見を伝えるという意識で取り組むとやりやすい。

▼小学校教諭

【テーマ】

□新任教師として配属された学校園に果たす役割。

・大学生ばかりのグループだった。はじまる前までに，司会を決めるための話し合いができる。

▼小学校教諭

【テーマ】

□教員の資質向上のために必要なこと。

・討論が始まる前に3分間考える時間があります。机に鉛筆とA4用紙が用意されているので，メモが可能。討論が終わる3分前に合図があり，まとめに入ってくださいと言われた。また，初めに集合したときに司会者を1人決める。その時に，どんな流れで発表するのか話し合って決めたり(挙手制で全員が1つのテーマに1回は答えられるようにしようとなった)，仲を深めたのでやりやすかった。

・1分間の自己PRは，1分を過ぎると合図され，そこで終了になってしまうので時間内に言い終わることをおすすめします。

▼中高保体

【テーマ】

□時代とともに教育が変化していくことについて，あなたはどう考えるか。

〈試験の流れ〉

①自己紹介を1分以内で話す。

②課題の書かれた短冊を黙読し，メモ用紙を用いて，3分間で自分の意見をまとめる(司会者が代表して課題を音読する)。

③事前に決めた司会者を中心に討議する(15～17分間)。

▼中高理科

〈試験の流れ〉
・机の上に小さな紙がおいてある。指示があると全員一斉にめくり，指名された人がテーマを読む。司会者は控室ですでに決めてある。

◆集団面接(1次試験)　面接官3人　受験者8～10人
※集団討論後の，面接官からの質疑応答。
▼小学校教諭
【質問内容】
□あなたの困るこだわりは。
□あなたの気をつけていることは。
□自分に足りないことは何か。それをふまえて，残りの大学生活でやりたいことは。
□ストレス解消法は。

▼小学校教諭
【質問内容】
□1年生の担任をしている時にフィリピン人の転校生がきたら，どのような手だてでクラスになじめるようにするか。
□教育実習での失敗談。
□授業中にトイレに行きたい児童Aがいたらどのように対応するか(Aは普段から時間を守って行動できる)。

▼小学校教諭
【質問内容】
□教師を目指したきっかけ。
□なぜ神戸市なのか。
□地元と神戸市のちがい。
□自分が小学生だった頃と今の小学生のちがい。
□他の人に負けないこと。

※右から順番に聞かれることもあれば，挙手で答えることもある。

▼小学校教論

【質問内容】

□1分間自己PR (必ず聞かれるので，事前に考えてから行く)。

□小4の生徒に休み時間がきらいと言われたら。

□教職はブラックと言われるがどう思うか。

□時代が変わる中で，どんなことを教えたいか。

□短所は。

□最後に，言い残したアピールしたいこと。

※すべて挙手制でした。

▼中高保体

【質問内容】

□生徒に興味をもたせるために，保健の授業でどのように工夫するか。

□あなたが思う教員の資質・能力を3つ，簡単に説明せよ。

□あなたが友人から言われる長所と短所を一言で答えよ。

□あなたのストレス解消法は。

▼中高理科

【質問内容】

□自分を文房具に例えてください。

□人生で苦労したことは。

□なぜ理科が好きになったのか(きっかけ)。

□最初に自己アピール1分間。

◆筆記試験(2次試験)

※小学校教諭，小学校教諭(英語コース)受験者で，1次試験で専門教科の筆記試験を受験しなかったものが対象。小論文の試験時にあわせ

て行われる。
※小学校教諭受験者は【1】～【2】，小学校教諭(英語コース)受験者は【1】～【3】を解答する。
〈問題〉
[小学校教諭，小学校教諭(英語コース)共通]
【1】タクヤと神戸に住んでいる交換留学生のサラが，オーストラリアのクリスマスについて話している。次の会話を読んで，後の問いに答えよ。

Sara　: Did you enjoy your winter vacation,Takuya?
Takuya　: Yes, I did. I went to Australia during my vacation. I visited my older brother, Hideaki. He goes to college in Brisbane.
Sara　: Wow! Sounds exciting.
Takuya　: He often told me that Christmas there is very interesting, so I wanted to see it.
Sara　: How was it?
Takuya　: It was really good. Hideaki took me to a Christmas party. He told me to bring a Christmas present. At the party, I gave it to one of his friends. And he gave me a present.
After that, I talked with Hideaki's friends.
Sara　: What did you talk with them about?
Takuya　: I talked about my family and my school life. It was difficult for me to speak English, but [　　　　　　　　]
Sara　: I' m happy to hear that. I think your English is good.
Takuya　: They usually begin to write Christmas cards in early December and send them to their family and friends.
Sara　: Wow! We exchange cards, too.
Takuya　: People in Australia enjoy eating Christmas dinner with their family. I think their Christmas is like our New Year's Day.
Sara　: I think so, too!

(1) Choose the appropriate sentence for the blank from the words below.

① they told me about their family, too.

② I tried to talk with them in Japanese.

③ they understood my English.

④ I wanted to see their school.

(2) Choose the answer that fits the dialogue.

① Takuya goes to college in Sydney.

② Takuya talked with Hideaki's friends about his family and his school life.

③ Sara doesn't think Takuya's English is good.

④ People in Australia enjoy eating Christmas lunch with their family.

〈解答〉(1) ③ (2) ②

【2】担任とALTとの次の会話文を完成させたとき，(a)，(b)にあてはまる適切な語句を①～⑥から選び，番号で答えよ。ただし，①～⑥のすべての語句を用いること。なお，文頭にくる語も小文字で表している。

(1) 担任 : ( )(a)( )(b)( )( )your country?

ALT : Two, English and French.

① in ② languages ③ how ④ spoken

⑤ many ⑥ are

(2) 担任 : ( )(a)( )( )(b) to ( )?

ALT : Thank you. Tea, please.

① cold ② drink ③ would ④ something

⑤ like ⑥ you

〈解答〉(a，bの順) (1) ⑤，⑥ (2) ⑥，①

[小学校教諭(英語コース)のみ]

【3】Mr. Tom Smith, and ALT who works in Kobe, stated his opinion about "Rethinking Recycling". Read the following essay and answer the questions below.

One big source of pollution is the waste produced by modern lifestyles. For this reason, many people have been making efforts to recycle their waste. Supporters of recycling argue that it is good for the environment in many ways. For one thing, it (　A　) pollution caused by burning or burying garbage. Recycling also saves resources because the materials in the waste are reused.

However, some environmentalists have begun to criticize recycling. They say that the kind of recycling we do today is often the wrong way of dealing with waste. They explain this by pointing to the history of bottled drinks in the United States. In the past, almost all drink bottles were collected and reused by drink companies. These bottles were made of glass, and when people bought drinks, they paid a little extra for the bottle. When they took this bottle back to the store, they got their money back. The companies would then collect the bottles and ship them back to the factory to wash and reuse them.

In the 1970s, this changed. Companies found it cheaper to sell drinks in plastic bottles that could be thrown away, but this created more and more garbage. The companies became worried that they would be asked to (　B　) the more expensive old system of reusing bottles. As a result, they began to support the idea of individuals recycling plastic. This idea made consumers, rather than companies, responsible for the waste. However, environmentalists do not think this is a good thing. They point out that when a company has to pay for the waste it produces, the company tries to reduce such waste. They argue that we should make all companies responsible for the waste from their products. In this way, companies would be encouraged to produce less waste.

(1)　Choose the appropriate word for (　A　) and (　B　) from the words ①～④.

A　①　demonstrates　②　measures　③　decreases
　　④　transports

B　①　add onto　②　fix up　③　take out
　　④　return to

(2)　Choose the answer that does not fit Tom's essay.

①　Some environmentalists have criticized the recycling we do today.

②　People in the US used to pay a little extra for bottles.

③　Companies replaced glass bottles and started using plastic bottles.

④　Recently all companies have started to reduce waste.

〈解答〉(1)(A，Bの順)　③，④　　(2)　④

◆実技試験(2次試験)

▼幼稚園教諭　約40分(3～4名の小集団で実施)

【課題】

□ソフトフープを使っての遊び

□ピアノ伴奏と律動(律動2種類)曲指定

□保育場面での導入(設定された保育場面の導入をする)

□歌の導入と弾き歌い

午前

・たなばたさま

・まつぼっくり

・おつかいありさん

・うちゅうせんのうた

・でぶいもちゃんちびいもちゃん

午後

・ふしぎなポケット

・こぎつね

・南の島のハメハメハ大王

・みどりのマーチ

・くじらのバス
〈持ち物〉運動のできる服装と体育館シューズ

▼小学校教諭(体育)　約60分
【課題】
□器械運動　　跳び箱：かかえ込み跳び　6段の縦または5段の縦
　　　　　　　マット：前転，開脚前転
□水泳　　　　25mをクロールまたは平泳ぎで，できるだけ速く泳ぐ。
〈持ち物〉水着，水泳帽，運動のできる服装，体育館シューズ
・かかえ込み跳びは，5段縦or6段縦，どちらかを自分で選ぶ。ふみきり板は固かった。1回練習し，本番は1回のみ。
・半分くらいの人は出来ていたが，受験番号を言う声が小さかったので技に自信がなくても，声の大きさや，並んでいる時の態度はしっかりとした方がよいと思う。
・水泳はタイムの計測をされた。とりあえず泳ぎきれば大丈夫だと思う。
・マットは1回練習後に前転と開脚前転を連続。
・水泳の泳ぎ方は選択できるが，息継ぎを2回以上する。
・マットは，見本を見せてもらえた。
・順番は，受験番号の若い人から順。

▼小学校教諭［小学校英語コース］(英語)
【課題】
□英語による質疑応答
①英語での簡単なやりとり
②与えられたテーマに関して，ALTとの打合せと模擬授業

▼中高英語
【課題】
□英語による質疑応答

①自己紹介および身近な事柄
②写真から読み取ったテーマに関して，指定された表現を用いて行うスピーチ
③英語教師としての考え方や熱意

▼中高家庭　試験時間90分
【課題】
□ミニバッグの製作
〈製作条件〉
・指定の条件で「マチ付きミニバッグ」を製作する。
・材料：布，綾テープ，スナップ，手縫い糸，ミシン糸
・製作の一部でミシンを使用する。
※持参物なし

▼中高技術　約90分
【課題】
□けがき(約10分)
□木取り・切断・仕上げ・組み立て(約60分)
□電気回路組み立て(約20分)
〈持ち物〉作業に適した服，靴持参

▼中高音楽
【課題】

□ピアノ演奏	ソナチネ程度(1分30秒程度)
□アルトリコーダー奏	♯・♭2つ程度。 表現力が求められる曲(1分30秒程度)
□歌唱(伴奏なし)	日本歌曲(1分30秒程度)

〈持ち物〉アルトリコーダー

▼中高保体　210分

【課題】

□必須種目「器械運動」「陸上競技」「水泳」「バスケットボール」「バレーボール」

□選択種目「柔道」「剣道」「ダンス」 から1種目を選択。
計6種目を実施。

〈持ち物〉水泳…水着，水泳帽，ゴーグル(必要な者)
陸上競技…運動靴(スパイクは不可)
バレーボール，バスケットボール…体育館シューズ

[選択種目]　ダンスを選択した者…特になし(裸足で行います)
柔道を選択した者…柔道着
剣道を選択した者…はかま，日本手拭，竹刀，防具

○課題の内容

[必須種目]

器械運動	・マット 倒立前転→伸膝前転→前転→側方倒立回転→伸膝後転
陸上競技	・60m走 ・60mハードル 男)　6台，H84cm 女)　6台，H76.2cm
水泳	100m個人メドレー ・バタフライ→背泳→平泳→クロール
バスケットボール	・ドリブルシュート(キックバック含む) ・ランニングシュート(パスからジャンプシュート) ・3対3 (ハーフコートゲーム)
バレーボール	・一人バレー (反対コートから投げ入れられたボールをレシーブ・トス・スパイクの3段攻撃で返球する。)

[選択種目]

柔道　　　・受け身
　　　　　・対人技能(投げ技)
剣道　　　・打ち込み
　　　　　・対人技能
　　　　　・自由稽古，かかり稽古
ダンス　　・テーマに沿って1分程度のダンスを創作する
　　　　　・男子2グループ，女子2グループ(だいたい1グループ10～12人程度)で行った。

①機械運動
男子：後転倒立→側方倒立回転→開脚前転→前転→ハンドスプリング
女子：倒立前転→開脚前転→前転→側方倒立回転→伸膝後転
②バレーボール：3段攻撃×3セット
③陸上：60m走，60mハードル(6台，インターバル7.0m)
④バスケットボール：1)ドリブル→フェイク→レイアップシュート　2)パスする→走る→パス受ける→ジャンプシュート→ターン→シュート　3)3vs3のミニゲーム
⑤武道(剣道)：1)一級審査の技　2)地稽古　3)かかり稽古(20秒)

▼中高美術　制作時間90分
【課題】
□紙袋，サテン布，テニスボールの組合せを考えて配置し，デッサン，着色をせよ。
・紙袋は口を開き，持ち手部分が上にくるように，立てておくこと。
・あるモチーフで他のモチーフが完全に隠れてしまわないようにすること。
〈使用画材〉 画用紙(配布したもの)，鉛筆，消しゴム，水彩用具(アクリル絵の具はのぞく)，画板もしくはカルトン，クリップ
〈持ち物〉B～6Bの鉛筆，消しゴム，水彩用具(アクリル絵の具は不可)，画板又はカルトン，クリップ

▼養護教諭　A,Bとも，3分以内

【課題】

□実技A

設問「歯科健康診断後の個別の保健指導」

中学校2年生女子が，定期健康診断における歯・口腔の健康診断時に，GOと判定されました。その際，歯科校医から本人へ「歯みがきをていねいにするように。」と保健指導がありました。

放課後，該当生徒が保健室を訪れ，養護教諭にGOについて相談しました。

養護教諭としてGOについて該当生徒に説明し，GOの改善に向けて，個別指導を行いなさい。(机上の手鏡・用紙・筆記用具を使用してもよい。)

□実技B

設問「鼻出血の応急処置」

小学校6年生男児。昼休みに「鼻血が止まらない」と保健室に来室。

＜問診や視診でわかったこと＞

・右鼻腔からの出血と，鼻から右頬にかけての疼痛が主訴

・B君と昼休みに鬼ごっこをしていた際に，B君の肘が鼻に当たった

・鼻の腫れが強い

上の症状をもとに，養護教諭として，以下の2点について児童に説明しながら救急処置を行いなさい。

1. 鼻出血時の適切な応急手当の仕方について

2. 負傷部位と，この後の対応について

(試験官を児童に見立てて行う。机上の物品を使用してもよい。)

◆模擬授業(2次試験)　面接官4～6人　受験者1人　3分

▼小学校教諭

【実施内容】

□何年生のどの教科，単元でもよい。

・1次試験合格後，指導案のフォーマット(昨年までの分と同じ。)が送付される。小論文の試験時に指導案を提出。
・周りの友人は，教育実習で行った授業をしていた。やはり，リアルにするには，教育実習で担当したクラスに向けて行うように練習すると良いと感じた。

▼小学校教諭
【実施内容】
□教科，学年，単元など全て自由。
□面接官は児童役をやらないが，いるつもりでやる。
□板書を必ずする(教室によって黒板とホワイトボードどちらか)。
・笑顔や声の大きさ，強弱などが見られていると感じた。黒板は縦長のため，あまり上から書き始めないように注意。

▼小学校教諭
【実施内容】
□入室後，自己紹介(1分間)の後に実施。
□はじめに指導案を提出し，その学習過程のどの場面でも良い。
※必ずホワイトボードを使う。
※面接官は児童役ではない。

▼小学校教諭
【実施内容】
□事前に指導案を作り，提出。自分で作った指導案の中からどの部分でもいいので，一部を抜粋して行う(始業前の挨拶や，プリント配布は除く)。
・板書は必ず一回は行ってくださいと言われました。部屋によってホワイトボードか黒板かどちらか。

▼中高保体

【実施内容】

□論作文の試験日に提出した学習指導案の授業を行う。

※様式はホームページから印刷可能。

※手書きでもパソコンでも可。

※必ずA4版1枚，片面にまとめる(1単位時間分)。

※中・高校で出願している者は，「出願教科」又は「道徳科」「学級活動」の中から1つ選択して行う。

※1単位時間の学習過程の「どの場面」(導入，展開，終末)でもよい。

※留意点

①板書を必ず行うこと。

②授業開始の挨拶やプリント配布など，授業内容と直接関係ない行為はしない。

③教材教具の持込は不可。

④面接官は子ども役をしない。子どもがいるものとして行う。

▼中高理科

【実施内容】

□指導案を書き，小論文の日に提出。その授業を行う。

・後の場面指導で急に模擬授業の続きをさせられた。

◆個人面接(2次試験)　面接官4～6人　受験者1人　約30分(模擬授業3分，場面指導3～5分，個人面接あわせて)

▼小学校教諭

【質問内容】

□模擬授業，場面指導を経て，それについての内容の質問。

□面接カードに書いたことに関する質問がほとんど。

□「ストレス解消法」を2度違う面接官から聞かれた。

□人間関係に関する質問が多かった。

→周りからどんな風に思われてると思う？　など。

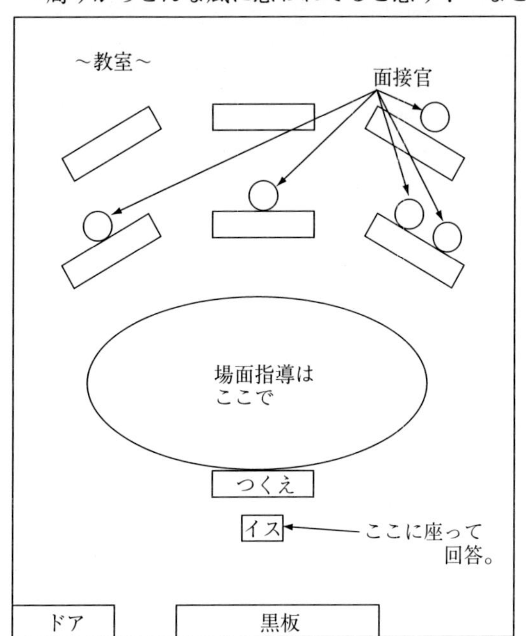

【場面指導】

□あなたは小1の担任です。雨の日の休み時間に，ろうかでボール遊びをしている小6○○くんへの対応(○○くんは日頃から問題行動が多い)。

・面接官の方の迫真の演技で圧倒されないように気をつける。

・私は，模擬授業で小学1年生の生活科を行ったので小1担任として対応するよう言われたが，他の人はちがう学年の担任として対応するよう言われたそうだ。

・2次試験は，大学でたくさん練習をしていても，本番は予想もしない質問をされたり，試験日までの日数が長くてモチベーションをたもつことが難しくなったりする。どれだけ周りの同じように教師を目指している友だちと励し合えるか，芯をもってがんばりきれるかが大切になってくると思った。最後まであきらめないこと，自分を信じること。

▼小学校教諭

【質問内容】

□教師以外の職は考えたか。

□ボランティアのこと，困ったことや学んだこと。

□どんな教師になりたいか。

□教育実習でのこと。

□尊敬する先生。

□叱られた経験はあるか。

□試験が終わったら何をするか，誰に報告するか。

・面接では，今まで教育現場に関わった経験の中から質問されるので，スクールサポーターやボランティアの経験はとても役に立った。

・相手の話や質問をきちんと聞いて，自分らしさがでる返答ができれば印象に残りやすいと感じた。

【場面指導】

□休み時間，外へ遊びに行かずお手伝いをすると言ってくる児童。

・何を言っても言い返されるので，色々な角度から質問をしたり話を聞いてみることが大事。黙ってしまうと終わりなのでこちらから話して設定や状況をつくりあげてしまうと対応しやすい。面接官は子どもになりきって演じてくれる。

▼小学校教諭

【質問内容】

□併願先，受かったらどちらへ行くか。

□神戸のいいところ。

□地元との違い。

□スクールサポーター，ボランティアで学んだこと，部活でのこと。

□実際に，場面指導のような子がいた時どのようなクラス作りをするか。

□先輩と意見が違ったときどうするか。

□褒めると叱るどっちを多くするか。
□自分の弱点など。
【場面指導】
□担任するクラスのAが，Bにはあまり怒らないのに自分には同じことをしたら怒ると言ってきた時の対応(Bは特別な配慮が必要)。
※面接官1人とロールプレイ。
・面接官はBになりきっており，Aのことを名前で呼んだりしていた。
・反抗的な様子で終始難しかった。

▼小学校教諭
【質問内容】
□通学時間はどれくらい?
□はじめに，提出した書類に書いたことから，簡単な質問。
□先生になりたいって思ったきっかけは。
□意見が合わない人と，どうするか。
→それでも絶対自分の意見の方があっていたら。
□明るく見えるが，性格のギャップは。
□自分のいいところは。
□逆に直したいところは。
→具体的にどんな時に困った?
□アルバイトは何をしていたか。
□アルバイト先で困った客は。
→どうやって対応したか。
□健康法は。
□苦手な性格の人は。
→そんな人が子供や先輩にいたらどうするか。
□周りの友達にどう言われてるか。
□人前で喋るのは慣れているか。
□教員採用試験以外で最近緊張したことは。
□大学の友人とどのような風にがんばってきたか。

□面接で言いたいことは言えたか。
□今日は何点。
→マイナスの分は何か?
□教員採用試験の感想。どのような気持ちでやってきたか。
・4人の面接官の方から順番に質問されます。わりと，和やかでアットホームな雰囲気でした。質問の幅が広くて焦りますが，落ち着いて，また笑顔と元気さを前面にだすことが大切かと思います。
【場面指導】
□3年生の子が休み時間に禁止しているサッカーをしていた。ダメだと伝えると「6年生もしている。さっきもしていた。」と言われた。どう対応するか。
※面接官のうち1名の方が実際に子ども役をする。

▼中高保体
【質問内容】
□保護者の方は他県を受けることについてどう思っているか。
□一人暮らしに不安はあるか。
□現時点での受験状況。
→神戸と併願先，両方受かったらどうするのか。
□(面接シートから)なぜ種目(スポーツ)を変えたのか。
□大学で部活に入らなかったのはなぜか。
□自分を動物に例えるなら何か
→その理由は？　など，面接カードから深く掘り下げられた。
【場面指導】
□あなたが担任をしているA君から「なんでB君はあまり怒られないのに，自分ばかり怒られるんだ」と話しをしにきた。B君は発達に課題のある生徒です。この時の対応の仕方を実演して下さい。
※面接官の1人がA君として，向き合うように座って話す(面接官は子どものように振る舞い，対話をする)。
※5分経つとアラームが鳴り，終了する。

・その後，「どのような思いでこの指導をしたか」と質問された。

▼中高理科

【質問内容】

□人生で挫折はありますか。

□今年は中学しか募集していないのになぜ高校を第一志望にしているのですか。

□もし落ちた場合はどうしますか。

□併願先の次の合否を教えてください(履歴書で事前にしっかり面接官が読んできているもよう)。

【場面指導】

□落ちつきのない生徒がいた時。

・テーマが書かれた紙を読み，場面指導スタート。模擬授業の続きをしてくださいと言われ，行った。面接官5人のうち2人が生徒役でしつこく授業妨害され，授業の進行を止められる。

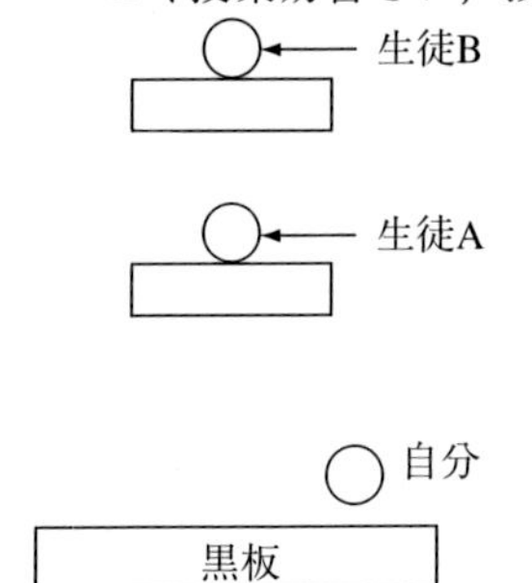

2019年度　面接実施問題

◆集団討論　(1次試験)　面接官3人　受験者7～9人　約40分(集団面接と合計で)

※自己紹介各自1分→テーマに基づく集団討議→面接官からの質疑応答)

▼小学校教諭

【テーマ】

□授業づくりで大切にしたいこと

〈試験の流れ〉

①入室　②自己紹介(1人1分)　③テーマ確認(机上に置いてある)

④各自構想　⑤1人ずつ発表　⑥集団討論　⑦結論を出す

⑧集団面接

※机が用意されていてメモができる

※発言は1回。

※司会は自分たちで事前に決められる。

▼小学校教諭

【テーマ】

□教師として将来にわたって追究したいことを述べ，最後にまとめる。

・今年からまとめが入った。練習していなかったため，まとめを話せなかった。なるべく他者の話にうなずくようにした。

▼小学校教諭

【テーマ】

□生徒指導とはどのような指導か。

※半円形で話す。

▼小学校教諭

【テーマ】

□「教員として成長するためにどのような実践をするか？

・先に行う1分間の自己PRは時間を計っているので厳密に。

▼小学校教諭

【テーマ】

□今の子どもたちに身につけさせたい力は何か。

・受験者の1人(1番の人)がテーマを読み上げる。

・机の上にテーマが書かれた紙と白紙の紙が置いてある。

・自分の構想を紙にまとめ，最後に回収される。

▼中高音楽

【テーマ】

□幸せな人生を過ごすためにどのような力が必要か。その力をどのように教育現場で身に付けさせるか，論ぜよ。

・司会者は受験者

・タイムキーパーは面接官

◆集団面接　(1次試験)　面接官3人　受験者7～9人

▼小学校教諭

【質問内容】

□教師以外なら何になりたいか。

□人生最大のピンチは？

□自身の教師として向いている力は何か？

▼小学校教諭

【質問内容】

□小学校の先生以外でなりたい職は？

□自分らしさを感じるときはいつ？
□小5の私(面接官)に自分の地元の良さを説明する。
・発言の順番は決めさせてくれた。うちのグループは挙手制。

▼小学校教諭
【質問内容】
□自分の短所と克服。
□最近起こったことを子どもがいると思って話す。
□自分を文房具に例えると，その理由。
・すべて挙手制だった。

▼小学校教諭
【質問内容】
□小学校の時の先生との関わりで印象に残っていることは？
□教員として働く上で不安なことは？
□授業中に「先生の授業面白くない」という児童にどう対応しますか？

▼小学校教諭
【質問内容】
□自分を色に例えると何色か
□人生最大のピンチは何か
□今日，面接会場に来るまでに印象に残ったこと
※答える順番は，挙手と指名の両方がある。
・笑顔で，うなずきながら聞いてくれ，和やかな雰囲気。

▼中高音楽
【質問内容】
□あなたはコミュニケーション力があるか。
・音楽の先生になりたい人たちなので，授業でするように表現力豊か

に。

□音楽の授業で，あなたは何の和楽器を扱うか。その理由も。

□子どもや保護者は，音楽の授業はどうあってほしいものと考えているか。

・挙手制だったので，積極的に手を挙げて発言した。

◆筆記試験(2次試験)

※小学校教諭，小学校教諭(英語コース)受験者で，1次試験で専門教科の筆記試験を受験しなかったものが対象。小論文の試験時にあわせて行われる。

※小学校教諭受験者は【1】～【2】，小学校教諭(英語コース)受験者は【1】～【3】を解答する。

〈問題〉

(小学校教諭，小学校教諭(英語コース)共通)

【1】6年生の信二さんは，シェフに食べたいものを英語で注文することにチャレンジしました。信二さんとシェフのレストランでの会話について，次の問いに答えよ。

Chef: Hello, what would you like?

Shinji: Hello. Hmmm...Everything looks so delicious.

Chef: I'm very happy to hear that. We hope you enjoy your lunch here.

Shinji: Thank you. What do you recommend?

Chef: I recommend our soup selection.

Shinji: Soup? What kinds of soup do you have?

Chef: We have corn soup, tomato soup, curry soup, soup with dumplings, onion soup, and miso soup.

Shinji: Fantastic! I want to order some soups.

Chef: Sure. What would you like?

Shinji: I'd like corn soup for me, tomato soup for my father, curry soup for my mother, and miso soup for my brother.

Chef: All right. Coming right up.

Shinji: Thank you.

Chef: Oh, I forgot to tell you something important. The tomato soup is actually cold, not hot.

Shinji: Really? In that case, can I change my father's tomato soup to corn soup?

Chef: Certainly.

Shinji: I'm sorry, but I would like to order one more soup. I'd like onion soup for my sister.

Chef: Sounds good. I'll bring it right out.

Shinji: Thank you very much.

(1) How many different kinds of soup does Shinji order in the end?

① three kinds of soup　② four kinds of soup

③ five kinds of soup　④ six kinds of soup

(2) What kinds of soup does Shinji order for his father and mother in the end?

	Father	Mother
①	Tomato soup	Curry soup
②	Corn soup	Curry soup
③	Tomato soup	Onion soup
④	Corn soup	Onion soup

解答：(1) ②　(2) ②

【2】空所に適当な語句を入れ，以下の対話文を完成させなさい。

(1) 担任: I think that I will read this story book in our next 3rd grade class.

ALT: It's so big. I (　)(　a　)(　)(　)(　b　)(　) story book before.

① big　② seen　③ a　④ have　⑤ never

⑥ such

(2) A: Would you mind (　)(　a　)(　)(　b　)(　)?

B: Sure. I'll be there.

① the student　② sitting　③ there　④ helping

⑤　over

解答：(a, bの順)(1)　⑤, ③　　(2)　①, ⑤

(小学校教諭(英語コース)のみ)

【3】Mr. Michael Smith, an ALT (Assistant Language Teacher) who works in Kobe, stated his opinion about English classes that he teaches with the HRT (Homeroom Teacher) at his school. Read the following opinion and answer the questions below.

Teaching at an elementary school full time is an interesting experience because you are working with so many different teachers. Every teacher has a different teaching style, attitude, and expectation. ① The activities and class will go smoothly if the HRT and ALT are able to team-teach effectively.

One successful lesson would be the 6th grade lesson on presenting students' summer vacations. The lesson started with basic greetings and singing 'A Whole New World'. ② Next, the main activity opened by having the HRT and ALT talk about their summer vacations, introducing the lessons key phrases "I went to ～," "I enjoyed ～," "It was ～," and "I ate ～." Target vocabulary was then introduced and combined with the new phrases while playing the target keyword/eraser game to help with pronunciation and memorization. ③ The students were encouraged to use the dictionaries or ask the ALT for help. This was the first of multiple lessons that led up to a presentation day where each student told the ALT about their own summer vacation.

This was a successful lesson for multiple reasons. ④ The students enjoyed the song because they were familiar with it. They enjoyed the new material because the HRT and ALT made the dialogue interesting. Most importantly, by the end of the lesson the students were expressing their own original stories and ideas while practicing writing. This lesson targeted not only speaking, listening, and writing, but originality as well.

(1)　Refer to the spaces ①, ②, ③ and ④. Choose the most appropriate place for the following sentence.

Afterwards, the students brainstormed and wrote out their own phrases on prepared printouts.

(2) Choose the answer that fits with Michael's statement.

① Teaching at an elementary school is enjoyable because each teacher has the same teaching style and they share their ideas with one other.

② Singing "A Whole New World" was the most successful way to make the students memorize the target vocabulary.

③ Using dictionaries was one thing that helped students make presentations about their own summer vacations.

④ The students enjoyed the lesson because the HRT and ALT targeted only speaking and listening skills.

解答：(1) ③　　(2) ③

◆実技試験(2次試験)

▼小学校教諭

【課題1】

□器械体操

→跳び箱：かかえこみ跳び。6段の縦または5段の縦

【課題2】

□水泳：25mをクロールまたは平泳ぎで，できるだけ速く泳ぐ。

▼小学校教諭

【課題】

□水泳　(25m)クロールか平泳ぎか選択できる。

□マット運動　大きな前転→開脚前転

□跳び箱　抱え込み跳び(高さは5段か6段か選べる)

※校種ごとの受験番号順で，6人程度のグループが決められ，実技を

行う。
※各種目1回ずつ練習できる。
※水泳はタイム測定あり。
※マット運動と跳び箱は見本を見せてくる。
※跳び箱は子ども用のため低い。
・かかえこみ跳びはとべない子も多い。

▼小学校教諭[小学校英語コース]
【課題】
□英語による質疑応答
①英語での簡単なやりとり
②Small Talk(簡単な会話)をするためにALTと英語での打合せとデモンストレーション

▼中高英語
【課題】
□英語による質疑応答
①自己紹介および身近な事柄
②写真から読み取ったテーマに関して，指定された表現を用いて行うスピーチ
③英語教師としての考え方や熱意

▼中高技術
【課題1】
□けがき(20分)
【課題2】
□木取・切断・仕上げ(50分)
【課題3】
□電気回路組み立て(20分)
※作業に適した服，靴を持参のこと。

▼中高家庭

【課題】

□ファスナーポーチの製作

※23cm×17cm(2枚)，14cm×14cm布を用いて以下の作り方の注意点に従い，ファスナーポーチを製作する(試験時間：80分)。

・制限時間には下糸をボビンに巻く時間も含む。ただし，巻けない場合には緑色のボビンを使用してもよい。

・縫い代は，ファスナー部分0.7cm，縦は1.5cm，底になる部分は1cmとする。

・縦10cm，幅12cmのポケットをつける。

・ポケット口は三つ折りし，まつり縫いする。

・本体の縦は端ミシン，底になる部分は2枚一緒にかがり縫いにする。

・かがり縫いとまつり縫い以外の部分はミシンを使用する。

▼中高音楽

【課題1】

□ピアノ初見奏

※ソナチネアルバム程度(1分30秒程度)

【課題2】

□アルトリコーダー奏

※#・♭2つまで表現力が求められる曲(1分30秒程度)

※アルトリコーダーを持参のこと

□歌唱(伴奏なし)

※日本歌曲(1分30秒程度)

▼中高音楽

【課題】

□ピアノ初見奏

※ソナチネ程度，ホールで行った。

□アルトリコーダー初見奏

※8段ほどの8分の6の曲。ハ長調
□初見視唱
※歌詞付きの新曲
・それぞれ練習時間1分をもらえる。その後，2分間演奏できる。
・初見視唱では，2分の間，何回も歌い直しができた。

▼中高保体
必須科目の「器械体操」「陸上競技」「水泳」「バスケットボール」「バレーボール」と，選択科目の「柔道」「剣道」「ダンス」から1種目選択し，計6種目を実施。
※持参するもの
(必須科目)
・水泳…水着，水泳帽，ゴーグル(必要な者)
・陸上競技…運動靴(スパイクは不可)
・バレーボール，バスケットボール…体育館シューズ
(選択種目)
・ダンスを選択した者……ダンスシューズ(底の薄い靴)
・柔道を選択した者……柔道着
・剣道を選択した者………はかま・日本手拭・竹刀・防具
＜必須科目＞
【器械体操】
□(男子)マット(後転倒立→側方倒立回転→開脚前転→前転→前方倒立回転跳び)
□(女子)マット(倒立前転→開脚前転→前転→側方倒立回転→伸膝後転
【陸上競技】
□60m走
□(男子)60mハードル(6台，H84cm)
□(女子)60mハードル(6台，H76.2cm)
【水泳】
□100m個人メドレー

→バタフライ→背泳→平泳→クロール
【バスケットボール】
□ドリブルシュート
□ドリブル→ストップ→ジャンプシュート
□3対3
【バレーボール】
□一人バレー
(反対コートから投げ入れられたボールをレシーブ・トス・スパイクの3段攻撃で返球する。)
＜選択科目＞
【柔道】
□受身
□対人技能(投げ技)
【剣道】
□打ち込み
□対人技能
□自由稽古，かかり稽古
【ダンス】
□テーマに沿って1分程度のダンスを創作する

▼中高美術
【課題】
□内部の水を着色したペットボトル，スポンジローラー，荒縄の組み合わせを考えて配置し，デッサン，着色をせよ(制作時間は90分間)。
※ペットボトルに着色剤を1色選んで少量入れ，色水をつくること
※ペットボトル内の水は，故意に増減しないこと
※ペットボトルには蓋をすること
※使用画材は画用紙(配布したもの)，鉛筆，消しゴム，水彩用具(アクリル絵の具はのぞく)，画板もしくはカルトン，クリップ。画用紙以外は持参すること。

▼養護教諭

【課題1】3分以内

□四肢の検査結果の保健指導

→中学校2年生野球部所属の男子。定期健康診断時に，保健調査票でチェックがついていた「右肘が完全に伸びない」という項目について，学校医が「右肘屈曲異常の疑い」と判断した。放課後の時間を使用して養護教諭は，四肢の検査結果について個別指導を行った。

養護教諭として四肢の検査の意義を説明し，肘関節の観察における留意事項や事後措置について個別指導を行いなさい。

【課題2】3分以内

□腹痛を訴える児童の応急処置

→小学校3年生女児。腹痛を訴えて保健室に来室。

＜問診や視診でわかったこと＞

・検温－37.2℃

・軟便。吐き気はあまりない。

・昨日から段々と右下腹部が痛くなってきた。

・歩行をすると腹部に響くため，前かがみで歩いている。

上記の症状から，養護教諭は腹痛の原因として虫垂炎を疑った。保健室で，腹部の触診を行いなさい。(試験官を児童に見立てて行う，児童の上衣は体操服1枚のみの設定とする。机・椅子・机上の必要物品の使用は可能。)

◆個人面接 (2次試験) 面接官5人 25分+場面指導

※「自己紹介」の後に「模擬授業」を実施。模擬授業の指導略案(専門教科等)を第2次選考の筆記試験時に提出する。また，「場面指導」についても実施する。

▼小学校教諭

【質問内容】

□教育学部に入るのを決めていたのか？
　→なぜ先生を目指すのか？
□大学は遠いが通っているのか？
□発達クリニックでは何をしたか？(ボランティア)
　→発達クリニックの頻度はどれくらいか？
　→どうして発達クリニックボランティアを始めたの？
□特別支援の免許取らないのか？
□母校の高校をアピール
□教育実践プログラムは何人受けていた？
　→その中から教育大学に進んだ人数は？
□何年生の担任をしたい？
□ストレスが溜まった時はどうするのか
□教員としてこの社会をどう思うか？
□実習校はどこか
□家族はあなたのどこを教員に向いてると言ってる？
□教育実習で失敗したことは？
□今日の面接は10点中何点か
□楽団の人とどんなことをしたか？
□教師になって不安なことは？
□試験に落ちた時はどうするの？
□女子生徒とどう関わるか

【場面指導課題】

□卒業生が職員室で物色している。あなたが1人しかいない時の対応は。

▼小学校教諭

【質問内容】

□他に併願しているか？

→なぜしなかったのか？
□高校の部活で副キャプテンとして苦労したことは？
□ストレス発散方法は？
□(教育ボランティアをしていたので)その中で苦労したことは？
□保護者対応で困ったことは？
□教師になって不安なことは？
□卒論の見通しは？
□あなたの短所は？
・リラックスして答えられるように声をかけてくれた。
【場面指導課題】
□「もっとうちの子を厳しく指導してほしい」と，小5のA君の父親が言ってきた(手をあげる，体罰OKと)。どう対応するか？
※ロールプレイ形式。

▼小学校教諭
【質問内容】
□志願書の内容の確認。
□もし不採用ならどうする？
□ストレス解消法。
□教員志望はいつからか，きっかけは？
□アルバイト，ボランティアについて。
□小さいころよく怒られてきた経験。
・アットホームで話しやすい雰囲気。
【場面指導課題】
□A子がB子に「C子を無視しよう」と言われ，相談にきた。対応せよ。

▼小学校教諭
【質問内容】
□緊張しているか？
□周りからどんな人だと言われるか？

□神戸市しか受けてないのか？
□就職活動しているか？
□山口県を受けないことに両親は賛成か？
□どうして神戸なのか？
□落ちたら講師をするか？
□なぜ，大学を甲南女子大にしたのか？
□小学校教諭になろうと思ったのはいつ頃からか？
□めあてが途中だから，座右の銘を板書せよ。
□部活で部長として苦労したことは？
□場面対応で，保健室で何か聞こうとしたのか？
□教員採用試験の勉強にあたり，ストレスを感じたと思うが，どう対処してきたか？
□教員採用試験の勉強をどのように進めていたか？
□保護者とはどのように付き合っていくか？
□社会的事象について
□4月の初めの挨拶でどういう風に言うか？(実際にやった)
□山口県の教育と神戸の教育，異なるところと違うところは？
【場面指導課題】
□休み時間，チャイムが鳴っても教室に戻らない山田くんに対応しなさい。

▼小学校教諭
【質問内容】
□教員になろうと思ったきかっけ。
□卒論のテーマの設定理由。
□教員になってからの期待と不安。
□好きな教科と苦手な教科。
□教採で大変だったこと。
□ボランティアで苦手だと感じた子ども。
□ストレスの対処法。

□他の自治体の受験状況について。
〈面接カード(事前に提出)から〉
□なぜ他の県を受けたのか。
□部活について。
□神戸が不合格で他が受かったらどうするか。
□部活を変えた理由。
□始業式前日にどんなことを考えているか。
□しんどかったことをどう乗り越えたか。
□面接後やりたいこと。
□子どもからどんな先生だと思われたいか。
□面接の点数は？
・面接官は笑顔でうなずきながら聞いてくれて，圧迫はなかった。
【場面指導課題】
□授業中，質問ばかりしてくる山田くんへの対応。山田君は，普段から落ち着きがなく，教室を飛び出すこともあるという設定。
・面接官1人が児童役
・模擬授業の続きをやりながら，山田君に対応する。
・面接や集団討論，場面指導などは，大学の先生に見てもらったり，友達同士でしたり何度も練習した。
・その練習の中で，自分の考えをしっかり持って，具体的に考えながら自分の考えや思いを自分の言葉で話すことが大切だと思った。

▼中高音楽
【質問内容】
□場面指導で何に気をつけたか。
□吹奏楽部の指導はできるか。
□教員に最も必要な資質は。
□教育実習はどうだった。
□大学で最も学んだことは。
□今日の面接は10点満点中何点か。

・和やかな雰囲気で行われた。

【場面指導課題】

□クラスのA君が，「友達のB君が無視されている。無視ごっこがクラスで流行っている。その標的が今はB君。次は僕が無視される。どうしよう。」と言う内容の相談にきた。A君に対応しなさい。

▼特別支援

【質問内容】

□1分間自己紹介

□履歴から

□自閉症に対する指導

□校務分掌

□同僚との対応

□しんどかったこと

□最後に自己PR

【場面指導課題】

□保護者から叩いても指導してほしいと言われている。どう対応するか。

・課題を渡されて，面接官を相手役にする。

◆模擬授業　(2次試験)　面接官5人　受験者1人　3分(個人面接と同時に)

▼小学校教諭

【課題】

□「国語科」「社会科」「算数科」「理科」「生活科」「家庭科」「道徳科」「総合的な学習の時間」「学級活動」「外国語活動」の中から一つを選択して行う。

・授業場面：1単位時間の学習過程のどの場面でもよい(授業の導入に限らず，授業の山場でも終末でも自由に選択可)

※板書は短時間でも必ず行う(チョークは，白・赤・黄色)

※授業開始の挨拶やプリント配布など，授業内容と直接関係ない行為はしない
※教材教具の持ち込みは一切できない(教材教具が必要な場合は，それがあるものとして授業を進める)。
※教室に子どもがいるものとして，発問や説明，指示，板書等を進める。

▼小学校教諭
【課題】
□小学校ならばどの教科，どの単元を選ぶか自由。
※1次試験の合格通知と一緒に指導案が郵送されてきて，小論文の日に提出。
※面接官は見ているだけ。子ども役はいない。

▼小学校教諭
【課題】
□3年生理科
※事前に指導案提出。
・大学の先生，先輩に見てもらい，めあてを書くまで板書をしながら導入をした。
・黒板が高いため練習すべきだ。

▼中高音楽
【課題】
□1単位時間の学習過程の「どの場面」でもよかった。
・時間がくるとタイマーが鳴った。
・板書は短時間でも行う
・チョークは白，黄，赤
・教具は「あるもの」として授業を行うため，持ち込みできない。

▼特別支援

【課題】

□どの場面でもよい。

※板書は使うこと。

※事前に指導略案を提出。

2018年度　面接実施問題

◆集団討議・集団面接(1次選考) 面接官3人　受験生8～10人　集団討議25分　集団面接20分

※自己紹介各自1分→テーマに基づく集団討議→面接官からの質疑応答(集団面接)。

※受験生たちで司会を決める。

※集団討議前には3分間構想の時間がある。

▼小学校全科

【テーマ】

□様々な社会の変化に対応するために，子どもに身につけさせたい力は。

※司会者を決め，司会の進行で討論を進めていく。

※タイマーが鳴ったら，途中でも終了になる。

【質問内容】

□教師以外でなりたい職業は。

□周囲の人からどんな人と言われるか。

□小3に伝えるように神戸のオススメの場所を教えて。

▼小学校全科

【テーマ】

□グローバル教育を充実するための取り組みについて。

※司会は1人たてる，構想時間3分，面接官が時間を決め，タイマーが鳴ったら終了する。

・1人2回ずつ発言したら時間になった。

【質問内容】

□保護者のクレーム対応で大切にすることは。

□管理職になりたいか，なりたくないか，理由も述べよ。

□バイトやボランティアの経験から理想と現実について(小4に対して言うように)。
※挙手制，面接官1人1問質問

▼小学校全科
【テーマ】
□新任教師に求められる資質とは。
※司会者が討論をすすめていく。
・待合室で司会者を決めるのがベストだが，待合室は大きな声で話すと怒られるので注意すること。
【質問内容】
□小6におすすめする本は。
□金曜の自由時間に何をするか。

▼小学校全科
【テーマ】
□学級集団づくりを行う上で大切にしたいことと具体的な方法を討論しなさい。
・学級みんなで遊ぶ，みんな遊びを通して学級全体が仲良くなるような活動を取り入れたらいいと思う。
・集団面接は，5日間のうち3日目の参加だったが，1日目に面接した人と同じお題だった。情報収集が大事だと感じた。
・時間は本当に短い(20分弱)ので，3回しか話せなかった。
・司会は控え室で決めた。控え室で仲良くなることが大切だと感じた。控え室では横一列で座る。
【質問内容】
□今日，今，11時半ですが，その中で一番感動したことは何か。
□小学校の先生になりたいと思ったきっかけは何か。
□これから，教師を定年まで続けるには何が必要だと思うか。
□この面接は10点中，何点か。

▼小学校全科

【テーマ】

□信頼される教師とは。

※事前に司会をたてる。

【質問内容】

□わたし(面接官)においしいご飯を紹介して。

□自分を動物に例えるなら。

□インクルーシブ教育で進んでいる点と改善点について。

▼中高社会

【テーマ】

□「主体的で対話的で深い学びを実践するには」

【質問内容】

□神戸のどのような点が好きか。

□あなたを動物に例えるなら何か。理由も。

□教育において，AIではなく人間にしかできないものは何か。

□なぜ神戸市の教員か。

□自己PRを1分で。

▼中高社会

【テーマ】

□「児童・生徒にとって『良い先生』とは」

※司会者を決めるところからスタートする。

※まずは2～3分で用意された白紙に自分の意見をまとめ，それから討論がはじまる。試験終了後，用紙は置いて帰るように言われる。

【質問内容】

□自己紹介

□自分を身の回りの何かに例えると。

□地元または今住んでいる地域で何かを題材にし，社会の授業をするとしたら。

□全く経験のない部活動の顧問を頼まれたら。
※自己紹介は1分間をタイマーで測り，時間になるときられた。

▼中高英語
【テーマ】
□新任教員として，どのような力を身につけていきたいか。
※短冊が裏返しに各机に置かれていて，そこに論題が書かれている。
※①司会を決める，②各自話したいことをまとめる，③討論する，の課程を25分以内でやるよう指示される。討論に入る前に1人1分で自己PRをする。
※グループはおそらく学生のみの構成だった。
【質問内容】
□外からみた学校の印象，どのようなイメージを持っているか。
□教師として働くことに楽観的か，悲観的か(挙手制)。
□英語を通して何を子どもたちに伝えていきたいか，端的に。
□受験者同士でペアになって互いにほめ合いなさい。

▼中学保体
【テーマ】
□いじめのない学級づくりについて
・神戸市は個人というより，その集団がどれだけ協力できているかをよく見ていると感じた。
・試験前の控え室ではグループと少しだけコミュニケーションが取れるので，その時間を活用するとよい。
【質問内容】
□自分の何が教員に向いていると思って神戸市を受験したか。
□生徒・保護者から信頼されるには何が必要か。
□最近の気になるニュースはなにか，意見・懇談を踏まえて。
□初対面の人と話す時に大切にしていることは何か。
・志望動機は，受験自治体の教育理念を踏まえて言うことが大切だと思う。教育問題というより，自分自身のことやニュースなど，そのような質問が多いと感じた。

▼養護教諭

【テーマ】

□「発達の障害がある児童に対する支援について」

※司会進行役を1人決めて討論する。

※討論前に3分間考える時間をもらえる。

・他者の意見に共感しながらオリジナルの意見を言う(自身の体験談)

・情報共有，チーム学校，環境作り，ニーズの把握について意見が出た。

【質問内容】

□自分のここだけは直したい，克服しておきたい所

□もし養護教諭でなかったら何になりたいか。

□この面接に点数をつけるなら何点か。

※当て方は1番から，9番から順にと，挙手制

▼特別支援

【テーマ】

□個々に応じた特別支援教育の観点での指導について。

※司会を決める。

・人の意見につけ加えたりするとよい。

【質問内容】

□自己PR

□特支の志望理由について。

□小学校に行ったら何年生の担任をしたいか。

□クラス目標は。

□隣の人をほめなさい。

□障害種でやりたいものは。

・あまり長くならないように注意した。

◆実技試験(2次選考)

▼幼稚園教諭　約45分(3～4名の小集団で実施)

【課題1】

□律動と縄跳びを使っての遊び

【課題2】

□お話と身体表現

※イメージを広げてお話をつくり，お話に合わせた身体表現をする。

【課題3】

□歌と弾き歌い

※午前受験者は「山の音楽家」「手をつなごう」「おかあさん」「こぶたぬきつねこ」「どんないろがすき」のいずれか，午後受験者は「マクドナルドじいさん飼っている」「あめふりくまのこ」「おほしさま」「しあわせなら手をたたこう」「いちご」のいずれかであった。

※「ピアノ，表現，運動遊び，実際指導の一場面」等を実施。

※導入・歌と伴奏しながら歌う。

※持ち物は運動のできる服装，体育館シューズであった。

▼小学校全科

【体育課題1】

□跳び箱

→かかえこみ跳び，6段の縦・5段の縦

【体育課題2】

□マット

→前転，開脚前転

【体育課題3】

□水泳

→25mクロールを平泳ぎで，できるだけ速く泳ぐ。

※持ち物は水着，水泳帽，運動のできる服装，体育館シューズであった。

▼中高英語　面接官2人(ネイティブ＋日本人)

【課題】

□自己紹介(自己PR兼ねて1分以内)および身近な事柄

→身近な事柄は「暇なとき何をするか」などが聞かれた。

□写真から読み取ったテーマに関して，指定された表現を用いて行うスピーチ

→裏返しの写真を7枚の中から1枚選び，同時にフレーズが書いてある裏返しの紙を4枚の中から選ぶ。フレーズを使って，その写真を説明する。

→写真は「荒廃した街」，フレーズは「because」をひいた。

□英語教師としての考え方や熱意

※英語による質疑応答。

※個人面接終了後，別室へ移動して行った。

▼中高保体

※中高保体は必須種目の「器械運動」「陸上競技」「水泳」「バスケットボール」「バレーボール」と，選択種目の「柔道」「剣道」「ダンス」から1種目を選択し，計6種目の実技試験を行う。

〈必須種目〉

【器械運動】

□(男子)マット(後転倒立・側方倒立回転・開脚前転・前転・前方倒立回転跳び)

□(女子)マット(倒立前転・開脚前転・前転・側方倒立回転・伸膝後転)

【陸上】

□60m走

□(男子)60mハードル(6台，H84cm)

□(女子)60mハードル(6台，H76.2cm)

【水泳】

□100m個人メドレー

→バタフライ・背泳・平泳・クロール

【バスケットボール】
□ドリブルシュート
□ドリブル→ストップ→ジャンプシュート
□3対3(ミニゲーム)
【バレーボール】
□1人バレー
→反対コートから投げ入れられたボールをレシーブ・トス・スパイクの3段攻撃で返球する。
〈選択種目〉
【ダンス】
□テーマに沿って1分程度のダンスを創作する。
【柔道】
□受身
□対人技能(投げ技)
【剣道】
□打ち込み
□対人技能
□自由稽古，かかり稽古
※持ち物は実技のできる服装，タオル，及び選択した種目ごとの持ち物であった。なお，種目ごとの持ち物は以下の通りである。
〈水泳〉水着，水泳帽，ゴーグル(必要な者)
〈陸上競技〉運動靴(スパイクは不可)
〈バレーボール，バスケットボール〉体育館シューズ
〈ダンス〉ダンスシューズ(底の薄い靴)
〈柔道〉柔道着
〈剣道〉はかま，日本手拭，竹刀，防具
▼中高家庭
【課題】
□ポケットつき袋の製作
※62 cm×23 cm，14cm×12cmの布を用いて以下の作り方の注意点に従

い，袋を制作する。
・制限時間には下糸をボビンに巻く時間も含む。ただし，巻けない場合には既に巻かれているボビンを使用してもよい。
・縦28cm，幅20cmのできあがり寸法とする。
・縦8cm，幅12cmのポケットをつける。
・縫い代は全て1cm，縦の片方は，みみを活用して半返し縫いとする。もう片方は，袋縫いする。ポケット口は三つ折りし，まつり縫いする。
・最後に袋口をとめるためのスナップボタンを内側につける。
・半返し縫いとまつり縫い以外の部分はミシンを使用する。

▼中高技術
【課題1】
□けがき(木製飾り台製作)　15分
【課題2】
□木取り・切断・仕上げ(木製飾り台製作)　70分
【課題3】
□組み立て・接合(木製飾り台製作)　15分
【課題4】
□電気回路組み立て　15分
【課題5】
□栽培(挿し芽)　10分
※持ち物は作業に適した服，靴であった。

▼中高音楽
【課題1】2分程度
□ピアノ初見奏
※ソナチネアルバム程度の中から出題。
【課題2】2分以内
□アルトリコーダー奏

※♯・♭2つまで表現力が求められる曲から出題。
※曲は当日指定される。
【課題3】2分以内
□歌唱(伴奏なし)
※小学校，中学校の共通教材の中から出題。
※持ち物はアルトリコーダーであった。

▼中高美術　90分
【課題】
□けん玉と紙風船の組み合わせを考えて，デッサンし，着色せよ。
※紙風船は，膨らませること。
※紙風船は，動かないようにセロハンテープで台紙にとめてもよい。
※画用紙は配付された。
※持ち物はB～6Bの鉛筆，消しゴム，水彩用具(アクリル絵の具は不可)，画板又はカルトン，クリップであった。

▼養護教諭
【課題1】4分以内
□身長・体重測定の意義と方法
→年間行事で決まっていた定期の健康診断日に，体調不良で欠席していた小学校5年生男子が本日登校してきたので，保健室で，身長・体重の測定を行うことにした。この5年生男子児童本人に，今までの保健学習の内容もふまえて，検査の目的や意義をわかりやすく説明しなさい。また，身長測定の方法や注意事項について，児童に説明しなさい。
※身長計を使用してもよい。
【課題2】3分以内
□三角巾の固定方法
→中学1年生が，球技大会のバレーボールの試合中に，右手を床について転倒した。右手首の骨折の疑いがある。応急処置として，

　シーネと三角巾を使用して固定しなさい。
※試験官の腕をモデルにして行う。

◆模擬授業(2次選考) 面接官4～6人　受験者1人　3分
※個人面接冒頭に実施する(自己紹介各自1分→模擬授業→面接官からの質疑応答・場面指導等)。
※模擬授業の指導略案(専門教科等)を2次選考の筆記試験時に提出。
※面接官は生徒役をしない。
▼小学校全科
【実施内容】
□予め単元を決め，授業を作っていく。
※3分間タイマーで計られる。
※チョークは白・黄・赤が用意されていた。

▼小学校全科
【実施内容】
□2年光村　下「漢字の読み方」導入をした。
※児童役なし。自分がしたいところを練習し，本番もそのままする。
※事前に指導案(略案)を提出(論文のときに提出)する。
※指導案のどの場面をやってもよい。
※教室には黒板がある。
※黒板の前に受験者1人で，離れたところで面接官が座っている。
・黒板の位置が高かったので，意識して練習すべき。

▼中高英語
【実施内容】
□事前に提出した指導案の内容
※自己PRの後，事前提出していた指導案の中からどの部分を授業するのかきかれ，3分間の模擬授業に入る。

※面接官が介入することはなかったので，準備していたものをそのまますることができた。
※黒板にチョークで板書をする箇所が必ず1つは必要。

▼特別支援
【実施内容】
□事前に提出した指導案の内容
※板書はホワイトボードだった。
・3分しかないので自分をしっかり出す。

◆個人面接(2次選考)　面接官4～6人　20～30分
※模擬授業→場面指導→個人面接の流れで連続して行う。
※平成29年度は場面指導をロールプレイング形式で実施。ある具体的な状況に対し，教員としてどう対応するかを演じさせた。
▼小学校全科
【質問内容】
□教師を目指したきっかけは。
□特支免許の取得理由は。
□大学の単位は順調か。
□あなたの強みと弱みは。
□人生最大のピンチは。
□高校時代の部活について。
□高校時代に好きだった教科は。
□教師になってから不安なことは。
□(場面指導)学級内で盗難事件があった。学級委員長が『田中くんが盗っているところを見た』と報告してきた。その田中くんに対して指導しなさい。
※場面指導は面接官が児童役をする。

▼小学校全科

【質問内容】

□教師を目指したきっかけ，時期は。

□スクサポで学んだことについて。

□実習先はどこか。

□アルバイトは，頻度は。

□他に受けている自治体は。

□今年ダメだったらどうするか。

□教育実習で困ったこと，上手くいかなかったことについて。

□(場面指導)スマホを触っている子ども(5年生・男の子・こうたろうくん)に対しての対応について。

※場面指導は面接官5人の内1人が子ども役として出てきて演じる。

※場面指導はタイマーではかられ，4分たったら終了になる。

▼小学校全科

【質問内容】

□自己PRについて。

□この夏休みにしたことは。

□卒論について。

□性格について。

□(場面指導)給食で好きなものは多く嫌いなものは少なくよそうAさんがいます。Aさんへどのように指導しますか。

※場面指導は面接官のうち1人と，向かい合ってする。

▼小学校全科

【質問内容】

□事前の自己アピールから質問。

□高校公民の免許も取るが小学校でいかすことができる点は。

□よく旅行をしているがこれまででいちばん美味しかったものを小学校3年生に向けて話して。

□最近のニュースで気になることを2つ(ワールドカップ，ミサイル除く)。
□教育実習はどこでやるのか。
□(場面指導)塾に行っているので学校の授業を聞かず自習をしていいか，という保護者に対応せよ。

▼小学校全科
【質問内容】
□これ(神戸市試験)で4つの自治体すべての試験が終わるか。(2時提出書類に併願状況を書いていたため)すべて一次試験の合否はどうなっているか。
→いつすべての結果は出るか。
→兵庫県を併願されているが，神戸市不合格で，兵庫県の家に近いところに赴任になり，合格したら，兵庫県に行くか。
→(神戸市を受け続けると答えたので)神戸市を受け続けると，兵庫県の職員に悪いと思わないか。
□兵庫県に正規で合格し，神戸市に産休代替の講師として合格した場合，どちらに行くか。
□音楽の中学校高校を併願しているが，神戸市では，中学校の音楽の先生に一度なると，小学校の先生へ戻ることはできない。小学校の音楽専科の先生にしか戻れないが，それは知っていたか。
□音楽の小学校の専科として来てほしいと言われたら，来るか。
□小学校，中学校・高校の音楽の免許，と特別支援学校の免許，それぞれの免許を取ろうと思ったきっかけは何か。
□なぜ，特別支援は在学中の大学ではなく，通信教育制の大学で取得したのか。
□通学の時間は何をしていたか。
□部活の部員を増やしたと2次試験提出書類に書いてあるが，一番少ないときで何人，1番多いときで何人いたか。
□いつからいつまで部長をしていたか。

□どのように部長に選ばれたか。
□どのような部長だと思われていたと思うか。
□どのように部をまとめたか。
□プライベートは何をしているか。
→(好きな曲を歌ったり，ピアノを弾いたりしていると答えたので)なんでもいいので，何か歌って。
→(朧月夜を3段目くらいまで歌ったので)もっとポップスは歌わないのか。
□親友はいるか。
□教師として弱いと思う部分は何ですか。
□これまで，お年を召した方とのことで大変なことはあったか。
□(場面指導)給食中，A君が好きな唐揚げだけを多くとり自分の嫌いなブロッコリーは減らし，少ししか食べない。5年生に対し，指導しなさい。
→場面指導に対し，今後，どういう展開にもっていこうと思ったか。
→今日はどうするつもりだったか。
※場面指導では児童役の教師がだだをこねた。

▼中高社会
【質問内容】
□自己PR
□なぜこの教科なのか。
□教科を教えたいのか。それとも先生になりたいのか。
□未経験の部活をたのまれたらどうするか。
□友人から見た，あなたの特徴は何か。
□(場面指導)野球部担当ではないあなたに対して，野球部に対する苦情を言いに来た保護者・もしくは地域の方への対応のロールプレイ。
※試験官の1人が地域住民役をした。

▼中高英語

【質問内容】

□神戸市を選んだ理由は。

□履歴書に基づく質問(高校時代，部活はしていなかったのか等)。

□TPPの締結についてどう思うか。

□英語をどのように勉強してきたか。

□理想の教師像は。

□友人からどんな人だといわれるか。

□自分の性格で治したいところは。

□ストレス解消法，教師になるにあたって1番不安に思っていることについて。

□(場面指導)卒業生(高校生)が突然訪問してきて，職員室の先生方の机の中をみています。対応してください。

※場面指導は課題の書いた紙が手渡され，読みあげた後開始する。面接官の1人が生徒役をした。

▼特別支援

【質問内容】

□ボランティアで学んだことは。

□実習で学んだことは。

□要領はいい方か。

□地域，保護者とのかかわりを具体的にどうするか。

□個別の教育支援活動と個別の指導計画のちがいについて。

□(場面指導)夜10時コンビニ前に児童がいます，声をかけなさい。

※場面指導は面接官の1人が児童役をした。

・面接は短く(30秒～1分)で答えるように練習したらいいと思う。

・場面指導はあきらめずにねばり強く演じる。

2017年度　面接実施問題

◆実技試験(1次選考)

※中高保体は「個人種目(器械運動，陸上競技，水泳)」と「球技(バスケットボール，バレーボール，サッカー)」と「武道・ダンス(柔道，剣道，ダンス)」から各1種目を選択し，合計3種目の実技試験を行う。

▼中高保体

【陸上】

□60m走

□(男子)60mハードル

→13m，8.5m，4.5m　6台，H84cm

□(女子)60mハードル

→13m，7.5m，9.5m　6台，H76.2cm

【水泳】

□4種100m

→バタフライ・背泳・平泳・クロール

【器械運動】

□(男子)マット

→後転倒立・側方倒立回転・開脚前転・前転・前方倒立回転跳び

□(女子)マット

→倒立前転・開脚前転・前転・側転・伸膝後転

□(男子)高鉄棒

→蹴上がりを含む3種目以上

□(女子)跳び箱

→5段(開脚・閉脚：横)

【バレーボール】

□レセプション(サーブレシーブ)　5本

□スパイク　5本
□パス(対人)
【バスケットボール】
□ドリブルシュート
□ドリブル→ストップ→ジャンプシュート
□3対3(ミニゲーム)
【サッカー】
□ボールリフティング
□ドリブルシュート
□ミニゲーム(5対5～8対8)
【ダンス】
□曲に合わせて創作
※複数組で創作ダンス。
【柔道】
□受身
□対人技能
【剣道】
□打ち込み，対人技能
※持ち物は実技のできる服装，タオル，及び選択した種目ごとの持ち物であった。なお，種目ごとの持ち物は以下の通りである。
〈水泳〉水着，水泳帽，ゴーグル(必要な者)
〈陸上競技，サッカー〉運動靴(スパイクは不可)
〈器械運動，バレーボール，バスケットボール〉体育館シューズ
〈ダンス〉ダンスシューズ(底の薄い靴)
〈柔道〉柔道着
〈剣道〉はかま，日本手拭，竹刀，防具
※陸上競技及びサッカーは雨天時，体育館で実施のため，体育館シューズの持参が必要。

▼中高美術　90分

【制作課題】

□アルミホイル及び，アルミホイルの箱と，赤と黄色のパプリカとの組み合わせを考えて，デッサンし，着色せよ。

※パプリカは加工しない。

※アルミホイルは箱を開封し，約20cm以上引き出す。

※箱を開封したときに生じる紙片は使わない。

※アルミホイルは，箱から完全に取り出さない。

※アルミホイルは，ちぎったりボール状に丸めたりしない。折り曲げるのはよい。

※モチーフを構成するときにアルミホイルを切り直してもよい。

※画用紙は配付された。

※持ち物はB～6Bの鉛筆，消しゴム，水彩用具(アクリル絵の具は不可)，画板又はカルトン，クリップであった。

◆集団面接(1次選考)　受験生8～10人

※自己紹介各自1分→テーマに基づく集団討議→面接官からの質疑応答。

◆実技試験(2次選考)

※中高英語，中高家庭，中高技術の実技試験内容は当日指定された。

▼幼稚園教諭　約45分(3～4名の小集団で実施)

【課題1】

□律動と新聞紙を使っての遊び

【課題2】

□お話

※イメージを広げ，お話づくりをする。

【課題3】

□ピアノ演奏。
※初見でピアノ演奏。
※曲目：MERIKANTO「汽車は走る」。
【課題4】
□歌と弾き歌い。

午　　前	午　　後
・　バスごっこ	・　大きな栗の木の下で
・　どんぐりころころ	・　かたつむり
・　おおきなたいこ	・　てをたたきましょう
・　とんぼのめがね	・　ニャニュニョの天気予報
・　おばけなんてないさ	・　いとまき

種　目	内　　容	会　場
器械運動	跳び箱：かかえこみ跳び　６段の縦・５段の縦 マット：前転、開脚前転	体育館
水　　泳	５０ｍをクロールと平泳ぎで、できるだけ速く泳ぐ。	プール

種　　目	内　　容	場　　所
陸上	・６０ｍ走 ・６０ｍハードル 男）１３ｍ、８．５ｍ、４．５ｍ ６台、Ｈ８４ｃｍ 女）１３ｍ、７．５ｍ、９．５ｍ ６台、Ｈ７６．２ｃｍ	グラウンド
水泳	４種１００ｍ ・バタフライ→背泳→平泳→クロール	プール
器械運動	・マット 男）後転倒立→側方倒立回転→開脚前転→前転→前方倒立回転跳び 女）倒立前転→開脚前転→前転→側転→伸膝後転 ・高鉄棒（男）　蹴上がりを含む３種目以上 ・跳び箱（女）　５段（開脚・閉脚：横）	体育館
バレーボール	・レセプション（サーブレシーブ）（５本） ・スパイク（５本） ・パス（対人）	体育館
バスケットボール	・ドリブルシュート ・ドリブル→ストップ→ジャンプシュート	体育館

	・3対3（ミニゲーム）	
サッカー	・ボールリフティング ・ドリブルシュート ・ミニゲーム（5対5～8対8）	グラウンド
ダンス	・曲に合わせて創作　複数組で創作ダンス	多目的室
柔道	・受身 ・対人技能	柔道場
剣道	・打ち込み ・対人技能	体育館

※「ピアノ，表現，運動遊び，実際指導の一場面」等を実施。
※導入・歌と伴奏しながら歌う。
※持ち物は運動のできる服装，体育館シューズであった。

▼小学校全科
【体育課題1】
□跳び箱
→かかえこみ跳び，6段の縦・5段の縦
【体育課題2】
□マット
→前転，開脚前転
【体育課題3】
□水泳
→50mクロールを平泳ぎで，できるだけ速く泳ぐ。
※持ち物は水着，水泳帽，運動のできる服装，体育館シューズ。

▼中高英語
【課題】
□自己紹介および身近な事柄
□与えられたテーマを用いて，指定された文法事項を導入するオーラルイントロダクション
□英語教師としての考え方や熱意
※英語による質疑応答。

▼中高家庭

【課題】

□まち付き手提げ袋製作

※指定されたサイズの布1枚と，平ひも2本を用いて，条件に従って，
　まち付きの手提げ袋を製作する。

▼中高技術

【課題1】　20分

□けがき

【課題2】　45分

□木取り　切断・仕上げ

【課題3】　20分

□テーブルタップ組立・検査

【課題4】　30分

□電子部品組立

※中学校技術は木工，電気工作等の実習のできる服装，靴を持参。

▼中高音楽

【課題1】　2分以内

□弾き語り

※小学校，中学校の共通教材の中から出題。

【課題2】　2分程度

□ピアノ初見奏

※ソナチナアルバム程度の中から出題。

【課題3】　2分以内

□アルトリコーダー奏

※♯・♭2つまで表現力が求められる曲から出題。

※曲は当日指定される。

▼養護教諭

【実技課題1】　4分以内

□歯科健康診断後の個別保健指導

→小学校4年生男子が，歯科健康診断時にGOと判定された。放課後の時間を使用して養護教諭は，GO児童の個別指導を行った。養護教諭としてGOについて該当児童に説明し，GO改善に向けて個別指導を行いなさい。

【実技課題2】　3分以内

□応急処置

→中学1年生男子がサッカー部の練習開始約30分後，「めまい，こむら返り，発汗」などの症状を訴え，部活顧問と一緒に保健室に来室した。梅雨明け直後であり，養護教諭は熱中症を疑った。どのような応急処置を行うか説明しなさい。また，熱中症にならないため，気をつけることを来室した生徒に伝えなさい。

※用意された物を使用する。

【実技課題3】　1分以内

□応急処置

→小学校6年生が休み時間，運動場で転倒し，左手前腕を若木骨折した。三角巾を用いて固定しなさい。すでにシーネ固定はされている。

※試験官の左腕をモデルにして行う。

◆模擬授業(2次選考)

※個人面接冒頭に実施。

※面接官は生徒役をしない。

◆個人面接(2次選考)

※自己紹介各自1分→模擬授業→面接官からの質疑応答・場面指導等。

※模擬授業の指導案(専門教科等)を2次選考の筆記試験時に提出。

※平成29年度は場面指導をロールプレイング形式で実施。ある具体的な状況に対し，教員としてどう対応するかを演じさせた。

2016年度　面接実施問題

◆実技試験(1次試験)

▼中高保体・特別支援中学部・高等部保体

【個人種目課題】

□陸上競技

①60m走

②60mハードル

(男)　13m，8.5m，4.5m／6台，H84cm

(女)　13m，7.5m，9.5m／6台，H76.2cm

□水泳

4種(バタフライ → 背泳ぎ → 平泳ぎ → クロール)×25m

□器械運動

①マット

(男)　後転倒立 → 側方倒立回転 → 開脚前転 → 前転 → 前方倒立回転跳び

(女)　側立前転 → 開脚前転 → 前転 → 側転 → 伸膝後転

②高鉄棒(男)　蹴上がりを含む3種目以上

跳び箱(女)　6段(開脚・閉脚：横)

【球技課題】

□バレーボール

①サーブレシーブ(3本)

②スパイク(3本)

③アンダーハンドパス，オーバーハンドパス(対人)

□バスケットボール

①ドリブルシュート(ドリブルチェンジを含む)

②ドリブル → ストップ → ジャンプシュート

③3対3(ミニゲーム)

□サッカー
①ボールリフティング(移動)
②ドリブルシュート(左右)
③ミニゲーム(5対5及び4対4)
【武道・ダンス課題】
□ダンス
テーマに即した1分程度の創作ダンス
□柔道
①受け身
②対人技能
□剣道
①打ち込み
②対人技能
※個人種目(器械運動，陸上競技，水泳)，球技(バスケットボール，バレーボール，サッカー)及び武道・ダンス(柔道，剣道，ダンス)から各1種目ずつを選択し，合計3種目の実技試験を行う。
※実技の出来る服装を準備すること。水泳を選択した者は，水着・水泳帽。陸上競技，サッカーを選択した者は，運動靴(スパイクは不可)。器械運動，バレーボール，バスケットボールを選択した者は，体育館シューズ。ダンスを選択した者は，ダンスシューズ(底の薄い靴)。柔道を選択した者は，柔道着。
※剣道を選択した者は，はかま・日本手拭・竹刀・防具を必ず持参すること。
※雨天の場合，陸上競技は体育館で実施するので，体育館シューズを持参すること。

▼中高美術・特別支援中学部・高等部美術
【課題】
□描画
缶詰，ゴム手袋，荒縄の構成を考えて，デッサンし，着色せよ(制作時間は90分間)。

※モチーフは故意にラベルなどをはがしたり，破いたり，缶を変形させるなどの加工をしないこと。

〈使用画材〉

画用紙(配布したもの)，鉛筆，消しゴム，水彩用具(アクリル絵の具は除く)，画板もしくはカルトン，クリップ

※携行品は，B～6Bの鉛筆，消しゴム，水彩用具(アクリル絵の具は不可)，画板又はカルトン，クリップ。

◆集団面接(1次試験)

※評価の観点は，積極性，柔軟性，説得力，表現力，判断力，協調性等である。

▼中高保体　面接官2人　受験者7人

【質問内容】

□良い学級づくりのために最も大切なものはなにか(集団討論)。

▼養護教諭　面接官3人　受験者6人　時間20～30分

【質問内容】

□教員として必要な資質とは(集団討論)。

□自己PR(1分間)。

□神戸の印象は。

□誰にも負けないことは。

□ストレスを感じるときとその解消法。

□友達からどんな風に言われるか(性格)。

□最近気になるニュース(教育以外で)。

※

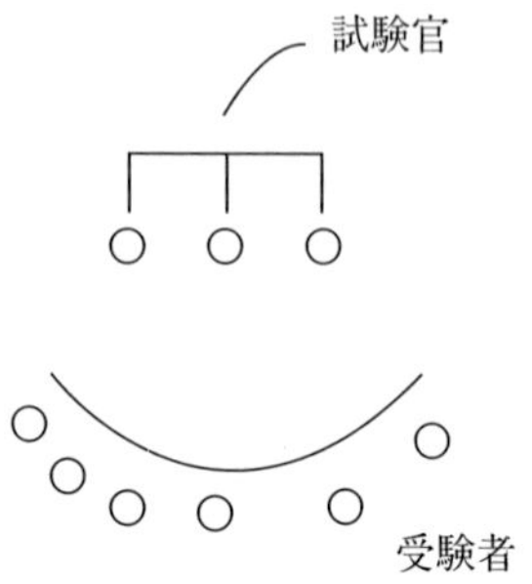

試験官

受験者

※集団討論のあと面接が行われた。面接のグループは受験番号順ではない。

※司会決めも30分間の中に入る。

・本来30分のところ欠席者が多く20分での討論となった。

・面接官は優しく，ニコニコしながら聞いてくれる。

・自己PRは必ず準備しておく。1分を過ぎると切られる。

▼特別支援　面接官3人　受験者8人

【質問内容】

□自己PR(1分間)。

□保護者の信頼を得るために(集団討論)。

□自分を身近なものに例えると。

□なぜ特別支援学校を目指すのか。

□小学校の思い出。

□一番印象に残っている子ども。

◆個人面接(2次試験)

※場面指導・模擬授業を含む。

▼特別支援　面接官5人　時間25分

【質問内容】

□自己紹介(1分)。

□履歴書からの質問。
□進路実現について。
□クラスで数名騒がしい生徒がいると保護者が言ってきたときの対応(場面指導)。
□ストレス解消法。
□自己アピール。
□自己肯定感の向上について。

◆模擬授業(2次試験)
※第2次選考試験受験者の全員に対して，個人面接時に模擬授業を実施する。
〈様式〉
次の「様式例」に基づいて作成する(※基本情報含む)。
○学習指導案の様式例
①受験番号，試験区分，教科，名前，面接日時，学年，設定した単元の教科・領域等を必ず記入する。
②下記の指導略案は指導例であり，各項目等の設定は自由。用紙の両端は1.5cmの余白をとる。
③手書きでもパソコンでも可。モノクロ写真やイラストなど資料を縮小して貼り付けてもよい。

★基本情報
受験番号〔　　　　〕 試験区分〔　　〕 教科〔　　〕 名前〔　　　　〕
面接日時〔　　月　　日　　時　　分〕

第　学年 ○○科 学習指導略案

教科でない場合は，別の表記に変えること。

1．単元名（題材）　　（全　　時間）

2．単元目標

・

・

3．本時の学習（　／　時間）

① 目標

・

・

② 過程

子供の活動と内容	教師の支援と留意点
1.	
2.	
3.	【評価規準】

注）　実際に授業を行う場面は，自由である

模擬授業の場面の「子供の活動と内容」及び「教師の支援と留意点」の記述を，他の分節より若干詳しく記入してもよい。

※ 基本的には，子供の「活動」を教師はどう「支援」するのか，また，実際に学ぶ「内容」に教師はどのように「留意」するのか，という観点で作成する。但し，別項目を設定しても可。

ここでは「3分節」としているが，あくまでも例示であるため，変更してもよい。

【評価規準】

本時の目標が，達成されたといえるような子供の学びの姿（学習状況）を記入する。

注 分節ごとの評価ではなく，1単位時間の評価規準として考える。評価の観点や方法等の記載については自由。

〈指導略案〉
1単位時間分A4判1枚にまとめる。
※小学校選択の場合は，45分設定，中・高選択の場合は，50分設定である。
※略案提出は，小論文実施日である。後日受付はないので注意すること。
〈実施〉
※入室後の自己紹介(注：1分間)の後に実施する。
※1単位時間の学習過程の「どの場面」でもよい(授業の導入に限らず，授業の山場でも終盤でも自由に選択可)。
※時間は3分程度とする。
〈留意事項〉
①板書は短時間でも必ず行うこと。
※模擬授業中に，必ず一度は黒板(またはホワイトボード)を使用する。[チョークは白・赤・黄，マーカーは黒・赤・青を準備予定]
②授業以外のことはしないこと。
※授業開始の挨拶やプリント配布，余談など，授業と直接関係ない行為はしない。
③教材教具の持ち込みは一切しないこと。
※教材教具が必要な場面では，それらが「あるもの」として授業を行う。
④教室に子どもがいるものとして，発問や説明，指示，板書等を進める。

▼小学校教諭
【課題】
□「国語科」「社会科」「算数科」「理科」「生活科」「家庭科」「道徳」「総合的な学習の時間」の中から一つを選択して行う。

▼中学校・高校教諭

【課題】

□「出願教科」や「道徳」「学級活動」の中から一つを選択して行う。

※音楽と美術は，小学校課程で選択してもよい。

▼養護教諭

【課題】

□幼稚園・小学校・中学校・高等学校の学年設定は自由。教育課程上の位置付けも考えて，単元や内容等を選択して行う。

▼特別支援

【課題】

□上記の「小学校教諭」及び「中学校・高校教諭」の内容に準じて，一つを選択して行う。

▼栄養教諭

【課題】

□小学校の学年設定は自由。教育課程上の位置付けも考えて，単元や内容等を選択して行う。

◆実技試験(2次試験)

▼小学校教諭・特別支援小学部

【体育課題】

□器械運動(跳び箱・マット)

跳び箱：かかえこみ跳び　6段の縦・5段の縦

マット：前転，開脚前転

□水泳(50m)

50mをクロールと平泳ぎで，できるだけ速く泳ぐ。

※水着，水泳帽，運動のできる服装，体育館シューズを持参すること。
※中学校・高等学校教諭受験者で小学校教諭の併願を希望する者は，小学校教諭の体育実技を行う。ただし，中学校・高等学校教諭「保健体育」受験者で小学校教諭との併願を希望した者は除く。

▼中高英語・特別支援中学部・高等部英語
【課題】
□英語による質疑応答
①自己紹介および身近な事柄。
②与えられたテーマを用いて，指定された文法事項を導入するオーラルイントロダクション。
③英語教師としての考え方や熱意。

▼中高技術・特別支援中学部・高等部技術
【課題】
□木工，電気工作等の実習
①けがき(25分)：使用工具　さしがね，鉛筆
②材料取り　切断(10分)：使用工具　両刃のこぎり
③こば　仕上(15分)：使用工具　かんな，げんのう，木工万力，あて板
④本棚組立(30分)：使用工具　きり，げんのう，はたがね，木工万力，あて板，スコヤ，さしがね，釘，接着剤，鉛筆，釘抜き
⑤電子部品組立(15分)：使用工具　ニッパ，はんだごて，はんだ
⑥文書作成(25分)：使用工具　パソコン
※実技試験(木工，電気工作等の実習)のできる服装，靴を持参すること。

▼中高家庭・特別支援中学部・高等部家庭
【課題】
□ボックスティッシュカバーの製作(※完成作品を事前に提示)

〈製作条件〉
①ボックスティッシュが入る，マチのないカバーを製作する。
②布は裁断しない。
③布のみみを有効活用する。
④縫い方
・糸は1本どりにする。
・ティッシュの取り出し口は三つ折りまつり縫いにする。
・ティッシュの取り出し口は布を1cm重ねる。
・横の部分の縫い方は，一方は袋縫い，もう一方は半返し縫いにする。
・ティッシュが取り出せるように，スナップを2組つける。

▼中高音楽・特別支援中等部・高等部音楽
【課題1】
□弾き語り
小学校の共通教材の中から出題(1曲・2分以内)
【課題2】
□ピアノ初見奏
ソナチネアルバム程度の中から出題(2分程度)
【課題3】
□アルトリコーダー奏(初見奏)
♯・♭2つまで表現力が求められる曲から出題(2分以内)

※上履きを持参すること。

▼養護教諭
【課題1】
□「視力低下児童への保健指導」
①小学校6年男子児童が視力再検査を受け，結果がBであった。該当児童に行う保健指導の内容を2つ以上述べなさい。

②養護教諭として学級担任にはどのようなことを助言をするのか2つ説明しなさい。
※時間は5分以内
【課題2】
□「鼻血の応急処置，体温の測定，体位管理」
①小学校3年生女子児童が初めて鼻出血をおこし，保健室に来室した(外傷なし)。
保健室でどのような応急処置を行うか説明しなさい(2分以内で，自分の鼻を使い，説明しなさい。)。
②児童の体温の測定を行うときの留意点を述べなさい(1分以内で，自分の腕を使い，電子体温計を用いて体温の測定を行いなさい。)。
③緊急性が高いアレルギー症状がでた児童にとらせる体位を行いなさい(人形を使い，試験官の指示した順番で，それぞれ15秒以内で行いなさい。)。
(1)ぐったりとしていて意識が朦朧としている場合
(2)吐き気や嘔吐がある場合
(3)呼吸が苦しく仰向けになれない場合

▼幼稚園教諭　受験者3～4名の小集団　時間約60分
【課題】
□ピアノ，表現・運動遊び，実際指導の一場面等
①律動とパフリングを使っての遊び
②お話(イメージを広げ，お話づくりをする)
③ピアノ演奏(初見でピアノ演奏)　曲目：GILLOCKより「The Great Hall」

④歌と弾き歌い(導入・歌を伴奏しながら歌う)

午前	午後
・さよならマーチ	・みどりのマーチ
・サッちゃん	・おつかいありさん
・そうだったらいいのにな	・はしるのだいすき
・夕焼け小焼け	・ぞうさん
・とけいのうた	・コンコンクシャンのうた
・線路はつづくよどこまでも	・大きな歌

※運動のできる服装と体育館シューズを持参すること。

2015年度　面接実施問題

◆集団討論・面接(1次試験)　面接官3人　受験者8～10人　40分

▼小学校教諭

【テーマ】

□子どもにとって魅力のある学校とは。

【質問内容】

□最近のニュースで気になるもの。

□会場へ来るまでに何か気づいたことはあるか。

□本で印象に残っているものは何か。

▼中学英語

【テーマ】

□「個に応じた学習指導」に関して考えを述べよ。

【質問内容】

□今の中学生に足りないものは何か。

□どのように健康を保っているか。

□学級崩壊を防ぐために役立つあなたの強みや信条はあるか。

▼養護教諭

【テーマ】

□教員がSNSやブログを使用することについて。

□教師にとって必要な資質，能力とは何か。

【質問内容】

□養護教諭になった際に何が一番不安か。

□生まれ変わったら何になりたいか，またそれはなぜか。

□最近1番幸せだと感じたのはどのようなときか。

□(隣の人と1分程度話す機会が与えられた後で)隣の人をほめよ。

□初めて保健室にきた子どもと接するときに気をつけたいことは何か。
□負担の大きい仕事だが，ストレス解消法は何か。
□現代の子どもたちのよいところは何か。

▼特別支援学校中学部・高等部音楽
【テーマ】
□保護者とのよい関係とはどのようなものか。また保護者とよい関係を築くためにはどうすればよいか。
【質問内容】
□採用されたら，どの障がい種別の学校に始めに行きたいか。
□「合理的配慮」とは何か。具体例を挙げて説明せよ。
□自分を漢字1字で表すと何か，またその理由は。

▼高校工業
【テーマ】
□体罰について
※自己PR(1人1分)→集団討論→集団面接と行われる。
※自己PRは途中でも1分で打ち切られる。
※集団討論はテーマがランダムに1題提示される。
※討論テーマの考察時間が3分程度与えられる。
※司会を1人決める。時間内にまとまらなくてよい，司会は無理に結論づけなくてもよい，との指示がある。
※面接の質問は，挙手制のものと，1人ずつ順番に答えていくものとある。
・経験を踏まえて回答すると，面接官の反応も良かった。
・同じ意見を言う受験者が多く，異なる意見を言いにくい雰囲気を感じた。
・会場の雰囲気は和やかだった。

◆実技試験(1次試験)

▼中高音楽・特別支援学校中学部・高等部音楽

【課題】

□ピアノ弾き歌い

「小さな空」

□ピアノ演奏

「ソナチネ　アルバム」H.Linhner(Op66.No03)

※曲は当日指定される。読譜時間5分，練習1分である。

※持参物は，上ばきである。

▼中高保体・特別支援学校中学部・高等部保体

【課題1】

〈個人種目(器械運動，陸上競技，水泳から選択)〉

□器械運動

〔マット〕

男…後転倒立→側方倒立回転→開脚前転→前転→前方倒立回転跳び

女…倒立前転→開脚前転→側転→伸膝後転

〔高鉄棒(男)〕

蹴上がりを含む3種目以上

〔跳び箱(女)〕

5段(開脚・閉脚：横)

□陸上競技

〔60m走〕

〔60mハードル〕

男…13m，8.5m，4.5m，6台，H84cm

女…13m，7.5m，9.5m，6台，H76.2cm

□水泳

3種75m(背泳→平泳→クロール)

【課題2】

〈球技(バスケットボール，バレーボール，サッカーから選択)〉

□バスケットボール

ドリブルシュート，ドリブル→ストップ→ジャンプシュート，3対3(ミニゲーム)

□バレーボール

レセプション(サーブレシーブ)5本，スパイク5本，パス(対人)

□サッカー

ボールリフティング，ドリブルシュート，ミニゲーム(5対5～8対8)

【課題3】

〈武道・ダンス(柔道，剣道，ダンスから選択)〉

□柔道

受身，対人技能

□剣道

打ち込み，対人技能

□ダンス

複数組で創作ダンス(曲に合わせて創作)

※持参物は，以下のとおりである。実技のできる服装(全員)。水泳を選択した者は，水着，水泳帽。陸上競技を選択した者は体育館シューズ(雨天時用)。陸上競技，サッカーを選択した者は運動靴(スパイクは不可)。器械運動，バレーボール，バスケットボールを選択した者は，体育館シューズ。ダンスを選択した者は，ダンスシューズ(底の薄い靴)。柔道を選択した者は，柔道着。剣道を選択した者は，はかま・日本手拭(竹刀・防具はできる限り持参する)。

▼中高美術・特別支援学校中学部・高等部美術

【課題】

□描画

紙コップ，コマ，ニンジンの構成を考えて，デッサンし，着色せよ。

※制作時間は90分間である。

※モチーフは故意に折ったり，破いたりなどの加工をしないこと。

※使用画材は，画用紙，鉛筆(B～6B)，消しゴム，水彩用具(アクリル絵の具は不可)，画板もしくはカルトン，クリップである。画用紙以外の画材は持参する。

◆個人面接(2次試験)　面接官4～5人　25分

※場面指導(5分)を含む。

※はじめに自己紹介(PR)を1分行う。

▼小学校教諭

【テーマ】

□席替えの後，席が気にいらないと騒ぐ生徒への対応。

・面接官が生徒役になるが，相当入り込んだ演技をするので，恥ずかしがらずにやりきることが大切。

【質問内容】

□一人暮らしで困っていることは何かあるか。

□部活動から得たものは何か。

□授業で個々の生徒に応じた指導をどうやっていきたいか。

□健康を保つために気をつけていることはあるか。

□アルバイトに関して

□ストレスを感じるときはいつか。

→その対処法は何か。

□神戸市を志望した理由を，教育以外で述べよ。

□(場面指導で)気をつけたことは何か。

・堅苦しくなく，会話のように進んだ。

▼養護教諭

【テーマ】

□休み時間が終わっても，保健室にいたがる男子中学生への対応。

□小2男子が休み時間に遊具から転落し，頭から落ちてぶつけた。対処せよ。

・「教室に戻りたい」としつこく言われた。

・救急処置＋担任，管理職への連絡を行ったが，「場面指導」なので「指導」しなければならなかったかな，と後悔している。

【質問内容】

□養護教諭を目指したきっかけは何か。

□神戸市の印象はどうか。

□教育実習で学んだことは何か。

□「教育日本一のまち」とはどんなことだと考えているか。

□連携で大切にしたいこと，コミュニケーションで大切にしていることは何か。

□友人の中での立ち位置を述べよ。

□ストレス解消法は何か。

□好きな四字熟語は何か。

→後ろの黒板に書け。

□一人暮らしに関して述べよ。

□どんな小学校，中学校生活を送ったか。

□没頭した趣味はあるか。

□大学でのサークル活動に関してのべよ。

□同世代の人以外と関わるときに，世代によって関わり方で気をつけていることは何か。

※面接カードに沿った質問内容が多かった。

・雰囲気は和やかだった。

▼特別支援学校中学部・高等部

【テーマ】

□中2の生徒が，しんどいから帰らせてと職員室にきた。その場にはあなたしかいない，対応せよ。

【質問内容】

□神戸市の志望理由。

□普通校で働く自信はあるか。

□運動部の指導はできるか。
□ボランティア以外で障がいを持つ児童と関わった経験はあるか。
　→(あれば)そこから学んだことは何か。
□子どもとの関わりで気をつけることを漢字1字で。
□世界のニュースで気になること。
□友人と喧嘩したことはあるか。またその解決法は。
□ストレス発散法は何かあるか。
□好きな四字熟語は何か。
　→後ろの黒板に書け。

◆実技試験(2次試験)
▼小学校教諭
【体育課題1】
〈器械運動〉
□跳び箱
　かかえこみ跳び，6段の縦・5段の横
　※実際は縦のみで，5，6段を自分で選択した。段の違いによる点数差はない。
□マット
前転→開脚前転
【体育課題2】
〈水泳〉
□50m(クロール，平泳ぎを25mずつ)
　※どちらからでもよい。ターンは壁にタッチでよい。
　※速さが求められる。
　※持参物は，水着，水泳帽，運動のできる服装，体育館シューズである。

▼中高英語

□英語による質疑応答

①自己紹介および身近な事柄

②指定された文法表現を用いて，与えられた写真を用いてのShow&Tell

③英語教師としての考え方や熱意

▼中高技術

【課題1】

□図面1の材料表と構想図を見て，材料(1000×205×12mm)の板に，部品番号①～⑥の部材を繊維方向を考慮し，けがきせよ。

ただし，仕上がり寸法線(実線)，材料取り寸法線(一点鎖線)を記入のこと。

※図面1は省略。

※使用工具は，さしがね。制限時間25分である。

【課題2】

□課題1でけがきした部品番号①と②の部品をそれぞれ切断せよ。

※使用工具は，両刃のこぎり。制限時間10分である。

【課題3】

□課題2で切断した部品番号①，②のこば面をかんなを使用して仕上がり寸法に仕上げよ。

※使用工具は，かんな，げんのう，木工万力。制限時間15分である。

【課題4】

□図面2の組立図，部品図，構想図を見て側板2枚と，背板3枚を組み立てよ。

※図面2は省略。

※使用工具は，きり，げんのう，はたがね，木工万力，スコヤ，鉄丸釘，接着剤。制限時間50分である。

【課題5】

□延長コードのプラグを組み立てよ。また，回路計を使用し絶縁検査を実施せよ。

※使用工具は，ニッパ，＋ドライバ，回路計。制限時間10分である。

【課題6】

□鉢に石，赤玉土，腐葉土を入れ，花の苗を5号鉢に植えかえよ。

※使用具は，移植ごて，如雨露(じょうろ)。制限時間10分である。

※持参物は，実技試験(木工，電気工作等の実習)のできる服装，靴である。

▼中高家庭

【課題】

□ペットボトル入れの製作

〈制作条件〉

①できあがりの大きさ

底：直径8cmの円形，高さ：6cmのペットボトルが入る円柱形の入れ物を作成する。

②縫い方

布端のしまつは必要なし。縫い代の幅は自由。底は2本取り，なみ縫い。わきは2本取り，半返し縫い。口は三つ折り(幅は自由)，1本取り，まつり縫い。指定された部分以外の縫い方は自由である。

③口の部分にスナップをつける。

※10分で材料・道具確認，内容説明。10分で構想を練り，70分で製作。その後提出・片づけを行い，作業時間の合計は95分である。

※持参物は，筆記用具である。

▼養護教諭

【課題1】

□身長，体重，座高測定の意義と方法

定期健康診断の身長・体重・座高測定を行う目的や意義について，小学校2年生1組の児童にわかりやすく説明しなさい。また，身長測定の方法や注意点を児童に説明しなさい。
※身長計を使用してもよい。
※時間は5分以内である。

【課題2】

□突き指の応急処置

中学2年生女子生徒が2校時の体育の授業中，バレーボールをしていて，右手第2指を突き指しました。応急処置をしなさい。また，上記の突き指をした生徒へ行う保健指導内容を2つ以上生徒へ指導しなさい。
※応急処置は，試験管の指をモデルに行う。
※時間は5分以内である。
※包帯，氷のう等大量に用意されている。

2014年度　面接実施問題

◆集団討論(1次試験) 面接官3人　受験者9～12人　25分

▼小学校教諭

【質問内容】

□クラスに発達障害の可能性がある子がいる。どう対応するか。

▼特別支援教諭(小学校)

※最初に1分以内で自己PRを行う。

【質問内容】

□子ども理解をするために，あなたはどのようなことをしていくか。

◆集団面接(1次試験)　面接官3人　受験者9～12人　25～35分

▼小学校教諭

【質問内容】

□これだけは直せない点はなにか。

□AKBの総選挙をどう思うか。

□クラスの子どもと一緒に行きたいところはどこか。

▼特別支援教諭(小学校)

【質問内容】

□ピンチをチャンスに変えることのできた経験はなにか。

□3年経つと，小学校に勤務してもらうが，そのときの自分の課題や不安は具体的にどのようなものがあるか。

□魅力のある教員になるために，これからやっていきたいことは何か。

・神戸市が「人物重視」であるということがよくわかる面接と思

われる。豊かな人間性というのは一瞬で身につくものではないので，時間をかけて磨いていきたい。

◆実技試験(1次試験)

▼中高音楽

【課題】

□ピアノ弾き歌い

□ピアノ演奏

※曲は当日指定される。

※準備するものは，上ばきであった。

▼中高保体

【課題1】

□個人種目

器械運動，陸上競技，水泳から1種目選択

【課題2】

□球技

バスケットボール，バレーボール，サッカーから1種目選択

【課題3】

□武道・ダンス

柔道，剣道，ダンスから1種目選択

※準備するものは，以下の通り。

水泳を選択した者…水着，水泳帽。

陸上競技，サッカーを選択した者…運動靴(スパイクは不可)。

器械運動，バレーボール，バスケットボールを選択した者…体育館シューズ。

ダンスを選択した者…ダンスシューズ(底の薄い靴)。

柔道を選択した者…柔道着。

剣道を選択した者…はかま，日本手拭い(竹刀・防具はできる限

り持参すること)。

※陸上競技は雨天時には体育館で実施。体育館シューズを持参する。

▼中高美術

【課題】

□描画

※準備するものは，HB～6Bの鉛筆，消しゴム，水彩用具，画板又はカルトン，クリップであった。

◆個人面接(2次試験)　面接官4人　25分

▼小学校教諭

※在学証明書を始めに渡す。

〔面接会場　略図〕

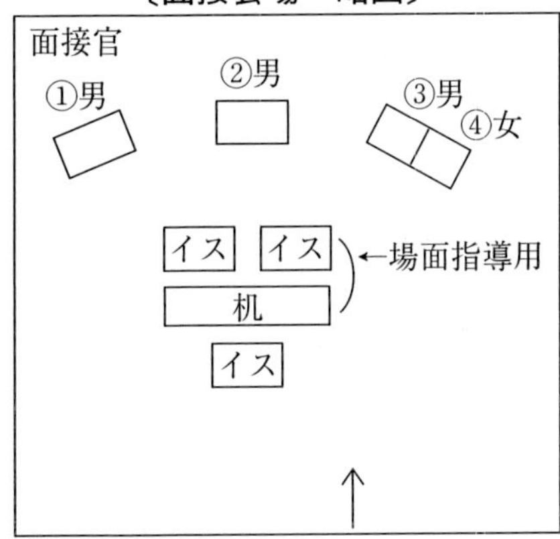

①：場面指導を主に担当
②：主に質問をする
③，④：場面指導後，何問か質問をする

【質問内容】

□2分間で自己PRをする。

□どこの小学校・中学校出身か。
□(PRの話の中にあった)4年生の時の担任の先生はどんな先生か。
□教育実習はいつからか。
□卒論について。
□アルバイトはしているのか。
□部活について。
□(ボランティアで)子どもに教える時と，子どもと一緒に活動する時の違いはなにか。
□子どもに自分はこんな人だよ！と伝えるならどう伝えるか。そんな自分のことが好きか。
□ストレスの解消法は何か。
□人生で1番辛かったこと，楽しかったこと。
・面接では，基本的なことを聞かれる。
(場面指導)
※お題が書いてある短冊を音読して，始める。
□「授業態度が悪い児童(5年生，まーくん)を指導して下さい(ただし，児童は言い訳をします)」。始める前，「音楽の授業で態度が悪い！と専科の先生から相談された設定でやりましょう」と言われた。
※場面指導後，質問があった。
【質問内容】
□場面指導の練習はしたか。
□場面指導でもっとこうすればよかったと思うことは何か(その後アドバイスを受けた)。
※場面指導は4分程度であった。
・子ども役の方はとても演技派で，何を言っても反抗し，言い訳する。
・場面指導は練習を重ねて，粘り強い指導ができるようになっておくことをおすすめする。私は，場面指導の後，面接官の方に「音楽の授業を見て，まーくんの様子を確認した設定でやればよかった」と言われた。お題の短冊には詳しく書かれていないので，自分で色々な設定を作ることが大切だと思う。

◆実技試験(2次試験)

▼小学校教諭

【跳び箱運動課題】

□かかえこみ跳び

※子ども用の跳び箱，5段の縦・横，6段の縦から選べる。

【マット運動課題】

□前転

□開脚前転

【水泳課題】

□クロール，平泳ぎを25mずつ。

※跳び箱運動の採点基準は，着地したときにしっかり立てているか，両手同時についているか，両手の間に足を通しているか等。

※水泳で足がついたら，その場で立つ。プールは浅いので注意すること。

▼中高英語

【課題】

□英語による質疑応答

自己紹介および身近な事柄，指定された文法表現を用いて，日本の文化等についてのTeacher Talk，英語教師としての考え方や熱意について。

▼中高技術

【課題1】

□材料表と構想図を見て，板材1000×210×12(単位ミリ)の板に部品番号①～④の板を繊維方向を考慮し，けがきせよ。ただし，仕上がり寸法線，材料取り寸法線(切断線)記入のこと。
※使用工具はさしがね，エンピツ，制限時間は30分であった。
【課題2】
□課題1でけがきした部品番号①と②材料をそれぞれ切断せよ。
※使用工具は両刃のこぎり，制限時間は15分であった。
【課題3】
□課題2で切断した部品番号①②のこば面をかんなを使用して仕上がり寸法に仕上げよ。
※使用工具はかんな，木づちで，制限時間は20分であった。
【課題4】
□実体配線図を見て蛍光灯を組み立て完成させよ。完成後，絶縁検査と点灯試験を行うこと。
※使用工具はニッパ，ラジオペンチ，プラスドライバ，はんだごて，回路計，万力で制限時間は40分であった。
【課題5】
□秋ギクの挿し芽を鉢に植えたい。プランターに石，土，元肥を入れて植えよ。
※使用工具は移植ごてで，制限時間は15分であった。

▼中高家庭
【課題】
□お弁当袋(両しぼりのきんちゃく袋)の製作
※製作条件は，①～③の通りである。
①できあがりの大きさは底16cm×10cm，高さ12cm
②縫い方
・布端のしまつは必要なし
・縫い代は1.5cm
・横　2本取りで　片方は本返し縫い，片方は半返し縫い
・マチ　2本取りなみ縫い
・しぼり口は1cm，2.5cmの三つ折り

1本取りで片方はまつり縫い，片方はなみ縫い

・指定された部分以外の縫い方は自由

③しぼりひもをつける

※受験者持参物は筆記用具であった。

▼養護教諭

【課題1】

□「眼力検査の意義と方法」

定期健康診断の視力検査を行うため，小学校2年生1組が保健室に来室しました。児童を対象に視力検査の目的や意義をわかりやすく説明しなさい。また，視力検査の受け方や注意事項を小学校2年生の児童にわかるように説明しなさい(遮眼器，ハンドルを使用してもよい)。

【課題2】

□「足首捻挫の応急処置」

女子中学生が野外オリエンテーリング中，山道で右足首を内反捻挫しました。腫れがあり，以後の活動は難しい状況です。応急処置として，たたみ三角巾を作り靴の上から固定しました。野外活動は明日が最終日です(試験官の足をモデルに行う)。捻挫をした生徒への悪化防止のため，4つの大切な応急処置と再発防止のための保健指導を行いなさい。

※課題2では試験官を負傷した生徒とみたてて行う。

※制限時間は課題1，2，それぞれ5分であった。

2013年度　面接実施問題

◆集団面接・集団討論(1次試験)　面接官3人　受験者12人　50分

▼養護教論

【質問内容】

□1分間で自己PRを。

□自分達で司会者を決め，「学校の中を職員間でより良くしていくためのあなたの役割」について集団討論を行う。

※机の上にある白紙を自由に使用して良いが，討論後は回収される。

集団討論終了後，質問。

□初対面の人と関わるときにあなたが気を付けていること。

□仕事と家庭を両立するためにどうすればいいか。

□今まで頑張ったこと

※面接官は優しく穏やか。一つの質問につき一人の面接官が質問をした。

・自己PRは1分経つとアラームが鳴り，強制的に終了となる。事前に練習しておく方がよい。

◆実技試験(1次試験)

▼中高音楽・特別支援学校音楽

【課題】

□弾き歌い「花」

□ピアノ演奏　ヘンデル作曲「メヌエット」

※曲は当日指定。

▼中高美術・特別支援学校美術　90分

【課題】

□水入れ，及び軍手と刷毛との組み合わせを考えて，着色デッサンせよ。

※水入れ，及び軍手と刷毛との組み合わせを考えて，配置を決める。

・美しいと思う位置や角度から着採デッサンする。

・準備するもの：鉛筆，消しゴム，水彩用具，画板もしくはカルトン，クリップ

▼中高保体・特別支援学校保体

【課題】

□次の①～③の種目から1種類，計3種目を選択して実施する。

①陸上・水泳・器械

②バレーボール・バスケットボール・サッカー

③ダンス・柔道・剣道

種目	内容	場所
陸上	・６０m走 ・６０mハードル 男）１３m、８．５m、４．５m ６台、Ｈ８４cm 女）１３m、７．５m、９．５m ６台、Ｈ７６．２cm	グランド
水泳	３種目　７５m 背泳→平泳→クロール	プール
器械運動	・マット 男）後転倒立→側方倒立回転→開脚前転→前転→前方倒立回転跳び 女）倒立前転→開脚前転→前転→側転→伸膝後転 ・高鉄棒（男）　蹴上りを含む３種目以上 ・跳び箱（女）　５段（開脚・閉脚：横）	体育館
バレーボール	・レセプション（サーブレシーブ）（５本） ・スパイク（５本） ・パス（対人）	体育館
バスケットボール	・ドリブルシュート ・ドリブル→ストップ→ジャンプシュート ・３対３（ミニゲーム）	体育館
サッカー	・ボールリフティング ・ドリブルシュート	グランド

	・ミニゲーム（5対5～8対8）	
ダンス	・曲に合わせて創作　複数組で創作ダンス	多目的室
柔道	・受身 ・対人技能	柔道場
剣道	・打ち込み ・対人技能	剣道場

▼中高技術・特別支援学校技術

【課題】

□板材595×145×15(単位ミリ)の板からA材3枚をけがきせよ。

　また，板材593×148×15(単位ミリ)板からB材2枚をけがきせよ。

　仕上がり寸法線，材料取り寸法線(切断線)記入のこと。(制限時間10分)

※使用工具：さしがね

□課題1でけがきした材料をそれぞれ切断せよ。(制限時間5分)

※使用工具：両刃のこぎり

□切断した板材5枚を仕上がり寸法に仕上げよ。ただし，こば面はかんなを使用すること。(制限時間20分)

※使用工具：かんな，やすり類

□B材2枚，コルクベニア板③を寸法通りにけがきし，組み立て，作品を完成させよ。(制限時間35分)

※使用工具：四つ目きり，げんのう，直角定規，さしがね，木工ボンド，釘

□テーブルタップを組み立てたい。安全に使用できるように，プラグ側は圧着端子を用いない方法で，テーブルタップ側は図のように圧着端子を用い，端子から心線を2，3ミリ出し，その部分にはんだづけし完成させよ(制限時間20分)。

部品　テーブルタップ，プラグ，圧着端子2つ(タップ側に使用)，コード2m

※使用工具：ニッパ，プラスドライバ，圧着ペンチ，はんだごて

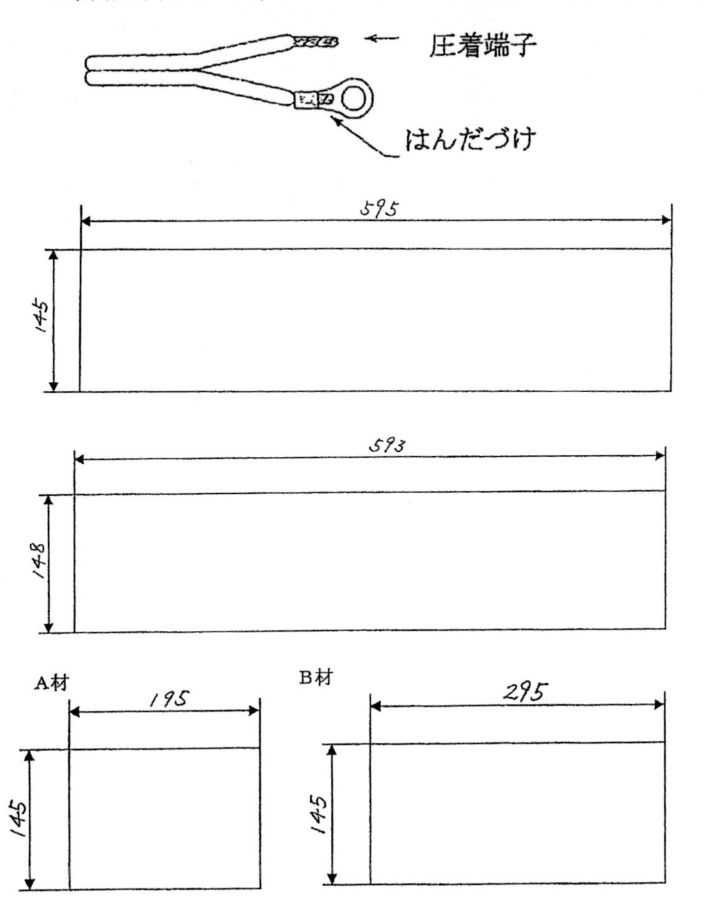

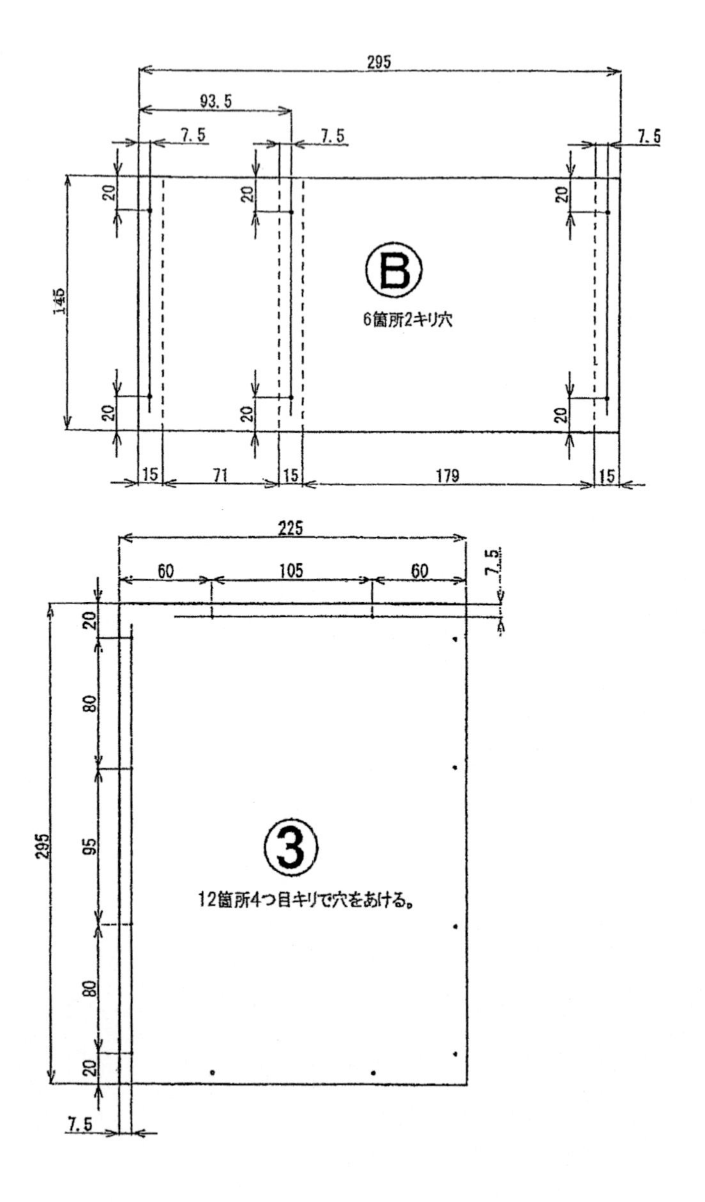
295
93.5
7.5
7.5
7.5
20
20
20
145
Ⓑ
6箇所2キリ穴
20
20
20
15
71
15
179
15
225
60
105
60
7.5
20
80
295
95
③
12箇所4つ目キリで穴をあける。
80
20
7.5

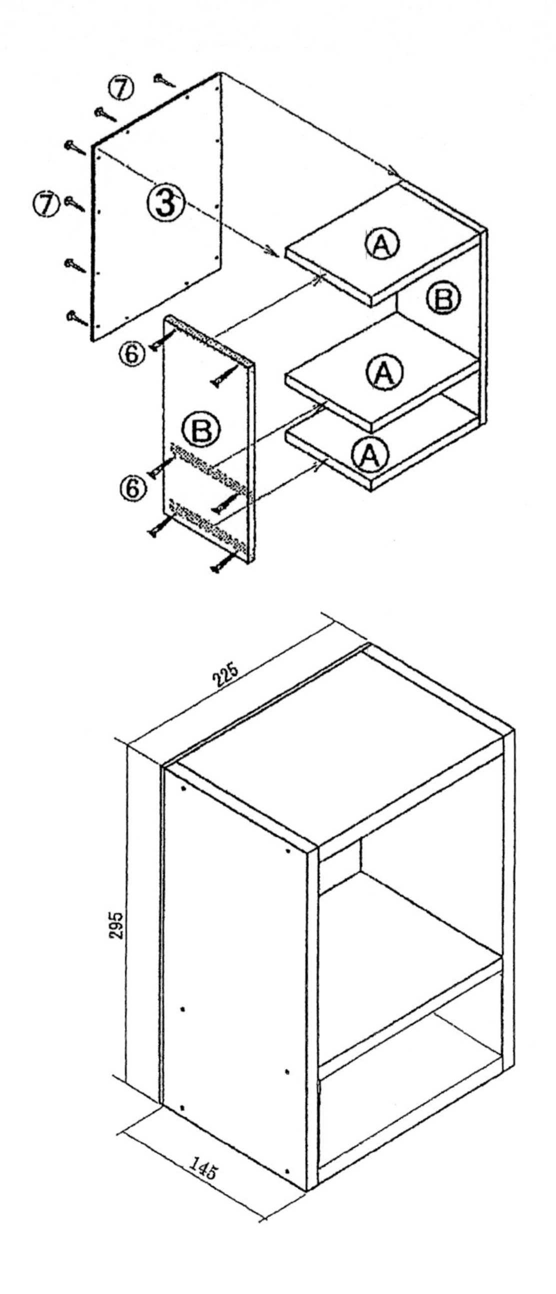
⑦
⑦
③
Ⓐ
Ⓑ
⑥
Ⓐ
Ⓑ
⑥
Ⓐ
225
295
145

◆実技試験(2次試験)

▼小学校全科

【課題】

種　目	内　　　容	会　場
縄跳び	かけ足跳び・あや跳び・二重跳びの３種目で、それぞれ連続２０回跳ぶ。	体育館
水　泳	クロールで続けて２５ｍ、２回以上息継ぎをし、できるだけ早く泳ぐ。	プール

▼中高英語・特別支援学校英語

【課題】

□英語による質疑応答

①自己紹介および身近な事柄

②指定された文法表現を用いて，日本の文化等についての Teacher Talk

③英語教師としての考え方や熱意

▼中高家庭・特別支援学校家庭

【課題】

□ミニクッションカバーの製作　60分

①与えられた布・スナップ1組・ボタン1個・手縫い糸・刺しゅう糸を用いて製作。

②仕上がりのサイズは15cm×15cmとする。

③表面には刺しゅうをしなさい。

④裏面にはクッションを入れる入口をつくりなさい。

⑤入口は，1.5cmの三つ折りとし，片方はなみ縫い，片方はまつり縫いをしなさい。

⑥入口の重なり部分に，ボタンとスナップをつけなさい。

⑦それ以外の部分は，本返し縫いにしなさい。

⑧布端のしまつは必要ありません。

※準備するもの：縫い糸，刺しゅう糸，まち針，糸切りばさみ，チャコペン，30cm程度のものさし

▼養護教諭

【課題】

□身長・体重・座高測定の意義と方法　5分以内

①定期健康診断の日に欠席していた小学校5年生男子が本日登校してきたので，保健室で，身長・体重・座高の測定を行うことにしました。この児童本人に今までの保健学習の内容もふまえて，検査の目的や意義をわかりやすく説明しなさい。

②身長測定の方法や注意事項について，児童に説明しなさい。(身長計を使用してもよい。)

□歯科健康診断後の個別の保健指導　5分以内

①中学2年生女子が歯科健康診断時に，GOと判定され，歯科校医より本人へ「歯みがきを丁寧にするように。」と保健指導がありました。

放課後，該当生徒が保健室を訪れ，養護教諭にGOについて相談しました。養護教諭としてGOについて当該生徒に説明し，GOの改善に向けて個別指導を行いなさい。(歯ブラシと手鏡を使用してもよい。)

2012年度　面接実施問題

◆集団面接(1次試験)　面接官3人　受験者10人　時間不明

▼中高英語

◆自己紹介　1分

※「自己紹介には自己PRも含めていただいてかまいません。タイマーの音が鳴ったら(1分経ったら)そこでやめてください」との指示があった。受験番号と名前も含めて1分。

・ボランティアや留学経験，長所などそれぞれ内容は様々。私は，今までの教育に関係するボランティアやアルバイトの経験と，教育に対する熱意について話した。

・はじめの人が時間をオーバーしても話し続けたこともあって，ほぼ全員が時間を過ぎても話を続けていた。それに対して面接官が注意することはなかった。

◆集団討議　25分

～全体の流れ～

※「机の上にある短冊に，トピックが書かれています。その横にある白紙はメモとして使ってください。どちらも最後に回収します」と最初に言われる→司会者決め→3分間個人で意見をまとめる→一人ずつ意見を発表する→意見に関する質問→意見のまとめ

【課題】

□「生徒一人一人の自尊感情を育てるために，教師にはどんな役割があるか。結論は出す必要はありません」

※はじめに発表した一人一人の意見がとても似ていたので，ほとんど議論にならずに終わってしまった。最後は時間が余ったので，何人かの人が同じような要約をして終わった。私自身は，

特に付け足すべき点が見つからなかったので，あまり発言することができなかった。

◆集団面接　時間不明

【質問内容】

□先ほどは自己紹介をしてもらいましたが，今度は自己PRをお願いします。「神戸市が私(受験者)を合格させなかったらどれだけ損するか」アピールしてください。1分でお願いします。

→先の自己紹介で言いつくしてしまい，言葉につまる人が多かった。

□もし採用試験を受けても落ち続けてしまいました。あなたはどうしますか。

→「それでも受け続ける」「何らかの形で教育に関わる」など答えは様々だった。

□最近読んだ本はなんですか。

→題名だけ説明する人や，あらすじから感想まで話す人もいた。

同じ質問に全員が順番に答えていく。並び順に指名される。

※はじめに面接官の方が少し話をしてくれたので，時々笑いが起きたりして，リラックスした雰囲気で面接に臨むことができた。

・面接中は，発言していない人も態度をよく見られているように感じた。特に，反応が少ない人をチェックしているように見えた。

・面接官の方々は，ほとんどの時間こちらを向いて話を聞いてくれたので，自然と眼を見て話すことができた。

◆実技(1次試験)

▼中高音楽

【課題】

□弾き歌い：『浜辺の歌』

□ピアノ演奏：弦楽四重奏曲第17番『狩り』モーツアルト作曲

▼中高美術　　90分

【課題】

□トイレットペーパーおよびトイレットペーパーの包み紙とお玉杓子との組み合わせを考えて，着色デッサンを行う。

(条件)

・トイレットペーパーは包み紙を開封し，約20cm以上引き出すこと。

・トイレットペーパーは，包み紙から完全に取り出さないこと。

・トイレットペーパーは，ちぎったり丸めたりしないこと。折り曲げるのは可能。

▼中高体育

【課題】

□次の①～③の種目から1種類，計3種目を選択して実施。

①陸上・水泳・器械

②バレーボール・バスケットボール・サッカー

③ダンス・柔道・剣道

種目	内容	場所
陸上	・８０ｍ走 ・８０ｍハードル 男）１３ｍ、８．５ｍ、１６ｍ ７台、Ｈ９１．４cm 女）１５ｍ、７．５ｍ、２０ｍ ７台、Ｈ７６．２cm	グランド
水泳	３種目　７５ｍ 背泳→平泳→クロール	プール
器械	・マット 男）後転倒立→側方倒立回転→開脚前転→前転→前方倒立回転跳び 女）倒立前転→開脚前転→前転→側転→伸膝後転 ・高鉄棒（男）　蹴上りを含む３種目以上 ・跳び箱（女）　５段（開脚・閉脚：横）	体育館
バレーボール	・サーブ（５本） ・スパイク（５本） ・パス（対人）	体育館

バスケットボール	・ドリブルシュート ・ドリブル→ストップ→ジャンプシュート ・1対1	体育館
サッカー	・ボールリフティング ・ドリブルシュート ・ミニゲーム（5対5～8対8）	グランド
ダンス	・曲に合わせて創作　二人組で創作ダンス	多目的室
柔道	・対人技能 ・受身	柔道場
剣道	・対人技能 ・打ち込み	剣道場

▼中高技術

【課題1】

□図を見て板材610×145×10(単位ミリ)から側板2枚をけがきせよ。また板材245×140×10(単位ミリ)から仕切り板2枚をけがきせよ。

・使用工具：さしがね

・制限時間：10分

【課題2】

□課題1でけがきした材料をそれぞれ2つに切断せよ。

使用工具：両刃のこぎり

制限時間：10分

【課題3】

□切断した板材4枚を仕上がり寸法に仕上げよ。ただし，側板のこば面はかんなのみを使用すること。

使用工具：かんな，やすり

制限時間：15分

【課題4】

□既製の天板，底板を使い，仕切り板2枚を寸法通りにけがきし，作品を完成させよ。

使用工具：四つ目きり，げんのう，直角定規，さしがね，木工

ボンド，釘

制限時間：35分

【課題5】

□LEDライトの基盤を完成させたい。①～⑨の電子部品を正しくはんだ付けし，基盤を仕上げよ。

使用工具：はんだこて，ニッパ

制限時間：20分

①抵抗　R1　56Ω　R2　1.2kΩ

②セラミックコンデンサ C1

③電解コンデンサ C3

④トランジスタ TRI　TR2

⑤校正コンデンサ C2

⑥トランス TUBE

⑦コイル L1

⑧スイッチ SW1　SW2

⑨LED

2011年度　面接実施問題

◆集団面接(1次試験)　試験官3名　受験者7～11名　25～30分

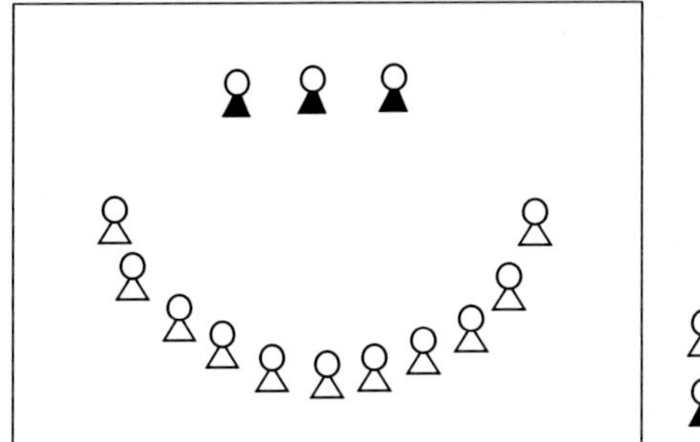

▼小学校全科

～全体の流れ～

出欠確認・待機→面接会場へ移動→時間になったら各自ノックをして開始→荷物を置いて，自分の席へ→受験番号，名前，1分間の自己PRを端の人から→司会者を決め，机の上にある紙をめくり，課題を確認してから，20分間の集団討論→20分経つと面接官が止める→集団面接に入る→両端の人から順に答えていく(3問)→終了，退出

【集団討論テーマ】

□子どもたちの規範意識を高めるために，どんなことに取り組むか。

【集団面接の質問】

□あなた自身が規範意識で，最も大切にしているものを1つ答えなさい。

□朝起きてから試験会場に来るまでに印象に残っている出来事を1つ答えよ。

□ストレス解消法は何か。

□ピンチをどのように乗り越えたか。

□どんなときに癒しを感じるか。

◆個人面接(2次試験)　試験官4人　受験者1人

▼小学校全科

①自己PR(2分)

□受験番号，名前，自己PR。

②質問(10分)

□どうして教員を目指しているのか。

□スキー部で喧嘩はあるか。

・喧嘩が起こった際など，問題があったときはどのような役割で行動するか

□スクールサポーターで困ったことはあるか。また，得たことはあるか。

□ストレス解消法は。

□あなたが教師に向いているところは。

□HIVについてどのように思うか。

③ロールプレイ(5分)

【課題】

□掃除をしないアキラ君をどのように指導しますか。

④ロールプレイについての質問(5分)

□ロールプレイはどうだったか，またスクールサポーターでそういう経験があったか

□特別支援の子どもへどのように指導していくか。何か勉強していますか。

◆実技試験(2次試験)

▼小学校全科

(体育)

①縄跳び：駆け足跳び×20回，あや跳び×20回，二重跳び×20回

※2回チャンスがあり，回数が良かった方が採用される。

②水泳：クロール

※2回以上息継ぎをすること。1本練習→本番はタイム測定有り

▼中高英語

□英語による質疑応答

①自己紹介や身近な質問。

②選択した絵(下図等)をもとに中高生に聞かせるストーリーを考える。

③英語の勉強方法をアドバイスする。

2010年度　面接実施問題

◆集団討論＋集団面接(1次試験)　面接官3人　受験者9人　50分(自己PR1分，討論18分(構想3分，討論15分)，面接30分)

▼小学校

○自己PR…1分で止められる。又は自分で1分を計り，過ぎると終了する。

○集団討論…まず司会をたて，3分の構想の時間を与えられる。
テーマ「保護者に信頼される教師とは」
だいたい2～3回ずつ発言したところで終了。

○集団面接…①今日ここに来るまでのことで，印象に残ったことは。
②どんな時にストレスを感じますか。また，その解消法は。
③今日できていない，アピールしたいところは。30秒以内で。

▼中高社会

○自己PR…入室後，1人ずつ自己PR。

○集団討論…まず，司会者を決めるが，決め方は受験者にすべて任せられる。司会者が決まったら裏返してある議題を表に返して，3分ほど意見をまとめる時間を与えられる。その後司会の進行に沿って，討論を進める。
テーマ「教員に必要な資質とは何か」
討論中は面接官はノータッチ。

○集団面接…①最近のニュースで印象に残っているものは何か(挙手制)。
②神戸市について(挙手制)。
③生徒が，「社会科は何故勉強しなければいけないんですか」と質問してきたら，どう答えるか(全員)。

2009年度　面接実施問題

◆集団討論＋集団面接(1次試験)　面接官3人　受験者9人　50分（討論25分，面接15分）

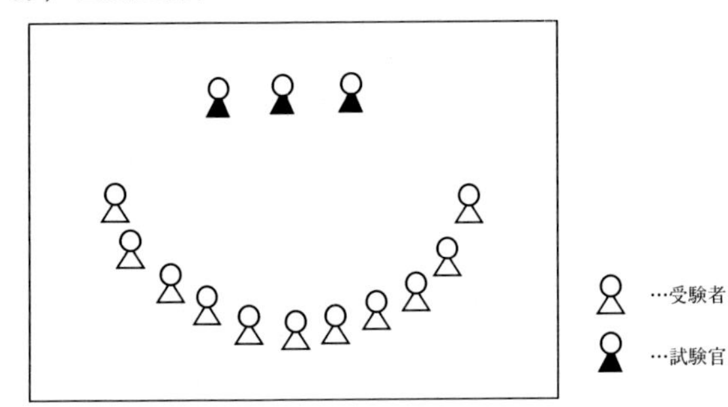

◆自己PR(1次試験)　　集団討論の中で実施　1分

〈例1〉(受験者11人，面接官3人，60分)

①自己紹介・PR(1分以内)※タイマー計る。

②集団討議(25分)

・子どもにとって魅力ある教師とはどんな教師か。あなたの考えを述べよ。

※司会者を決めるところからスタート

(控室で，「先に司会は決めないで下さい」と注意がありました)

③質問(15分程度)

・討議をふまえて，あなたの理想とするクラスの人数は？

・魅力ある教師になるため，普段から心掛けていることを一言で。

・「採用試験に合格する」以外に，現在達成したい目標は何ですか。

〈例2〉(50分)

・1分間の自己アピール

・「あなたが子どもに一番つけさせたい力はなんですか。」について集団討論
・「情報過多になっている今，情報の取り扱いについて」一人ひとりの考えを述べる。

2008年度　面接実施問題

◆集団討論

【1次/中学校(理科)】(面接官3名　時間60分)

・自己アピール兼自己紹介。(2分)

テーマ：教師の発言が生徒に与える影響は大きい。あなたはこのことについて，どのように考えるか。

※与えられたテーマに沿って自分の意見を発表し,討論を行う。

※司会者は決めるが，意見は時間を気にしてまとめたりしなくてよい。

◆実技試験

【2次/小学校(体育)】

・跳び箱…かかえ込み跳び(腕立て閉脚跳び越し)

・鉄棒…逆上がり→前方支持回転→後方支持回転→踏み越しおり

・水泳…クロール，平泳ぎ　各25m　計50m

【2次/小学校(オルガン)】

オルガン演奏(課題3曲のうちから1曲選択)

課題曲

1　七つの子(文部省唱歌)

2　野に咲く花のように(作曲　小林亜星)

3　グリーングリーン(作曲　Barry McGuire，Randy Sprks)

【1次/中学校・高校(音楽)】

・歌唱　「ねむの木の子もり歌」　作詞:皇后陛下　作曲:山本正美

・ピアノ　「朝のさんぽ」　作曲:中田喜直

・器楽　自由楽器

【2次/中学校・高校(家庭)】

1. 与えられた布を三つ折りにし，千鳥がけをしなさい。

制限時間：15分

条件：①セットされた布，糸，針を使用する。

　　②下図のように布を「1cm・2cm」の三つ折りにする。

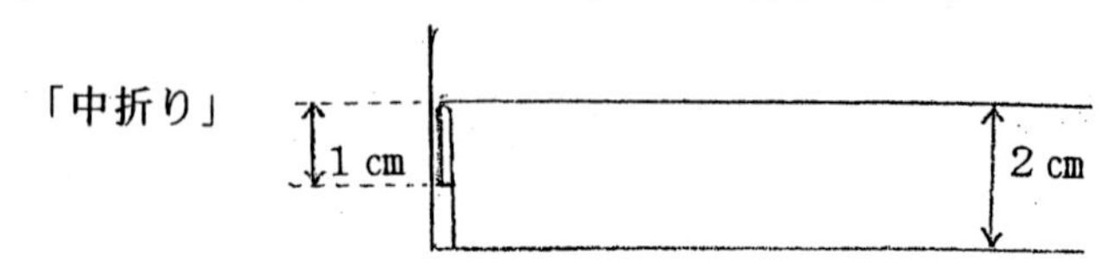

手順：①席に座り，裁縫箱を準備する。

　　②用意されたペンで布の左上の枠に受験番号を書く。

　　③「始め」の合図で，針に糸を通し，布を三つ折りにして，縫い始める。

　　④「終わり」の合図でやめ，そのままの状態で机上に置く。

2. 与えられた布に，スナップをつけなさい。

制限時間：10分

条件：①セットされた布，糸，針を使用する。

　　②布に指示した場所にスナップをつける。

手順：①席に座り，裁縫箱を準備する。

　　②用意されたペンで布の中央の枠に受験番号を書く。

　　③「始め」の合図で，針に糸を通し，スナップをつけ始める。

　　④「終わり」の合図でやめ，そのままの状態で机上に置く

【1次/中学校・高校(技術)】

課題1：下記の条件に従い，けがきをせよ。

使用工具　鉛筆　さしがね

制限時間：25分

材料　600×250　t＝12

部品表　単位　mm

部品名	仕上がり寸法（厚さ×幅×長さ）	数量
背板	12×250×45	2
底板	12×250×150	1
側板	12×170×150	2

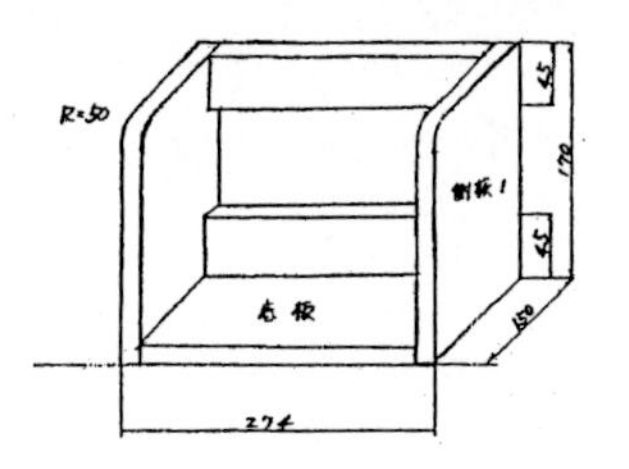

課題2：課題1でけがきをした材料のなかで底板1枚と側板2枚を切断せよ。

使用工具　両刃のこぎり

制限時間：15分

課題3：課題2で切断した底板のこばと側板1のこばを仕上がり寸法にかんながけをせよ。

使用工具　かんな　けずり台　げんのう

制限時間：15分

課題4：底板と側板1をけがきをして釘打ち3ヵ所をせよ。

使用工具　げんのう　エンピツ　さしがね　四つ目ぎり　釘抜き　接着剤

制限時間：15分

【1次/中学校・高校(保健体育)】

次の①～③の種目から1種目，計3種目を選択して実施する。

①陸上・水泳・器械から1種目

②バレー・バスケットボール・サッカーから1種目

③ダンス・柔道・剣道から1種目

－陸上－

①80m走

②80mハードル

男)13m，8.5m，16m　7台　H91.4cm

女)15m，7.5m，20m　7台　H76.2cm
雨天時：走り高跳び
男130cm　　女120cm
－水泳－
3種75m
・背泳→平泳→クロール
－器械－
①マット
男)後転倒立→側転→開脚前転→前転→腕立前方転回
女)倒立前転→開脚前転→前転→側転→伸膝後転
②高鉄棒(男)
蹴上がりを含む3種目以上
②跳び箱(女)
6段(開脚・閉脚)
－バレーボール－
①サーブ・レシーブ・アンダーハンドパス
②スパイク　5本
③対人レシーブ
－バスケットボール－
①ドリブルシュート
②ドリブル→ストップ→ジャンプシュート
③1対1
－サッカー－
①リフティングによる移動(20m・30m)
②ドリブルシュート
③1対1
－ダンス－
・曲に合わせて創作
－柔道－
・対人技能

・受身

－剣道－

・対人技能

・打ち込み

【1次/中学校・高校(美術)】

・紙風船と手の組み合せを考え，ポーズを決め着彩デッサンする。

※紙風船と手は接しているようにする。

・制作時間：90分

【2次/養護教諭】

実技A

設問：中学生が階段から落ちて，下腿骨骨折が疑われる。応急処置をする際，できるだけ苦痛の軽減をはかることを考慮して，三角巾(たたみ三角巾をつくる)と副子2枚(ソフトシーネ)を使用して固定しなさい。(6分以内で，試験官の足をモデルに行うこと)

実技B

設問：ダミー人形または自分で，下記の体位を行いなさい。(試験官の指示した順番に行う)(各問30秒以内)

1　側仰臥での回復体位(意識がない場合)。

2　気管支喘息，心臓衰弱などで呼吸困難のあるときにとらせる体位。

3　日射病，熱射病，頭蓋内出血(意識はある)など，顔色が紅潮するときにとらせる体位。

4　腹痛を緩和できる体位。

5　脳貧血，ショック，下肢の出血などのときにとらせる体位。

2007年度　面接実施問題

◆集団討論

〈校種不明〉

（面接官3人，受験生10人）

○自己アピール（2分）

○テーマ「教師としてのやさしさと厳しさについて」

・子どもに何を求めるか。また保護者には何を一番に求めるか。

◆面接

〈小学校〉

（時間30分）

○ロールプレイ（5分）→パンを食べながら登校する生徒への指導。

○主に面接シートに書き込んだ内容について。オルガン演奏を先にしてから個人面接に入る。

◆実技試験

〈小学校〉

○跳び箱→足ぬき（かかえ込み跳び）

練習1回，本番1回で五段横，五段縦，六段横から選ぶ

○鉄棒→四連続技。①逆上がり　②前方支持回転　③後方支持回転　④踏みこし降り

○水泳→25m，アップで自由に。その後，クロール25m，平泳ぎ25mを続けて泳ぐ。タイムを計る。

2005年度　面接実施問題

◆集団討論

〈小学校〉

（面接官3人，受験生11人，時間30分）

○自己紹介

○テーマ「児童，生徒に関心や意欲を持たせるにはどのようにしますか」

◆実技試験

〈家庭科〉（15分）

指定の布・糸・針を使用して，刺しゅうせよ。次の点に気を付けること。（図省略）

・刺しゅう異図は本取りでせよ。

・①の部分は葉の外側の輪郭に沿って，内側にロングアンドショートステッチをせよ。

・②の部分はアウトラインステッチをせよ。

・③の部分はチェーンステッチせよ。

◆実技試験

〈音楽科〉

内容　(1) 歌唱　「出船」　作詞：勝田香月　作曲：杉山長谷夫

(2) ピアノ　「ギャロップ」　作曲：ケーラ

(3) 器楽　自由楽器

2003年度　面接実施問題

◆集団面接・集団討論

・テーマ；市町村合併についてどう思うか。　(35分　面接官3人　受験者6人)
・何のために学ぶのか
・生徒に「学んでも仕方がない」と言われたらどうするか。
・不登校の生徒に担任としてどう対応するか。
・中学教師として大切だと思うことは
・今までで最も感動したこと
・最近のニュースを授業で取り上げるとしたらどんな内容にするか。
・ストレス発散の方法
・「教員の不祥事について」の討論
・教師の資格とは何か
・著者マナーについて，またそれにどう対処していくか
・テーマ「海外で活躍する日本人スポーツ選手について」日本へ与える影響などを考慮して答えてください。
・伝染病が流行する時期でもないのに発熱と下痢の症状で欠席する者が増加している。養護教諭としてどのような対応をとるか
・養護教諭になるにあたっての抱負と自己ＰＲ
・養護教諭に必要な資質を一言で
・修学旅行について討論　　(高校数学)
・キレる生徒について
・自分がスキンシップだと思ってとった行動を生徒に体罰だと言われたらどうするか。
・生徒がキレて殴りかかってきたらどうするか。

◆集団面接・集団討論

・自己PR1人2分

・「幼稚園教員にとって重要なもの」について討論

・「H14年度より実施されている週5日制について」を知り，3分間で自分の意見をまとめる→討論(30分)

・あなたが教師になって実行したいことは何か

◆実技

＜音楽＞

・新曲視唱(滝廉太郎)
→初見ピアノ演奏(a-mollのワルツ)

・器楽演奏(ピアノ以外)

第3部

面接試験対策

面接試験の概略

面接試験で何を評価するか

近年,「人物重視」を掲げた教員採用候補者選考試験において,最も重視されているのが「面接試験」である。このことは,我が国の教育の在り方として,アクティブラーニングの実施,カリキュラム・マネジメントの確立,社会に開かれた教育課程の実現等,次々と新しい試みが始まっているため,学校教育の場においては,新しい人材を求めているからである。

ところが,一方で,現在,学校教育においては,様々な課題を抱えていることも事実であり,その例として,いじめ,不登校,校内暴力,無気力,高校中退,薬物乱用などがあり,その対応としても,多くの人々による意見もあり,文部科学省をはじめとする教育行政機関や民間機関としてもフリースクールなどで対応しているが,的確な解決策とはなっていない状況にある。このことに関して,その根底には,家庭や地域の教育力の低下,人間関係の希薄化,子供の早熟化傾向,過度の学歴社会及び教員の力量低下等,正に,様々な要因が指摘されている。したがって,これらの問題は,学校のみならず,家庭を含めた地域社会全体で,対応しなければならない課題でもある。

しかし,何といっても学校教育の場においては,教員一人一人の力量が期待され,現実に,ある程度までのことは,個々の教員の努力で解決できた例もあるのである。したがって,当面する課題に適切に対応でき,諸課題を解決しようとの情熱や能力が不可欠であり,それらは知識のみの試験では判断できかねるので,面接によることが重視されているのである。

①人物の総合的な評価

面接試験の主たるねらいは,質問に対する応答の態度や表情及び言葉遣いなどから,教員としての適性を判定するとともに,応答の内容から受験者に関する情報を得ようとすることにある。これは総合的な人物評価といわれている。

そのねらいを十分にわきまえることは当然として，次にあげることについても自覚しておくことが大切である。

○明確な意思表示

○予想される質問への対応

○自らの生活信条の明確化

○学習指導要領の理解

○明確な用語での表現

②応答の基本

面接試験では，面接官の質問に応答するが，その応答に際して，心得ておくべきことがある。よく技巧を凝らすことに腐心する受験者もいるようであるが，かえって，紋切り型になったり，理屈っぽくなったりして，面接官にはよい心象を与えないものである。そこで，このようなことを避けるため，少なくとも，次のことは意識しておくとよい。

○自分そのものの表現

これまで学習してきたことを，要領よく，しかも的確さを意識し過ぎ，理詰めで完全な答えを発しようとするよりも，学習や体験で得られた認識を，教職経験者は，経験者らしく，学生は，学生らしく，さっぱりと表現することをすすめる。このことは，応答内容の適切さということのみならず，教員としての適性に関しても，面接官によい印象を与えるものである。

○誠心誠意の発声

当然のことであるが，面接官と受験者とでは，その年齢差は大変に大きく，しかも，面接官の経歴も教職であるため，その経験の差は，正に雲泥の差といえるものである。したがって，無理して，大人びた態度や分別があることを強調するような態度をとることは好まれず，むしろ謙虚で，しかも若々しく，ひたむきに自らの人生を確かなものにしようとする態度での応答が，好感を持たれるものである。

③性格や性向の判別

組織の一員としての教員は，それぞれの生き方に共通性が必要であり，しかも情緒が安定していなければならない。そのため，性格的にも片寄っていたり，物事にとらわれ過ぎたり，さらには，協調性がなかったり，自己顕示欲が強すぎたりする人物は敬遠されるものである。そこで，面接官は，このことに非常に気を遣い，より的確に査定しようとしているものなのである。

そのため，友人関係，人生観，実際の生き方，社会の見方，さらには自らに最も影響を与えた家庭教育の状況などに言及した発問もあるはずであるが，この生育歴を知ろうとすることは，受験者をよりよく理解したいためと受け取ることである。

④動機・意欲等の確認

教員採用候補者選考を受験しているのであるから，受験者は，当然，教職への情熱を有していると思われる。しかし，面接官は，そのことをあえて問うので，それだけに，意志を強固にしておくことである。

○認識の的確さ

教員という職に就こうとする意志の強さを口先だけではなく，次のようなことで確認しようとしているのである。

ア　教員の仕事をよく理解している。

イ　公務員としての服務規程を的確に把握している。

ウ　立派な教員像をしっかり捉えている。

少なくとも上の3つは，自問自答しておくことであり，法的根拠が必要なものもあるため，条文を確認しておくことである。

○決意の表明

教員になろうとの固い決意の表明である。したがって単に就職の機会があったとか，教員に対する憧れのみというのは問題外であり，教員としての重責を全うすることに対する情熱を，心の底から表現することである。

以上が，面接試験の最も基本的な目的であり，面接官はこれにそってさまざまな問題を用意することになるが，さらに次の諸点にも，面接官の観察の目が光っていることを忘れてはならない。

⑤質疑応答によって知識教養の程度を知る

筆記試験によって，すでに一応の知識教養は確認してあるわけだが，面接試験においてはさらに付加質問を次々と行うことができ，その応答過程と内容から，受験者の知識教養の程度をより正確に判断しようとする。

⑥言語能力や頭脳の回転の早さの観察

言語による応答のなかで，相手方の意思の理解，自分の意思の伝達のスピードと要領のよさなど，受験者の頭脳の回転の早さや言語表現の諸能力を観察する。

⑦思想・人生観などを知る

これも論文・作文試験等によって知ることは可能だが，面接試験によりさらに詳しく聞いていくことができる。

⑧協調性・指導性などの社会的性格を知る

前述した面接試験の種類のうち，グループ・ディスカッションなどはこれを知るために考え出されたもので，特に多数の児童・生徒を指導する教師という職業の場合，これらの資質を知ることは面接試験の大きな目的の1つとなる。

直前の準備対策

以上からわかるように，面接試験はその人物そのものをあらゆる方向から評価判定しようとするものである。例えば，ある質問に対して答えられなかった場合，筆記試験では当然ゼロの評価となるが，面接試験では，勉強不足を素直に認め今後努力する姿勢をみせれば，ある程度の評価も得られる。だが，このような応答の姿勢も単なるポーズであれば，すぐに面接官に見破られてしまうし，かえってマイナスの評価ともなる。したがって，面接試験の準備については，筆記試験のように参考書を基礎にして短時間に修練というふうにはいかない。日

頃から,

(1) 対話の技術・面接の技術を身につけること
(2) 敬語の使い方・国語の常識を身につけること
(3) 一般常識を身につけて人格を磨き上げること

が肝要だ。しかし,これらは一朝一夕では身につくものではないから,面接の際のチェックポイントだけ挙げておきたい。

(1) 対話の技術・面接の技術

○対話の技術

①言うべきことを整理し,順序だてて述べる。

②自分の言っていることを卑下せず,自信に満ちた言い方をする。

③言葉に抑揚をつけ,活気に満ちた言い方をする。

④言葉の語尾まではっきり言う練習をする。

⑤短い話,長い話を言い分けられるようにする。

○面接技術

①緊張して固くなりすぎない。

②相手の顔色をうかがったり,おどおどと視線をそらさない。

③相手の話の真意をとり違えない。

④相手の話を途中でさえぎらない。

⑤姿勢を正しくし,礼儀を守る。

(2) 敬語の使い方・国語常識の習得

○敬語の使い方

①自分を指す言葉は「わたくし」を標準にし,「僕・俺・自分」など学生同士が通常用いる一人称は用いない。

②身内の者を指す場合は敬称を用いない。

③第三者に対しては「さん」を用い,「様・氏」という言い方はしない。

④「お」や「ご」の使い方に注意する。

○国語常識の習得

①慣用語句の正しい用法。

②教育関係においてよく使用される言葉の習得

さて本題に入ろう。面接試験1カ月前程度を想定して述べれば，その主要な準備は次のようなことである。

○直前の準備

①受験都道府県の現状の研究

受験する都道府県の教育界の現状は言うに及ばず，政治・経済面についても研究しておきたい。その都道府県の教育方針や目標，進学率，入試体制，また学校数の増加減少に関わる過疎化の問題等，教育関係刊行物や新聞の地域面などによく目を通し，教育委員会に在職する人やすでに教職についている先生・知人の話をよく聞いて，十分に知識を得ておくことが望ましい。

②教育上の諸問題に関する知識・データの整理

面接試験において，この分野からの質問が多くなされることは周知の事実である。したがって直前には再度，最近話題になった教育上の諸問題についての基礎知識や資料を整理・分析して，質問にしっかりとした応答ができるようにしておかなければならない。

③時事常識の習得と整理

面接試験における時事常識に関する質問は，面接日前2カ月間ぐらいのできごとが中心となることが多い。したがって，この間の新聞・雑誌は精読し，時事問題についての常識的な知識をよく修得し整理しておくことが，大切な準備の1つといえよう。

○応答のマナー

面接試験における動作は歩行と着席にすぎないのだから，注意点はそれほど多いわけではない。要は，きちんとした姿勢を持続し，日常の動作に現れるくせを極力出さないようにすることである。最後に面接試験における応答態度の注意点をまとめておこう。

①歩くときは，背すじをまっすぐ伸ばしあごを引く。かかとを引きずったり，背中を丸めて歩かないこと。

②椅子に座るときは深めに腰かけ，背もたれに寄りかかったりしない。女子は両ひざをきちんと合わせ，手を組んでひざの上に乗せる。男子もひざを開けすぎると傲慢な印象を与えるので，窮屈さを感じさせない程度にひざを閉じ，手を軽く握ってひざの上に乗せる。もちろん，背すじを伸ばし，あごを出さないようにする。

③上目づかいや横目，流し目などは慎しみ，視線を一定させる。きょろきょろしたり相手をにらみつけるようにするのも良い印象を与えない。

④舌を出す，頭をかく，肩をすくめる，貧乏ゆすりをするなどの日頃のくせを出さないように注意する。これらのくせは事前にチェックし，矯正しておくことが望ましい。

以上が面接試験の際の注意点であるが，受験者の動作は入室の瞬間から退室して受験者の姿がドアの外に消えるまで観察されるのだから，最後まで気をゆるめず注意事項を心得ておきたい。

面接試験を知る

面接試験には採点基準など明確なものがあるわけではない。面接官が受験者から受ける印象などでも採点は異なってくるので，立派な正論を述べれば正解という性質のものではないのである。ここでは，面接官と受験者の間の様々な心理状況を探ってみた。

面接試験で重要なことは，あたりまえだが面接官に良い印象を持たせるということである。面接官に親しみを持たせることは，確実にプラスになるだろう。同じ回答をしたとしても，それまでの印象が良い人と悪い人では，面接官の印象も変わってくることは十分考えられるからである。

「面接はひと対ひと」と言われる。人間が相手だけに，その心理状況によって受ける印象が変わってきてしまうのである。正論を語ることももちろん重要だが，良い印象を与えるような雰囲気をつくることも，同じく重要である。それでは，面接官に対してよい印象を与える受験者の態度をまず考えてみよう。

面接官の観点

〈外観の印象〉

□健康的か。

□身だしなみは整っているか。

□清潔感が感じられるか。

□礼儀正しいか。

□品位があり，好感を与えるか。

□明朗で，おおらかさがあるか。

□落ちつきがあるか。

□謙虚さがうかがえるか。

□言語が明瞭であるか。

□声量は適度であるか。

□言語・動作が洗練されているか。

〈質疑応答における観点〉

①理解力・判断力・表現力

□質問の意図を正しく理解しているか。

□質問に対して適切な応答をしているか。

□判断は的確であるか。

□感情におぼれず，冷静に判断を下せるか。

□簡潔に要領よく話すことができるか。

□論旨が首尾一貫しているか。

□話に筋道が通り，理路整然としているか。

□用語が適切で，語彙が豊富であるか。

②積極性・協調性(主に集団討論において)

□積極的に発言しているか。

□自己中心的ではないか。

□他者の欠点や誤りに寛容であるか。

□利己的・打算的なところは見受けられないか。

□協力して解決の方向へ導いていこうとしているか。

③教育に対する考え方

□教育観が中正であるか。

□人間尊重という基本精神に立っているか。

□子供に対する正しい理解と愛情を持っているか。

□教職に熱意を持っているか。

□教職というものを，どうとらえているか。

□考え方の社会性はどうか。

④教師としての素養

□学問や教育への関心はあるか。

□絶えず向上しようとする気持ちが見えるか。

□一般的な教養・常識・見識はあるか。

□専門に関しての知識は豊富か。

□情操は豊かであるか。
□社会的問題についての関心はどうか。
□特技や趣味をどう活かしているか。
□国民意識と国際感覚はどうか。

⑤人格の形成

□知，情，意の均衡がとれているか。
□社会的見識が豊かであるか。
□道徳的感覚はどうか。
□応答の態度に信頼感はあるか。
□意志の強さはうかがえるか。
□様々な事象に対する理解力はどうか。
□社会的適応力はあるか。
□反省力，自己抑制力はどの程度あるか。

活発で積極的な態度

意外に忘れてしまいがちだが，面接試験において確認しておかなくてはならないことは，評価を下すのが面接官であるという事実である。面接官と受験者の関係は，面接官が受験者を面接する間，受験者は面接官にある種の働きかけをすることしかできないのである。面接という短い時間の中で，面接官に関心を持ってもらい，自分をより深く理解してもらいたいのだということを示すためには，積極的に動かなくてはならない。それによって，面接官が受験者に対して親しみを覚える下地ができるのである。

そこで必要なのは，活発な態度である。質問にハキハキ答える，相手の目を見て話すといった活発な態度は確実に好印象を与える。質問に対し歯切れの悪い答え方をしたり，下を向いてぼそぼそと話すようでは，面接官としてもなかなか好意的には受け取りにくい。

また，積極的な態度も重要である。特に集団面接や討論形式の場合，積極性がないと自分の意見を言えないままに終わってしまうかもしれない。自分の意見は自分からアピールしていかないと，相手から話を振られるのを待っているだけでは，発言の機会は回ってこないのである。言いたいことはしっかり言うという態度は絶対に必要だ。

ただ，間違えてほしくないのは，積極的な態度と相手の話を聞かないということはまったく別であるということである。集団討論などの場で，周りの意見や流れをまったく考えずに自分の意見を繰り返すだけでは，まったく逆効果である。「積極的」という言葉の中には，「積極的に話を聞く」という意味も含まれていることを忘れてはならない。また，自分が言いたいことがたくさんあるからといって，面接官が聞いている以外のことをどんどん話すという態度もマイナスである。このことについては次でも述べるが，面接官が何を聞こうとしているかということを「積極的に分かろうとする」態度を身につけておこう。

最後に，面接試験などの場であがってしまうという人もいるかもしれない。そういう人は，素の自分を出すということに慣れていないという場合が多く，「変なことを言って悪い印象を与えたらどうしよう」という不安で心配になっていることが多い。そういう人は，面接の場では「活発で積極的な自分を演じる」と割り切ってしまうのも1つの手ではないだろうか。自分は演じているんだという意識を持つことで，「自分を出す」ということの不安から逃れられる。また，そういうことを何度も経験していくことで，無理に演技しているという意識を持たなくても，積極的な態度をとれるようになってくるのである。

面接官の意図を探る

面接官に，自分の人間性や自分の世界を理解してもらうということは，面接官に対して受験者も共感を持つための準備ができているということを示さなくてはならない。面接官が興味を持っていることに対して誠意を持って回答をしているのだ，ということを示すことが重要である。例えば，面接官の質問に対して，受験者がもっと多くのことを話したいと思ったり，もっとくわしく表現したいと思っても，そこで性急にそうした意見や考えを述べたりすると，面接官にとって重要なことより，受験者にとって重要なことに話がいってしまい，面接官は受験者が質問の意図を正確に理解する気がないのだと判断する可能性がある。面接官の質問に対して回答することと，自分の興味や意見を述べることとの間には大きな差があると思われる。面接官は質問に対する回答には関心を示すが，回答者の意見の論述にはあまり興味がないということを知っておかなくてはならない。面接官は，質問に対する回答はコミュニケーションと受け取るが，単なる意見の陳述は一方的な売り込みであることを知っているのである。

売り込みは大切である。面接の場は自分を分かってもらうというプレゼンテーションの場であることは間違いないのだから，自分を伝える努力はもちろん必要である。だから，求められている短い答えの中で，いかに自分を表現できるかということがキーになってくる。答えが一般論になってしまっては面接官としても面白くないだろう。どんな質問に対しても，しっかりと自分の意見を持っておくという準備が必要なのである。相手の質問をよく聞き，何を求めているかを十分理解した上で，自分の意見をしっかりと言えるようにしておこう。その際，面接官の意図を尊重する姿勢を忘れないように。

相手のことを受容すること

面接官が受験者を受容する，あるいは受験者が面接官に受容されるということは，面接官の意見に賛同することではない。また，面接官と受験者が同じ価値観を持つことでもない。むしろ，面接官が自分の考え，自分の価値観をもっているのと同じように，受験者がそれをもっていることが当然であるという意識が面接官と受験者の間に生まれるということであろう。こうした関係がない面接においては，受験者は自分が面接官の考え方や価値観を押しつけられているように感じる。

更に悪いのは，受験者はこう考えるべきだというふうに面接官が思っていると受験者が解釈し，そのような回答をしていることを面接官も気付いてしまう状態である。シナリオが見えるような面接試験では，お互いのことがまったく分からないまま終わってしまう。奇抜な意見を言えばいいというものではないが，個性的な意見も面接の中では重要になってくる。ただ，その自分なりの意見を面接官が受容するかどうかという点が問題なのである。「分かる奴だけ分かればいい」という態度では，面接は間違いなく失敗する。相手も自分も分かり合える関係を築けるような面接がいい面接なのである。

「こちらがどう思おうと，面接官がどう思うかはどうしようもない」と考えている人もいるかもしれないが，それは間違いである。就職試験などにみられる「圧迫面接」などならしかたないが，普通に面接試験を行う時は，面接官側も受験者のことを理解したいと思って行うのであるから，受験生側の態度で友好的になるかならないかは変わってくるのである。

好き嫌い

受容については，もう1つの面がある。それは自分と異なった文化を持った人間を対等の人間として扱うということである。こうした場合のフィードバックは，個人の眼鏡のレンズによってかなり歪められたものになってしまう。また，文化の違いがないときでも，お互いを受容できないということは起こりうる。つまり，人格的に性が合わないことがあるということを認めなくてはならない。しかし，面接という場においては，このことが評価と直結するかというと，必ずしもそうではない。次に述べる「理解」というのにも関係するのだが，面接官に受験者の意見や考えを理解してもらうことができれば，面接の目標を果たせたことになるからだ。

もちろん，「顔や声がどうしても嫌い」などというケースもあり得るわけだが，面接官も立派な大人なわけであるし，そのことによって質問の量などが変わってくるということはまずない。「自分だけ質問されない」というようなケースはほとんどないし，あるとしたらまったく何か別な理由であろう。好き嫌いということに関しては，それほど意識することはないだろう。ただ，口の聞き方や服装，化粧などで，いやな感じを与えるようなものはさけるというのは当然である。

理解するということ

一人の人間が他者を理解するのに3つの方法がある。第一の方法は，他者の目を通して彼を理解する。例えば，彼について書かれたものを読み，彼について他の人々が語っているのを聞いたりして，彼について理解する。もっとも面接においては，前に行われた面接の評価がある場合をのぞいては，この理解は行われない。

第二の方法は，自分で相手を理解するということである。これは他者を理解するために最もしばしば使う方法であり，これによってより精密に理解できるといえる。他者を理解したり，しなかったりする際には，自分自身の中にある知覚装置，思考，感情，知識を自由に駆使する。従って理解する側の人間は，その立場からしか相手を理解できない。面接においては，教育現場で仕事に携わっている視点から物事を見ているので，現場では役に立たないような意見を面接官は理解できないということである。

第三の方法は，最も意味の深いものであると同時に，最も要求水準が高いものでもある。他者とともに理解するということである。この理解の仕方は，ただ両者共通の人間性のみを中心に置き，相手とともにいて，相手が何を考え，どう感じているか，その人の周囲の世界をどのようにみているかを理解するように努める。面接において，こうした理解までお互いに到達することは非常に困難を伴うといえるだろう。

従って，面接における理解は，主に第二の方法に基づいて行われると考えられる。

よりよく理解するために

最後に面接官が面接を行う上でどのような点を注目し，どのように受験者を理解しようとするのかについて触れておこう。

まず話し過ぎ，沈黙し過ぎについて。話し過ぎている場合，面接官は受験者を気に入るように引き回される。また，沈黙し過ぎのときは，両者の間に不必要な緊張が生まれてしまう。もっとも，沈黙は面接において，ときには非常に有用に機能する。沈黙を通して，面接官と受験者がより近づき，何らかを分かち合うこともある。また，同じ沈黙が，二人の溝の開きを見せつけることもある。また混乱の結果を示すこともある。

また面接官がよく用いる対応に，言い直し，明確化などがある。言い直しとは，受験者の言葉をそのまま使うことである。言い直しはあくまでも受験者に向けられたもので，「私はあなたの話を注意深く聞いているので，あなたが言ったことをもう一度言い直せますよ。私を通してあなたが言ったことを自分の耳で聴き返してください」という意思表示である。

明確化とは，受験者が言ったこと，あるいは言おうとしたことを面接官がかわって明確にすることである。これには2つの意味があると考えられている。面接官は受験者が表現したことを単純化し意味を明瞭にすることにより，面接を促進する。あるいは，受験者がはっきりと表現するのに困難を感じているときに，それを明確化するのを面接官が手伝ってやる。そのことによって，受験者と面接官とが認識を共有できるのである。

面接試験の秘訣

社会情勢の変動とともに年々傾向の変動が見られる面接試験。これからの日常生活でふだん何を考え，どういった対策をすべきかを解説する。

変わる面接試験

数年前の面接試験での質問事項と最近の面接試験の質問事項を比較してみると，明らかに変わってきている。数年前の質問事項を見てみると，個人に関する質問が非常に多い。「健康に問題はないか」「遠隔地勤務は可能か」「教師を志した理由は」「卒論のテーマは」「一番印象に残っている教師は」などといったものがほとんどである。「指導できるクラブは何か」というものもある。その他には，「今日の新聞の一面の記事は何か」「一番関心を持っている社会問題は何か」「最近読んだ本について」「今の若者についてどう思うか」「若者の活字離れについて」「日本語の乱れについて」「男女雇用機会均等法について」「国際化社会について」「高齢化社会について」といった質問がされている。そして，教育に関連する質問としては，「校則についてどう考えるか」「～県の教育について」「学校教育に必要なこと」「コンピュータと数学教育」「生徒との信頼関係について」「社会性・協調性についてどう考えるか」「生涯教育について」「登校拒否について」といったものが質問されている。また「校内球技大会の注意事項」「教室でものがなくなったときの対処法」「家庭訪問での注意事項」「自分ではできそうもない校務を与えられたときはどうするか」「無気力な子供に対してどのような指導をするか」といった質問がされていたことが分かる。

もちろんこれらの質問は今日も普遍的に問われることが多いが，さらに近年の採用試験での面接試験の質問事項では,「授業中に携帯メールをする生徒をどう指導するか」,「トイレから煙草の煙が出ているのを見つけたらどうするか」,「生徒から『先生の授業は分からないから出たくない』と言われたらどうするか」といった具体的な指導方法を尋ねるものが大幅に増えているのである。では,面接試験の質問内容は,どうしてこのように変化してきたのであろうか。

求められる実践力

先にも述べたように,今日,教師には,山積した問題に積極的に取り組み,意欲的に解決していく能力が求められている。しかも,教師という職業柄,1年目から一人前として子供たちの指導に当たらなくてはならない。したがって,教壇に立ったその日から役に立つ実践的な知識を身に付けていることが,教師としての前提条件となってきているのである。例えば,1年目に担任したクラスでいじめがあることが判明したとする。その時に,適切な対応がとられなければ,自殺という最悪のケースも十分予想できるのである。もちろん,いじめに対する対処の仕方に,必ずこうしなくてはならないという絶対的な解決方法は存在しない。しかし,絶対にしてはいけない指導というものはあり,そうした指導を行うことによって事態を一層悪化させてしまうことが容易に想像できるものがある。そうした指導に関する知識を一切持たない教師がクラス経営を行うということは,暗闇を狂ったコンパスを頼りに航海するようなものである。

したがって,採用試験の段階で,教師として必要最低限の知識を身に付けているかどうかを見極めようとすることは,至極当然のことである。教師として当然身に付けていなければいけない知識とは,教科指導に関するものだけではなく,教育哲学だけでもなく,今日の諸問題に取り組む上で最低限必要とされる実践的な知識を含んでいるのである。そして,そうした資質を見るためには,具体的な状況を設定して,対処の仕方を問う質問が増えてくるのである。

面接試験の備え

実際の面接試験では，具体的な場面を想定して，どのような指導をするか質問されるケースが非常に多くなってきている。その最も顕著な例は模擬授業の増加である。対策としては，自己流ではない授業案を書く練習を積んでおかなくてはならない。

また，いじめや不登校に対する対応の仕方などについては，委員会報告や文部科学省の通達などが出ているので，そうしたものに目を通して理解しておかなくてはいけない。

面接での評価ポイント

面接は人物を評価するために行う。

①面接官の立場から

ア．子供から信頼を受けることができるであろうか。

イ．保護者から信頼を受けることができるであろうか。

ウ．子供とどのようなときも，きちんと向き合うことができるであろうか。

エ．教えるべきことをきちんと教えることができるであろうか。

②保護者の立場から

ア．頼りになる教員であろうか。

イ．わが子を親身になって導いてくれるであろうか。

ウ．学力をきちんとつけてくれるであろうか。

エ．きちんと叱ってくれるであろうか。

具体的な評価のポイント

①第一印象(はじめの1分間で受ける感じ)で決まる

服装，身のこなし，表情，言葉遣いなどから受ける感じ

②人物評価

ア．あらゆるところから誠実さがにじみ出ていなければならない。

イ．歯切れのよい話し方をする。簡潔に話し，最後まできちんと聞く。

ウ．願書等の字からも人間性がのぞける。上手下手ではない。

エ．話したいことが正しく伝わるよう，聞き手の立場に立って話す。

③回答の仕方

ア．問いに対しての結論を述べる。理由は問われたら答えればよい。理由を問われると予想しての結論を述べるとよい。

イ．質問は願書や自己PRを見ながらするであろう。特に自己PRは撒き餌である。

ウ．具体的な方策を問うているのであって，タテマエを求めているのではない。

集団討論では平等な討議

①受験者間の意見の相違はあって当然である。だからこそ討議が成り立つのであるが，食い下がる必要はない。

②相手の意見を最後まで聞いてから反論し，理由を述べる。

③長々と説明するなど，時間の独り占めは禁物である。持ち時間は平等にある。

④現実を直視してどうするかを述べるのはよい。家庭教育力の低下だとか「今日の子供は」という批判的な見方をしてはならない。

面接試験の心構え

教員への大きな期待

面接試験に臨む心構えとして，今日では面接が1次試験，2次試験とも実施され，合否に大きな比重を占めるに至った背景を理解しておく必要がある。

教員の質への熱くまた厳しい視線は，2009年4月から導入された教員免許更新制の実施としても制度化された(2022年7月廃止予定)。

さらに，令和3年1月に中央教育審議会から答申された『令和の日本型学校教育』の構築を目指して～全ての子供たちの可能性を引き出す，個別最適な学びと，協働的な学びの実現～」では，教師が教師でなければできない業務に全力投球でき，子供たちに対して効果的な教育活動を行うことができる環境を作っていくために，国・教育委員会・学校がそれぞれの立場において，学校における働き方改革について，あらゆる手立てを尽くして取組を進めていくことが重要であるとされている。

様々な状況の変化により，これからますます教師の力量が問われることになる。さらに，子供の学ぶ意欲や学力・体力・気力の低下，様々な実体験の減少に伴う社会性やコミュニケーション能力の低下，いじめや不登校等の学校不適応の増加，LD(学習障害)，ADHD(注意欠陥/多動性障害)や高機能自閉症等の子供への適切な支援といった新たな課題の発生など，学校教育をめぐる状況は大きく変化していることからも，これからの教員に大きな期待が寄せられる。

教員に求められる資質

もともと，日本の学校教育制度や教育の質は世界的に高水準にあると評価されており，このことは一定の共通認識になっていると思われる。教師の多くは，使命感や誇りを持っており，教育的愛情をもって子供に接しています。さらに，指導力や児童生徒理解力を高めるため，いろいろな工夫や改善を行い，自己研鑽を積んできている。このような教員の取り組みがあったために，日本の教員は高い評価を得てきている。皆さんは，このような教師たちの姿に憧れ，教職を職業として選択しようとしていることと思われる。

ただ一方で，今日，学校教育や教員をめぐる状況は大きく変化しており，教員の資質能力が改めて問い直されてきているのも事実です。文部科学省の諮問機関である中央教育審議会では，これらの課題に対し，①社会構造の急激な変化への対応，②学校や教員に対する期待の高まり，③学校教育における課題の複雑・多様化と新たな研究の進展，④教員に対する信頼の揺らぎ，⑤教員の多忙化と同僚性の希薄化，⑥退職者の増加に伴う量及び質の確保の必要性，を答申している。

中央教育審議会答申(「教職生活の全体を通じた教員の資質能力の総合的な向上方策について」2012年)では，これからの教員に求められる資質能力を示してる。

(i)　教職に対する責任感，探究力，教職生活全体を通じて自主的に学び続ける力(使命感や責任感，教育的愛情)

(ii)　専門職としての高度な知識・技能

・教科や教職に関する高度な専門的知識(グローバル化，情報化，特別支援教育その他の新たな課題に対応できる知識・技能を含む)

・新たな学びを展開できる実践的指導力(基礎的・基本的な知識・技能の習得に加えて思考力・判断力・表現力等を育成するため，知識・技能を活用する学習活動や課題探究型の学習，協働的学びなどをデザインできる指導力)

・教科指導，生徒指導，学級経営等を的確に実践できる力

(iii)　総合的な人間力(豊かな人間性や社会性，コミュニケーション力，同僚とチームで対応する力，地域や社会の多様な組織等と連携・協働できる力)

また，中央教育審議会答申(「今後の教員養成・免許制度の在り方について」2006年)では，優れた教師の3要素が提示されている。

① 教職に対する強い情熱
　教師の仕事に対する使命感や誇り，子どもに対する愛情や責任感など
② 教育の専門家としての確かな力量
　子ども理解力，児童・生徒指導力，集団指導の力，学級づくりの力，学習指導・授業づくりの力，教材解釈の力など
③ 総合的な人間力
　豊かな人間性や社会性，常識と教養，礼儀作法をはじめ対人関係能力，コミュニケーション能力などの人格的資質，教職員全体と同僚として協力していくこと

さらに中央教育審議会答申(「これからの学校教育を担う教員の資質能力の向上について～学び合い，高め合う教員育成コミュニティの構築に向けて～」2015年)では，新たにこれからの時代の教員に求められる資質能力が示された。

(i) これまで教員として不易とされてきた資質能力に加え，自律的に学ぶ姿勢を持ち，時代の変化や自らのキャリアステージに応じて求められる資質能力を生涯にわたって高めていくことのできる力や，情報を適切に収集し，選択し，活用する能力や知識を有機的に結びつけ構造化する力などが必要である。
(ii) アクティブ・ラーニングの視点からの授業改善，道徳教育の充実，小学校における外国語教育の早期化・教科化，ICTの活用，発達障害を含む特別な支援を必要とする児童生徒等への対応などの新たな課題に対応できる力量を高めることが必要である。
(iii) 「チーム学校」の考えの下，多様な専門性を持つ人材と効果的に連携・分担し，組織的・協働的に諸課題の解決に取り組む力の醸成が必要である。

時代の変革とともに，アクティブ・ラーニングやチーム学校など，

求められる教師の資質や能力も変わっていく。時代に対応できる柔軟性のある教師が求められる。

面接試験の種類とその概要

面接は，基本的に個人面接，集団面接，集団討論，模擬授業の4種類に分けられるが，現在，多様な方法で，その4種類を適宜組み合わせて実施しているところが多くなっている。例えば，模擬授業の後で授業に関する個人面接をしたり，集団討論と集団面接を組み合わせている。また模擬授業も場面指導・場面対応などを取り入れているところが増えてきた。

文部科学省の調査によると，面接官は主に教育委員会事務局職員や現職の校長，教頭などであるが，各自治体は，これに加えて民間企業担当者，臨床心理士，保護者等の民間人等を起用している。次にそれぞれの面接の概要を紹介する。

個人面接

受験者1人に対して，面接官2～3人で実施される。1次試験の場合は「志願書」に基づいて，2次試験の場合は1次合格者にあらかじめ記入させた「面接票」に基づいて質問されることが一般的で，1人当たり10分前後の面接時間である。

1次試験と2次試験の面接内容には大差はないが，やや2次試験の方が深く，突っ込んで聞かれることが多いと言える。

質問の中でも，「教員志望の動機」，「教員になりたい学校種」，「本県・市教員の志望動機」，「理想の教師像・目指す教師像」などは基本的なことであり，必ず聞かれる内容である。「自己アピール」とともに，理由，抱負，具体的な取組などをぜひ明確化しておく必要がある。

また，「志願書」を基にした質問では，例えば部活動の経験や，卒業論文の内容，ボランティア経験などがある。必ず明確に，理由なども含めて答えられるようにしておくことが必要である。そのために「志願書」のコピーを取り，突っ込んで聞かれた場合の対策を立てておくことを勧める。

集団面接

集団面接は受験者3～8名に対して面接官3名で実施される。1次試験で実施するところもある。したがって個人面接と質問内容には大差はない。例えば，「自己アピール」をさせたり，「教員として向いているところ」を聞いたりしている。

ただ1次試験の面接内容と違うところは，先に述べたように，多くの自治体が2次試験受験者に対してあらかじめ「面接票」を書かせて当日持参させて，その内容に基づいて聞くことが多い。したがって，記載した内容について質問されることを想定し，十分な準備をしておく必要がある。例えば，「卒業論文のテーマ」に対して，テーマを設定した理由，研究内容，教師として活かせることなどについて明確化しておく必要がある。ボランティア経験なども突っ込んで聞かれることを想定しておく。

今日では集団面接は受験番号順に答えさせるのではなく，挙手をさせて答えさせたり，受験者によって質問を変えたりする場合が多くなっている。

集団面接では，個人面接と同様に質問の内容自体は難しくなくても，他の受験生の回答に左右されないように，自分の考えをしっかりと確立しておくことが重要である。

集団討論

面接官3名に対して，受験者5～8名で与えられたテーマについて討論する。受験者の中から司会を設けさせるところと司会を設けなくてもよいところ，結論を出すように指示するところと指示しないところがある。

テーマは児童生徒への教育・指導に関することが中心で，討論の時間は30～50分が一般的である。

採用者側が集団討論を実施する意図は，集団面接以上に集団における一人ひとりの資質・能力，場面への適応力，集団への関係力，コミュニケーション力などを観て人物を評価したいと考えているからである。そして最近では，個人面接や集団面接では人物を判断しきれないところを，集団討論や模擬授業で見極めたいという傾向が見受けられる。よって受験者仲間と討論の練習を十分に行い，少しでも教育や児童生徒に対する幅広い知識を得ることはもちろんのこと，必ず自分の考えを構築していくことが，集団討論を乗り切る「要」なのである。

模擬授業

一般に模擬授業は教科の一部をさせるものであるが，道徳や総合的な学習の時間，学級指導などを行わせるところもある。

時間は8分前後で，導入の部分が一般的であるが，最近は展開部分も行わせることもある。直前に課題が示されるところ，模擬授業前に一定の時間を与え，学習指導案を書かせてそれを基に授業をさせるところ，テーマも抽選で自分である程度選択できるところもある。また他の受験生を児童生徒役にさせるところ，授業後，授業に関する個人面接を実施するところなど，実施方法は実に多様である。

ある県では，1次合格者に対して2次試験当日に，自分で設定した単元の学習指導案をもとに授業をさせて，後の個人面接で当該単元設定の理由などを聞いている。またある県では，授業後の個人面接で自己採点をさせたり，授業について質問している。

学級指導を行わせる自治体もある。例えば，福祉施設にボランティアに出かける前の指導や修学旅行前日の指導，最初の学級担任としての挨拶をさせるものなどである。

模擬授業は，集団討論と同様，最近は非常に重要視されている。時間はわずか8分前後であるが，指導内容以上に，与えられた時間内にどれだけ児童生徒を大切にした授業をしようとしたか，がポイントである。それだけに受験生は「授業力」を付ける練習を十分にしておくことが必要である。

模擬授業の一方法と言えるが，設定される課題が生徒指導に関することや，児童生徒対応，保護者対応・地域対応に関するものが主である。個人面接の中で設定される場合もある。

最近の児童生徒の実態や保護者対応などが課題になっていることを受けて，多くのところで実施されるようになってきた。

例えば,「授業中に児童が教室から出て行きました。あなたはどうしますか」とか「あなたが授業のために教室に行ったところ,生徒たちが廊下でたむろして教室に入らないので指導して下さい」,「学級の生徒の保護者から,明日から学校に行かせないとの連絡がありました。担任としてどうするか,保護者に話してください」など,教員になれば必ず直面するテーマが設定されている。

日頃から,自分が教員になった場合の様々な場面を想定して,自分の考えや対応の方法などの構築を進めていくことが必要である。そのためには,集団討論や模擬授業と同様に十分な練習を行うことが必要である。

面接試験に臨むために準備すること

準備のための基本的な視点は次の3点である。

(1) 面接会場の多くは学校の教室である。暑い最中での面接であるから,心身の状態をベストにして臨むことが極めて重要である。

面接のためだけでなく,教職自体が予想以上に心身のタフさが求められることを念頭において,日頃から試験当日に向けて心身の健康の保持に留意すること。

(2) 面接は人物評価の「要」となっているだけに,受験者は「自分をアピールする・売り込む」絶好の機会と捉えて,当日に向けての十分な準備・対策を進めることが極めて大切である。

(3) 自分の受験する自治体の教育施策を熟知し,多様な面接内容などに対処できるようにすることが大切である。

試験対策前の事前チェック

面接試験の準備状況をチェックする

まず面接試験に向けた現在の準備状況を20項目の「**準備状況のチェック**」で自己チェックし，その合計得点から準備の進み具合について調べ，これからどのような準備や学習が必要なのかを考えよう。「はい」「少しだけ」「いいえ」のどれかをマークし，各点数の合計を出す。(得点：はい…2点，少しだけ…1点，いいえ…0点)

Check List 1 準備状況のチェック

	はい	少しだけ	いいえ
① 態度・マナーや言葉づかいについてわかっている	○	○	○
② 自分の特技や特長が説明できる	○	○	○
③ 自分なりの志望の動機を答えられる	○	○	○
④ 自己PRが短時間でできる	○	○	○
⑤ 自分の能力や教員としての適性について説明できる	○	○	○
⑥ 教育に対する考えを明確に説明することができる	○	○	○
⑦ 自分の目指す教師像について説明できる	○	○	○
⑧ 教師として何を実践したいか説明できる	○	○	○
⑨ 希望する校種が決まっている	○	○	○
⑩ 卒論の内容について具体的に説明できる	○	○	○
⑪ 面接試験の内容や方法についてわかっている	○	○	○
⑫ 面接の受け方がわかっている	○	○	○
⑬ 面接試験で何を質問されるのかわかっている	○	○	○
⑭ 模擬面接を受けたことがある	○	○	○
⑮ 集団討議でディスカッションする自信がある	○	○	○
⑯ 模擬授業での教科指導・生徒指導に自信がある	○	○	○
⑰ 受験要項など取り寄せ方やWeb登録を知っている	○	○	○
⑱ 書類など何をそろえたらよいのかわかっている	○	○	○
⑲ 書類などの書き方がわかっている	○	○	○
⑳ 試験当日の準備ができている	○	○	○

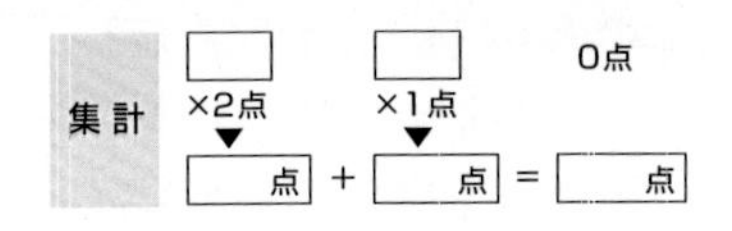

診断

0〜14点	15〜29点	30〜40点
少々準備不足である。他の受験者に遅れを取らないように頑張ろう。	順調に準備が進んでいる。さらに本番に向けて準備を進めよう。	よく準備ができている。自分の考えを整理して，本番に備えよう。

教職レディネスをチェックする

教員採用試験を受験する前に，教員になるための準備がどの程度できているだろうか。教員の職務に必要とされている様々な能力や適性について，まずは確認してみることが必要である。

教員の職務に必要な能力・適性を，**(1)　事務処理**，**(2)　対人関係**，**(3)　教育力・指導力** に分け，それぞれについて，教員になるための準備の程度について考えてみたい。次のチェックシートを使って，自分の教職に対するレディネス(準備性)を評価してみる。CとDの項目については，改善のためのアクションプラン(行動計画)を考えるとよい。

(1)　事務処理能力をチェックする

教育事務は教育活動の中でも，生徒指導を支える重要な役割を果たすものである。学校としてのあらゆる教育計画を企画・立案したり，生徒指導のための資料を収集・整理し，活用できるようにまとめたりすることも，事務処理の優れた能力がなければ実践していくことはできない。教職レディネスとしての事務的能力について，以下の項目をAからDで評価する。

Check List 2 事務処理能力のチェック

A：十分できる　B：できる　C：あまりできない　D：できない

① 言われたことを正しく理解し，実行できる	Ⓐ—Ⓑ—Ⓒ—Ⓓ
② 計画的に行動し，適正に評価することができる	Ⓐ—Ⓑ—Ⓒ—Ⓓ
③ 根気強く資料を作ったり，検討することができる	Ⓐ—Ⓑ—Ⓒ—Ⓓ

④ 物事を正確で丁寧に処理できる　Ⓐ—Ⓑ—Ⓒ—Ⓓ
⑤ 計算を速く間違いなくできる　Ⓐ—Ⓑ—Ⓒ—Ⓓ
⑥ 記録を付けたり，データを解釈することができる　Ⓐ—Ⓑ—Ⓒ—Ⓓ
⑦ 文字や数字などを速く正確に照合できる　Ⓐ—Ⓑ—Ⓒ—Ⓓ
⑧ 文章を理解し，文章で自分の考えを伝えられる　Ⓐ—Ⓑ—Ⓒ—Ⓓ
⑨ データをグラフ化したり，考えを図式化できる　Ⓐ—Ⓑ—Ⓒ—Ⓓ
⑩ 分析したり，まとめたり，計画を立てられる　Ⓐ—Ⓑ—Ⓒ—Ⓓ

(2) 対人関係能力をチェックする

教育は人と人との関わりを通して行われるものであり，児童・生徒は教師の人格や対人関係能力などによって大きな影響を受けるものである。児童・生徒への適切な指導や保護者との連携，地域との関わり，先輩教員とのコミュニケーションなど対人関係能力は教職にとって欠くことのできない基本的な要素だと言える。教職レディネスとしての対人関係能力について，以下の項目を前述と同様にAからDで評価してみよう。

Check List 3 対人関係能力のチェック

A：十分できる　B：できる　C：あまりできない　D：できない

① 考えていることをうまく言葉で表現できる　Ⓐ—Ⓑ—Ⓒ—Ⓓ
② あまり神経質でなく，劣等感も少ない　Ⓐ—Ⓑ—Ⓒ—Ⓓ
③ 社交性があり，誰とでも協調していくことができる　Ⓐ—Ⓑ—Ⓒ—Ⓓ
④ 初対面でも気楽に話すことができる　Ⓐ—Ⓑ—Ⓒ—Ⓓ
⑤ 相手に好感を与えるような話しぶりができる　Ⓐ—Ⓑ—Ⓒ—Ⓓ
⑥ 奉仕的な気持ちや態度を持っている　Ⓐ—Ⓑ—Ⓒ—Ⓓ
⑦ 何事にも，機敏に対応できる　Ⓐ—Ⓑ—Ⓒ—Ⓓ
⑧ 相手の気持ちや考えをよく理解できる　Ⓐ—Ⓑ—Ⓒ—Ⓓ
⑨ 相手の立場になって考えたり，行動できる　Ⓐ—Ⓑ—Ⓒ—Ⓓ
⑩ 他人をうまく説得することができる　Ⓐ—Ⓑ—Ⓒ—Ⓓ

(3) 教育力・指導力をチェックする

教師としての教育力や指導力は，教員の職務上，もっとも重要な能力であると言える。教師として必要な知識や指導方法などを知ってい

ても，実際にそれらを活用して指導していけなければ何にもならない。教育力・指導力は，教育活動の中で生徒指導を実践していくための教職スキルであると言うことができる。教職レディネスとしての教育力・指導力について，以下の項目をAからDで評価してみよう。

Check List 4 教育力・指導力のチェック

A：十分できる　B：できる　C：あまりできない　D：できない

① 責任感が強く，誠実さを持っている	Ⓐ—Ⓑ—Ⓒ—Ⓓ
② 児童・生徒への愛情と正しい理解を持っている	Ⓐ—Ⓑ—Ⓒ—Ⓓ
③ 常に創意工夫し，解決へと努力することができる	Ⓐ—Ⓑ—Ⓒ—Ⓓ
④ 何事にも根気強く対応していくことができる	Ⓐ—Ⓑ—Ⓒ—Ⓓ
⑤ 正しいことと悪いことを明確に判断し行動できる	Ⓐ—Ⓑ—Ⓒ—Ⓓ
⑥ 人間尊重の基本精神に立った教育観を持っている	Ⓐ—Ⓑ—Ⓒ—Ⓓ
⑦ 教科に関する知識や指導方法などが身に付いている	Ⓐ—Ⓑ—Ⓒ—Ⓓ
⑧ 問題行動には毅然とした態度で指導することができる	Ⓐ—Ⓑ—Ⓒ—Ⓓ
⑨ 研究や研修に対する意欲を持っている	Ⓐ—Ⓑ—Ⓒ—Ⓓ
⑩ 教科に関する知識や指導方法などが身に付いている	Ⓐ—Ⓑ—Ⓒ—Ⓓ
⑪ 授業を計画したり実践する力がある	Ⓐ—Ⓑ—Ⓒ—Ⓓ
⑫ 教育公務員としての職務を正しく理解している	Ⓐ—Ⓑ—Ⓒ—Ⓓ
⑬ 学習指導要領の内容をよく理解できている	Ⓐ—Ⓑ—Ⓒ—Ⓓ

面接の心構えをチェックする

面接への心構えはもうできただろうか。面接試験に対する準備状況を チェックしてみよう。できている場合は「はい」，できていない場合は「いいえ」をチェックする。

Check List 5 面接の心構えのチェック

項目	はい	いいえ
① 面接に必要なマナーや態度が身に付いているか	○	○
② 面接でどのような事柄が評価されるかわかっているか	○	○
③ 面接にふさわしい言葉づかいができるか	○	○
④ 受験先のこれまでの面接での質問がわかっているか	○	○
⑤ 話をするときの自分のくせを知っているか	○	○

⑥ 教員の仕事について具体的に理解しているか ○――○
⑦ 必要な情報が集められているか確認したか ○――○
⑧ 志望した動機について具体的に話せるか ○――○
⑨ 志望先の教育委員会の年度目標などを説明できるか ○――○
⑩ 志望先の教育委員会の教育施策について説明できるか ○――○

■■ 面接試験の意義

教員採用試験における筆記試験では，教員として必要とされる一般教養，教職教養，専門教養などの知識やその理解の程度を評価している。また，論作文では，教師としての資質や表現力，実践力，意欲や教育観などをその内容から判断し評価している。それに対し，面接試験では，教師としての適性や使命感，実践的指導能力や職務遂行能力などを総合し，個人の人格とともに人物評価を行おうとするものである。

教員という職業は，児童・生徒の前に立ち，模範となったり，指導したりする立場にある。そのため，教師自身の人間性は，児童・生徒の人間形成に大きな影響を与えるものである。そのため，特に教員採用においては，面接における人物評価は重視されるべき内容と言える。

■■ 面接試験のねらい

面接試験のねらいは，筆記試験ではわかりにくい人格的な側面を評価することにある。面接試験を実施する上で，特に重視される視点としては次のような項目が挙げられる。

(1) 人物の総合的評価

面接官が実際に受験者と対面することで，容姿，態度，言葉遣いなどをまとめて観察し，人物を総合的に評価することができる。これは，面接官の直感や印象によるところが大きいが，教師は児童・生徒や保護者と全人的に接することから，相手に好印象を与えることは好ましい人間関係を築くために必要な能力といえる。

(2) 性格，適性の判断

面接官は，受験者の表情や応答態度などの観察から性格や教師としての適性を判断しようとする。実際には，短時間での面接のため，社会的に，また，人生の上からも豊かな経験を持った学校長や教育委員会の担当者などが面接官となっている。

(3) 志望動機，教職への意欲などの確認

志望動機や教職への意欲などについては，論作文でも判断することもできるが，面接では質問による応答経過の観察によって，より明確に動機や熱意を知ろうとしている。

(4) コミュニケーション能力の観察

応答の中で，相手の意志の理解と自分の意思の伝達といったコミュニケーション能力の程度を観察する。中でも，質問への理解力，判断力，言語表現能力などは，教師として教育活動に不可欠な特性と言える。

(5) 協調性，指導性などの社会的能力(ソーシャル・スキル)の観察

ソーシャル・スキルは，教師集団や地域社会との関わりや個別・集団の生徒指導において，教員として必要とされる特性の一つである。これらは，面接試験の中でも特に集団討議(グループ・ディスカッション)などによって観察・評価されている。

(6) 知識，教養の程度や教職レディネス(準備性)を知る

筆記試験において基本的な知識・教養については評価されているが，面接試験においては，更に質問を加えることによって受験者の知識・教養の程度を正確に知ろうとしている。また，具体的な教育課題への対策などから，教職への準備の程度としての教職レディネスを知ることができる。

個人面接・集団面接対策

面接の形式には様々な工夫があり，個人面接の前半で模擬授業を実施したり，グループで共同作業をさせたりと各都道府県でも毎年少しずつ変更している。具体的な内容は受験先の傾向を調べる必要があるが，ここではその基本的な形式として個人面接と集団面接について解説する。

面接試験の形式

個人面接

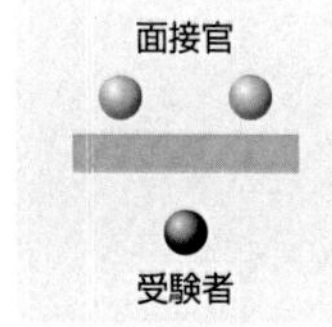

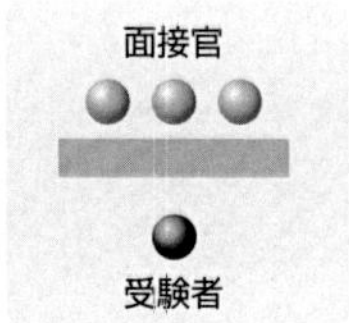

■形式　面接官が2～3人程度

1対1の単独面接はあまり実施されず，複数の面接官の判断により，客観性を高めている。面接官の間で質問の内容や分野を分担している場合と自由に質問する場合がある。また，質問しているときにその他の面接官が応答の仕方や態度を観察することがある。最近では模擬授業を組み入れるところも多くなってきた。

■時間　10～20分程度

■特徴　受験者の個々の事情に即して質問することができ，問題点なども必要に応じて追求していくことができる。また，受験者の人柄をより深く理解することができ，個人的側面を評価するためには有効な方法としてほとんどの採用試験で実施されている。ただし，集団になったときの社会的な側面が判断しにくいことなどが難点として挙げられる。

■**ポイント**　答えるときには，慌てずにゆっくりと自分のペースで話すようにし，質問した面接官に顔を向けるようにする。

集団面接

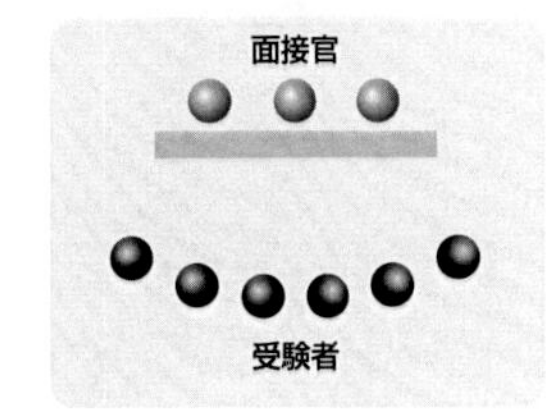

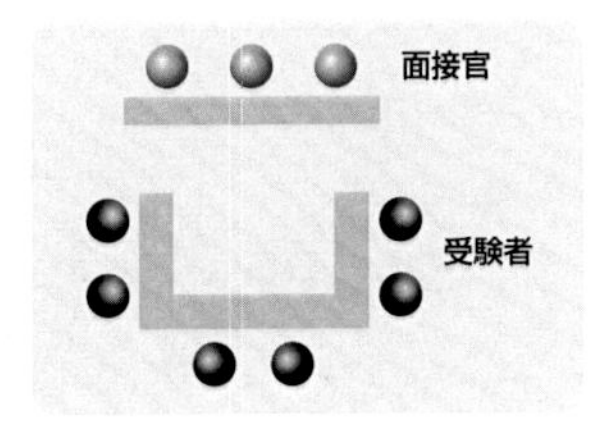

■**形式**　受験者が5～8人程度で面接官が2～5人程度

同じ質問を一人ずつ順番に答えたり，質問内容が一人ずつ変わったりする。

■**時間**　30～40分程度

■**特徴**　質問内容は個人面接とさほど変わらないが，数人を同時に面接できるので時間が短縮でき，受験者の比較がしやすい。

受験者が複数なので緊張感が少ないが，他人の意見に影響されたり，ライバル意識が強くなり，余計なことをしゃべり過ぎることがある。

■**ポイント**　他の受験者の質問にも常に耳を傾け，いつ同じ質問をされてもいいように準備しておく。他の受験者と比較されるため，自分の意見をはっきりと話せるようにしておく。

質問の内容

①人柄

面接における人物の評価は，身近な話題を通して総合的に評価される。受験者の内面を知るためには，次のようなチェックポイントがある。

- 明るさや素直さ，若々しさなどの性格面
- 物事についての興味や熱意などの意欲面

・生き方や価値観，物事についての考え方
・基本的な常識や教養
・社会人としての自覚

②自己紹介

履歴書，身上書やその他提出書類の内容と違っていては困る。学校生活での経験などをまじえて，わかりやすく自分を表現するようにする。

③教員志望の動機

受験する都道府県の特徴や教育施策などをよく調べて必要なところはまとめておくことが大切である。受験地のどこにひかれたのか，また，自分の特性から教職への適性について主張する。

④教師としての抱負

教師になって，やりたい事や夢について，短く話せるようにまとめておく。

個人面接・集団面接実施の手順とポイント

●手順と質問例

1　入室・着席

・受験番号と名前を言ってから座ってください。

2　導入のための質問

・自己紹介を簡単にしてください。
・今日は，どのようにして面接会場まできましたか。
・今日の面接のために，何か準備をしてきましたか。

3　一般質問(人柄・性格を判断)

・大学でのクラブ・サークル活動について話してください。
・大学のゼミではどんなことをしていましたか。
・大学生活で一番思い出に残っていることは何ですか。

4　教職・教育に関する質問

・なぜ教師になりたいのですか。志望動機を聞かせてください。
・教師になって何をしたいですか。

- あなたが考える理想の教師とはどのような教師でしょうか。
- 教育実習でどのような経験をしましたか。

5　生徒指導に関する質問

- クラスでいじめがあったとき，担任としてどうしますか。
- 不登校の生徒に対してどのように指導していきますか。
- 生徒の個性を生かす教育について，その方法と可能性は。

6　社会活動・ボランティア活動に関する質問

- あなたは今までにボランティア活動をしたことがありますか。
- ボランティア活動からどのようなことを学びましたか。
- 学校と地域との関わりをどう深めていきますか。

面接評価の観点

[1] 態度，礼儀

人物評価としての人柄を判断するときに，その人の態度や礼儀は評価を左右する大きなポイントである。第一印象といったものは，その後の質問内容や受験者の判定までもかえてしまうものである。

評価の観点

- 姿勢がきちんとして礼儀正しいか
- 落ち着きがあるか
- 品位があり，好感がもてるか
- 表情に好感がもてるか(明るく，誠実，意欲的)
- 謙虚さがうかがえるか

[2] 服装，身だしなみ

面接試験を受けるときには，きちんとした服装，身だしなみが重視される。採用試験にのぞむ意欲や誠意のあらわれとして評価されるものである。教師として相手から好感をもたれる服装，身だしなみは大切なことである。

評価の観点

- 清潔感のある服装か
- 教師として誠実さが表れる服装か

- 髪型をきちんとそろえてあるか
- 服の着こなしなど，身だしなみは整っているか
- 髭，爪，靴など気を配っているか

[3] 話し方

自分の考えていることを正しく相手に伝えられなければ，教師としての仕事はできない。相手にわかりやすく，好感のもたれる話し方をすることが教師としての第一の条件ともいえる。

評価の観点

- 言語が明瞭であるか
- 話の速度・声量が適切であるか
- 落ち着いてよく考えてから発言しているか
- 好感のもてる話し方か
- 敬語等きちんと使えているか

[4] 積極性

何事にも積極的に取り組む人を教育現場では求めている。積極的に新しいことに取り組み，学ぼうといった姿勢がなければ，面接官としても採用の意欲がなくなってしまう。

評価の観点

- 話し方に積極性が感じられるか
- 前向きな考え方ができるか
- 最後までやりぬく意志があるか
- 創造的に取り組もうとしているか
- 応答に意欲が感じられるか

[5] 協調性

教育者として最も大切な資質の一つに，他の教師と協力して職務をやり遂げるといったことがある。相手の意見を聞き，自分の意見も伝えることができ，食い違いを歩み寄り，まとめていく能力はチームワークとして教育活動を実践していく上で，もっとも重要なものである。

評価の観点

- 相手の立場を理解しようとしているか
- 自分から協力しようとする姿勢をもっているか
- 相手に合わせて自分の考えを伝えられるか
- 協力して課題解決へ導こうとしているか
- 他者の誤りや欠点に寛容であるか

[6] 堅実性

どんなに積極的でアイディアにとんでいても，気紛れで無責任では人間としても失格といえる。やはり地道に努力し，誠実な人はだれからも信頼され，頼られるものである。

評価の観点

- 責任感があるか
- 真面目で誠実であるか
- 意志が強いか
- 地道に努力しているか
- 合理的に行動しようとしているか

[7] 表現力

自分の考えていることを筋道を立てて相手に理解できるように伝えられないようでは，児童・生徒や保護者を説得したり，指導や協力を得ることができない。表現力は児童・生徒との対応や情報交換，説明，説得など教師としての能力として評価されるものである。

評価の観点

- 論旨一貫し，筋道の通った話ができるか
- 簡潔に内容を説明できているか
- 用語が適切で，語彙が豊富であるか
- 自分の考えを適切に表現できているか
- 説得力のある話し方か

[8] 理解力・判断力

情報や状態を素早く的確に理解し判断することは，効果的な教育活動を実践するための大切な条件である。児童・生徒や保護者，ま

た先輩教師の言っていることが正しく理解できないようでは，教師としても務まらない。

評価の観点

- 質問の意図が正しく理解できているか
- 質問に対して適切な対応ができているか
- 的確な判断力をもっているか
- 感情に左右されず，冷静に判断できているか
- 自分勝手な解釈や早合点をしていないか

[9] 常識

教育活動を実践していくとき，一般的な社会常識は不可欠なものである。社会が学校教育に求めていることや，学校教育が果たす役割についても，政治，経済や教育事情など日常の出来事を通して理解を深め，幅広くバランスのよい知識を身につけておくことが大切である。

評価の観点

- 常識的な考え方ができているか
- 常識的な行動がとれているか
- 社会的問題についての関心はあるか
- 一般的な教養，常識，見識があるか
- 教育者としての常識的な価値判断ができるか

[10] 志望動機

志望する動機や理由が明確にしっかりとした内容で話ができなければ，採用試験の受験者としては失格である。

面接官は，なぜ本県(都道府市)で教員になりたいのか，率直に聞きたいはずである。自分の意思をはっきり伝えられるようにしよう。

評価の観点

- 自分の考えで明確に表現できているか
- 動機や理由がしっかりとしているか
- 本県(都道府市)で教師になる意欲がみられるか
- 他の質問との一貫性があるか

[11] 資質

教師として適性や資質は，教師として職務を遂行し，教育活動を実践していくときの意欲や実践力に大きな影響を与えるものである。この教職適性・資質は，受験者が教師に向くかどうかを判断する上で，重要な要素となるものである。

評価の観点

- 学問や教育活動への研究心や向上心があるか
- 児童・生徒と一緒にいることが好きか
- 道徳的価値観に基づいた行動ができるか
- 専門についての知識は豊富か
- 問題解決のための具体的な実践ができるか

[12] 教育観

教育者となるためには，人間尊重の基本精神に立って，児童・生徒に対する正しい理解と愛情をもっていなければならない。教職に対する熱意と共に正しい教育観をもっていることが教師の必要条件である。その人の人間性と共に教育の捉え方がポイントとなる。

評価の観点

- 教職に期待と熱意をもっているか
- 教員の職務に対して正しく理解しているか
- 人間尊重の基本精神に立った教育観をもっているか
- 子供への愛情と正しい理解があるか
- 教育の捉え方が偏っていないか

個人面接試験に対する対応の基本

①非言語的表現

○身形

特別なことではないが，特異に感じられる服装や装飾品を身に付けることは，慎まなければならない。とくに服装については，個性の表現といわれるが，教員としてのわきまえを十分自覚して個性を発揮することである。

ア　服装

面接官が見た第一印象が，すべてを決することにもなりかない。したがって，男子も女子もスーツが常識的である。また，ワイシャツやブラウスは，白いものの方が清潔感がある。もちろん，服装は，きちんとプレスの行き届いたものであるべきである。

イ　身だしなみ

男子については，長髪や長いもみあげなどは好ましくないため，事前に理髪店で調髪しておくことであり，当日も，ひげはきちんと剃っておくことである。女子の場合，派手な色のマニキュアや濃いアイシャドウ・口紅は避けるべきで，イヤリングなどはつけない方がよい。化粧は，身だしなみ程度とし，極端なヘアカラーやパーマネントなどは論外である。基本は，子供たちの前での様子を示すということである。なお，事前に理髪店や美容院に行くことは，面接試験の前に，自らの様子を大きな鏡で確認できるということから，そのことでも意味のあることである。

○態度

人の触れ合いは，礼に始まり，礼に終わるとはいえ，自らの人物が評価されるということから，礼以前の仕草も評価の対象になる，と考えることが大切である。すなわち，当日の行動のすべてが評価されるという気持ちでいると，にわか仕込みではないという気分になれるものである。しかし，緊張は禁物である。

そこで，最も大切なことは，面接官に安堵感を与えることが肝要であり，無意識のうちに，そのような感じにさせることである。そのことで，参考になるのが，日本人のお客さんの態度である。

その様子を簡潔に示すと，「ドアをノックしても，応答があるか，家の人がドアを開くまで，勝手にドアを開けない。」「あいさつが終わっても，どうぞお上がりくださいといわれるまで，勝手に靴を脱いで上がらない。」「座敷に通されて，座布団があるのに，直ぐ座布団に座らない。」「座布団をはずして，帰りのあいさつをする。」等である。

ア　息遣いを整える

入室前の控え室において，練習しておくことであるが，息は吐き出した方が落ち着くということ，例えば，「ホッとした。」とか，「アー良かったネ。」と発言する時を思い出すと，必ず息を吐き出しているものである。したがって，「一，二」，「一，二，三」と頭の中で数えながら，息を吸ったり吐き出したりしていると，少しは吐く息の方が多いようで，気分は落ち着くものである。したがって，面接会場のドアの前で，「一，二」，「一，二，三」と頭の中で数えながら，息を整えることである。

イ　入室

ドアをノックして，応答があってから，ドアを開き，「よろしくお願いします。」とあいさつして動かない。

ウ　指示を待つ

名前の確認があった場合，かならず「はい。」といってから受け答えをする。提出書類があり，その提出を求められたときは，「はい。」といって，指示されたところに持っていき，書類を提出した後，その場に立っている。さらに，椅子を示して，座るようにといわれたとき，「はい。」といい，椅子のところに行き，椅子の左横に立つ。

エ　着席

「座りなさい。」との声がかかったら，「はい，失礼します。」といい，椅子の背もたれに手を当て，少し椅子を後に下げてから，なるべく深く着席する。

オ　目線

面接官は，必ず複数で三人の時は，中央に主担当者がいる場合が多いのであるが，その場合でも，中央を向きつつ，目線は隣の面接官との間の後の壁にあてることである。

カ　姿勢の安定

手は，軽く丸め親指を握りしめないようにし，足のつま先を支点にして，両かかとをゆっくり(準静的)2～3cm上げる。止めてから，ゆっくり下げる。

キ　発言

着席後，3～4秒経つので，何らかの指示または発言を求められるはずである。その際，発声した面接官の方を向き，はじめは，必ず「はい。」といってから後を続けることである。

ク　面接終了後

面接官に，「これで面接を終わります。」といわれたとき，「はい。」といって立ち上がり，半歩右に踏み出し，椅子をもとの位置にもどして，直立し「有り難うございました。」と発声する。

ケ　ドアまでの行動

あいさつが終わった後，ドアの方に歩くとき，あること(その内容は後述する。)を考えながら歩くことである。このことは，正に，「考える人」なのであり，試験終了後の安堵感から，開放感に包まれたような態度では，決して歩かないはずである。

コ　退出

ドアのところで立ち止まり，再び面接官の方を向き，「有り難うございました。」とあいさつしてから退出する。

※ドアの方に歩くときに考えること：当日の朝，試験会場に来るまでの間に真心を込めて，発声練習した言葉である。それは，前日，試験会場の下見をしていても，当日の朝，駅の駅員さんや売店の人あるいは交番のお巡りさんでも良いが，だれかに真剣に，会場までの道順を聞き，聞き終わった後の「有り難うございました。」である。この言葉と同じであったかと考えながら歩くのである。

②言語的表現

○文字

このことは，自らに書けることがあればということであり，記述の際は，どの欄についても一字一字正しい文字で書き，他の人が見て，読みとれるようにすることである。この読みとれるとは，短時間で書き手の意図することが直ちに分かることである。

したがって，小さな文字で，所狭しと文字を並べるのは，内容を生かしてもらえないため，あまり利口な表現とはいえない。さらに記述したことについては，聞かれると思い，記述する際，何を求めているのかを十分考え，要点を明確にすることである。

ア　受験申込書

個人面接の際，面接官の手中にあるため，記述内容と応答内容にくい違いを生じさせないためにも，必ずその控えは持参することである。

イ　エントリーシート

個人面接の際，その会場で，用紙を渡されて記入し，提出する場合もある。したがって，受験申込書の控えを持参しているはずであるから，それを参考にしながら作成することであり，しかも，その際の筆記用具も同じものが使えるよう持参することである。

○発声

面接における主たる要素が発声である。発声の仕方は，十分慣れているはずであるから，内容をよく考えて発声することである。つまり，発声した内容の修正は，ほとんど無理なことであり，よしんば修正したとしても，修正した事実も評価されるのである。

本来，面接における評価は，面接官の主観によるものであるから，面接の場面でのすべてが評価の対象になると考えることで，問われている事柄に，適切に対応しなければならない。しかも，発問は，受験者だけに聞かせているのではなく，他の面接官にも聞かせているのであり，その応答は一様に期待されているのである。したがって，十分納得した上で応答しなければ，見当違いのものとなることがあり，その結果，多数で評価しているため，評価がバラバラになり，総合評価は，決して良くはならないものである。

ア　発声は，「はい。」から始める。

絶対に守ってもらいたい発声の1つは，発問が終わったら，「はい。」と発声することである。このことは，発問者に対する「了解」のサインであり，他の面接官に対しては，応答の予告にもなるからである。

次に，「不勉強です。」や「後で勉強します。」などの言い訳は，発声しないようにすることである。そのような場合，分からないことは，「分かりません。」とはっきり発声し，自信のないことであっても，自らに考えがある場合は，そのことを述べることである。ただし，そのことが誤ったことであるかもしれないが，そのような場合も，全体の雰囲気から，それまで好感を与えていれば，次の質問で，その誤りを指摘するようなものがあるはずであるから，そのとき，誤りがはっきりしたならば，きっぱりと訂正することである。その結果，その質問に対する応答というより，人柄を評価してくれると思われる。

イ　応答は，簡潔に

応答する際，その内容を分かってもらおうと熱中し，一生懸命説明しようとしないことである。つまり，応答は，「結論」から述べ，次に，「その理由」を述べることであり，面接官がもっと聞きたいと思うようになることが望ましい。つまり，対話的になるのがよいのである。

ウ　言葉遣いの気配り

これまでの生活においてや地域の人々との触れ合いにおいて，最も重要な手段は言葉であったはずである。このことは，「相手に分かってもらう。」，「理解してもらう。」をはじめ，相手の意思を理解したことを示すにしても，基本的には言葉を通じてであるからである。したがって，明瞭で，分かりやすい用語が求められるのは，当然で，さらに，時と場合に応じた言葉遣いができなければならなかったはずである。

このように，これまでの生活を考えるまでもないことではあるが，言葉遣いにおいて大切なことで，最低限求められていることは，はっきりと発声し，とくに語尾をはっきりさせることである。

集団面接試験に対する対応の基本

①集団面接の形態

ア　質疑応答の面接

着席してから，質疑に入る前に点呼をとり，受験者の確認があるはずである。その後，自己紹介という形で，それぞれに1分間ずつ時間が与えられる場合がある。ただし，このことは，必ずということではなく，各都道府県市によって異なる。それが終了してから，面接官が，予め用意してあった質問用紙を取り出し，質問内容を明らかにするという形式である。

質問が読み上げられてからの応答であるが，必ず，わずかではあってもしばらくの時間が与えられるので，その間，じっくり考えることである。なお，応答についても，着席順であったり，挙手してという場合もある。また，指名によることもあるので，これらのことは指示に従うことである。

なお，出題者は，その場での主担当者であるが，その内容については，他の担当者も手元にあるので，応答内容の査定については同等である。ところが，応答によっては，その内容に対する追加質問があるものである。その際は，主担当に限らず，すべての面接官がそれぞれ判断して発するので，応答に際して，主担当者のみならず他の面接官に対しても要注意である。

イ　意見陳述の面接

着席してから質疑に入る前に点呼をとり，受験者の確認をすることは前述の場合と同じである。その後の自己紹介についても，同様であるが，これまでの傾向としては，こちらの形式での実施の例が多いようである。そこで，これらのことが終了した後であるが，すでに，着席した机の上に質問内容が記された用紙が配られているため，指示に従って，その内容を目にするのである。したがって，受験者は，それぞれが質問内容を知るということになる，という形式である。

そこで，質問を読みとった後，必ず応答するまでの時間が与えられるので，その間，じっくり考えることである。その時間は，長くて3分で，多くは1分ぐらいと考えることである。その後の応答であるが，この形式の場合は，挙手してということが多い。それは，受験者自らの意見を陳述するのであるから，指示して発言を促すことは，当を得ていないからである。ただし，挙手がない場合は，着席順や面接官は受験者の状態を観察しているので，その様子で指名されることもある。

なお，この形式においては，受験者に指示を与えている面接官が主担当者であるが，あくまでも受験者の最初の意見が重視され，その後の追加質問等は，どの面接官から発せられるかは一定しないものである。

②集団面接の対応

集団面接には，「質疑応答」と「意見陳述」の2つの形式があり，それぞれの特徴がある。そのため，それぞれについての対応の仕方があるが，共通なことは，他の受験者と対比されるということである。このことは，それぞれの受験者の有する長所や短所が目立つということである。

ところが，発言の機会もそれほど多くはないのである。つまり，多くて全体の時間は4，50分ほどであるから，それぞれの発言時間を考えるとき，その機会も3，4回が限度である。しかも，1回の発言時間も予め予告され「1分以内」とされるようである。このことは，受験者の心得不足によるが，一般的に発言時間が長いからである。しかも，要領を得ない発言内容の場合も多く，いわゆる面接官泣かせなのである。したがって，発言中であっても，発言を中断するよう催促されることがあるので，このことについては，訓練しておくことも大切なことである。

なお，出題される課題等については，面接としては，個人面接があるので，そこで得られることを除いた教育に関する認識などの問いが多い。すなわち，当面する教育課題や学習指導に関すること及び生活指導に関することなどであるが，これらのことについては，改めて示すことにする。

ア　質疑応答の面接の対応

最も重要なことは，面接官が読み上げた質問をしっかりと記憶することである。ただし，メモを採ってもよいという場合もあるが，ほとんどの場合，メモは許されないはずである。その後の与えられた時間，じっくり考える時は，他の受験者も同様な状態なのであるから，同席していることなどを意識することなく，与えられた質問を考えることである。

発言については，的確に，しかも簡潔であることが肝要であるため，初めは，「はい。」からで，「結論」を述べ，その後「理由」を要領よく述べるようにすることである。また，応答によって，その内容に対する追加質問がある場合，他の受験者を意識せざるをえないが，その際は，他の受験者の発言内容に左右されることなく，あくまでも自らの意思表示に徹することである。なお，面接の時間内に，受験者間で互いに優劣を感じることもあり，そのことが面接官に与える印象にも違いがでていると思えるようなこともあるはずである。

しかしながら，徹頭徹尾，自らの教師としての適性やその力量を熱意を込めて発言することであり，その姿勢を言語でなくとも示せるものであるから，その場の雰囲気にも影響されないことである。

イ　意見陳述の面接の対応

目前に質問事項があるのであるから，その内容をしっかりと捉え，自らの応答を準備することである。できれば，応答の構造化ができると，大変有利になることも意識するとよい。つまり，応答をすべて一言で，ということではなく，むしろ段階を経てということである。

発言については，当然のこととして，的確に，しかも簡潔であることが肝要であり，初めは，「はい。」からで，「結論」を述べ，その後「理由」を要領よく述べるようにすることである。そこで，応答の構造化ができていると，必ず，そのことに対する追加質問があるはずであり，その場合も，準備されている応答をすることになるため，他の受験者をあまり意識することもないのである。しかも，面接の限られた時間に，面接官にもっと発言を求めたいとの関心をもってもらえることにもなるので，それだけ，強く印象づけられることにもなるのである。

要するに，徹頭徹尾，自らの教師としての適性やその力量を熱意を込めて発言することであり，その姿勢を，適切な構想によって，示すことができるので，言語だけではないということを認識することである。さらに，その場の雰囲気にも影響されないように心掛けることである。

③集団面接の実際

集団の面接であるから，個人の場合とは異なることもあるが，その基本は，同様であると考えることである。つまり，実際の場面になる前に少し手続き上の相違はあるが，入室以前まではほとんど同じなのである。

受験者は，係員の呼び出しを受けたら試験会場に行き，決められた順番に入室する。指示に従って，座席のところに行き，面接官の方を見て，「よろしくお願いします。」と言う，さらに，「ご着席下さい」といわれたら，「失礼します。」といい，席を少し後に下げて，静かに着席する。

面：これから面接を始めます。まず初めに右側の方から，受験番号と氏名をおっしゃってください。そして，これからは，この順で，Aさん，Bさんと申しますので，心得ておいてください。なお，応答は1分以内でお願いしますが，時間の都合等で，こちらから指名することもあるので，了解してください。それでは，Aさんからどうぞ。

A：はい。○○番，○○です。

B：はい。○○番，○○。

C：［Bはぶっきらぼうだな。］はい。○○番，○○と申します。

D：［Cは丁寧すぎるな。］はい。○○番の○○です。

E：［丁寧なほうがいいかな。］はい。○○番の○○でございます。

面：それでは，教職を志望した理由について，簡潔におっしゃってください。Aさんからどうぞ。

A：はい。私の志望理由は，単純ですが，子供が好きであるということです。このことから，漠然とではありましたが，以前から教師になりたいとは思っていたのですが，教育実習に行ってみて，その決意が固まりました。

B：はい。私の場合，中学校の先生の影響で，教師になりたいと思うようになりました。その先生は，若い英語の先生で，英語の詩の朗読をしてくれたり，放課後は，野球部で鍛えてくれました。とても魅力的な先生で，憧れを感じ，私もその先生のような教師になろうと思いました。

C：はい。私の教職志望の動機は，率直に言えば，経済的に安定しているし，自分の時間を多く持てるからです。もちろん，一人でも多くの子供たちに，文学のおもしろさを教えてあげたいと思ったことも，大きな理由の1つです。

D：はい。教職というのは，大変尊い仕事ですし，安定していて，両親も賛成してくれましたので，教職を志望しました。

E：はい。私の小学校の時の先生なのですが，とても優しい先生でした。話が上手で，しかも熱心であり，休み時間も付きっきりで，私たちを指導してくださいました。それで，私も大きくなったら，その先生のようになろうと子供心に思ったからです。

面：次に，みなさんの教育実習の感想を聞かせてください。

A：はい。教えることの難しさを痛感しましたが，とても楽しかったです。子供たちも喜んでくれていたようですし，休み時間など一緒に遊んで，童心に返った気がしました。授業自体は，満足のいくものではなかったし，どう説明したら理解してもらえるのかということばかり考えていましたけれど，終わりの方では，ようやく落ち着いて子供たちの反応を見られるようになりました。

最後に，学校を去るとき，「先生，頑張ってね。」，と子供たちに言われて，本当に胸がジーンとして，絶対に教師になろうと改めて思いました。

B：はい。私は，授業のいたらない分を若さでカバーしようと思って，放課後，生徒たちといろいろ話をしたり，一緒に運動したりしました。そして，最後の授業で，生徒に感想を書いてもらったのですが，その中に，「何でも聞いてくれて，お兄さんのような気がした。早く本当の先生になって，また，この学校に来てください。」というのがあって，とても嬉しかったことが，一番強く印象に残っています。つまり，こちらが一生懸命になって生徒に接すれば，向こうもちゃんとそれを分かってくれるのである，ということを実感しました。

C：はい。少ない教育実習の期間でしたが，少しでも文学のおもしろさを理解させたいと思い，生徒に好きな文学作品についてのディスカッションをさせたことが，とても面白かったです。つまり，子供の感じ方が，私にとってはとても新鮮で勉強になりました。また，最近の子供たちが如何に本を読んでいないかということも痛感し，強制的にでも文学作品に触れさせる必要を感じました。

D：はい。私は，ともかく，毎日が緊張の連続で，無我夢中でした。最初は，余裕など全くなく，ノルマを果たすのが，やっとという状態でしたが，次第に生徒の反応が分かるようになり，自分のペースで授業ができるようになりました。とにかく，一日一日が真剣勝負という感じで，教師というのは，本当に大変な職業だなと思いました。

E：はい。毎日がとても楽しかったというのが，私の感想です。子供というのは，本当に正直で，私の言うことが分からないときょとんとした顔つきをしますし，納得したときは生き生きとして目を輝かせます。そういう意味では，教師の影響というのは実に大きいものだと，怖い感じもしましたが，かえって，本当にやりがいのある仕事であると実感し，ファイトがわきました。

面：なるほど，みなさん，それぞれ教育実習でいろいろと感じられたようですね。さて，そこで，みなさんは，それぞれが自分なりの教師の理想像というものをお持ちであると思いますが，どんな教師になりたいと考えていらっしゃるのか聞かせてください。

A：はい。私は，子供と一緒に遊べる教師になりたいと思っています。

ただ教えるだけではなく，ともに学び，ともに遊ぶ中で，子供たちの気持ちをつかんでいきたいと思うからです。

B：はい。私は，生徒が何でも相談できるような雰囲気を作りたいと思っています。親身になって生徒の悩みを聞いてあげられ，たとえ適切なアドバイスは与えられなくても，こちらの心が伝わるように誠心誠意，真心を尽くして，生徒とともに悩み，考えることができるような教師になりたいとも思っています。

C：はい。何が何でも，生徒から尊敬されるような教師になりたいです。そのためには，自分自身を常に磨き，より高める努力をしていかなければならないと思っています。少なくとも，生徒に質問されて，まごつくなどということは，絶対に避けたいと思っています。

D：はい。常に，一生懸命やるということが大切であると思います。このことは，授業は，もちろんですが，生徒一人一人を理解するにも，こちらが一生懸命であれば，きっとその気持ちが通じると思うのです。何事にも全力投球で，骨身を惜しまない教師になりたいのです。

E：はい。私は，優しい教師になりたいと思っています。とは言っても，けじめだけはきちんと付けさせたいと思っています。そして，子供たちが慕ってくれて，何でも話してくれるような，そんな教師が私の理想なのです。そのような教師になるためには，やはり真心を持って，一人一人の子供と接していくように，努力もしなければならないと思っています。

面：みなさんの教師としての心構えはよくわかりました。では，最後になるのですが，自らの性格について，具体的におっしゃってください。

A：はい。長所としては，明朗快活であることと，協調性があることであると思います。そして，短所としては，少しそそっかしいということでしょうか。

B：はい。私は，何事に対しても積極的に取り組み，実行できることであると思っています。また，細心さも持ち合わせていると思っています。

C：はい。どちらかというと内向的な性格ですが，いざというときの決断力や判断力には優れている方であると思っています。

D：はい。長所としては，誠実さ，忍耐強さ，責任感の強さなどであるといえると思います。短所としては，些か積極性に欠けるところがあり，さらに社交性が少し乏しいのではないか，と思うときがあることです。

E：はい。率直さや明るさが長所だね，とよく人には言われるのですけど，自分ではおっとりした性格であると自覚しているのです。しかし，このおっとりということですが，少しおっとりしすぎて，少々間が抜けているのではないか，と感じることが時にはあります。

面：そうですか。まだ何か言い足りないと感じていらっしゃる方はいませんか。それでは，これで面接を終わります。ご苦労様でした。

受験者は，静かに起立し，右側に半歩踏みだし，椅子を元に位置に戻して，「有り難うございました。」と礼を言う。その後，ゆっくりドアの所まで行き，もう一度，面接官の方を振り返り，「有り難うございました。」と言い，ドアを開けて，退出する。

個人面接・集団面接の準備・対策と主な質問内容

(1) 面接に備えるための基本的な準備・対策

個人面接と集団面接は質問内容には大きな違いはないが，次のような傾向がある。

- 「人物重視」の視点に立って，人物に関する質問の比重が高い傾向にあること。そのために，多くの自治体で共通する基本的な質問内容があること。
- 2次試験では個人面接を実施する自治体が多く，1次試験と同様の質問をした場合でも，2次試験では答えたことに対して突っ込んだ質問をしていること。

以上のような傾向のある面接試験を乗り切るためには，次の準備や対策を進め，どのような質問にも対応できるように自分の「引き出し」

を1つでも多く作っていくことが「要」である。

■多くの自治体で共通する，人物に関する基本的な質問内容などを熟知し，いろいろな角度から突っ込んで質問されることを想定して，自分の考えを深め，構築していく。
　その際，常に自分が教員であることをイメージ(想定)して，次の3点を基本に構築していく。
　①なぜそう考えるのか
　②教育・指導にどう生かす(生かせる)のか
　③児童生徒に何を伝えるのか
■教職を目指す友人などとの活発な意見交換や教職教養の熟知，ボランティアなどの多様な経験を通して教職に関する知識理解を深め，自分の考えを構築していく。
■『面接ノート』をつくり，必ず予想質問ごとに考えたこと，深めたことを記録化していく。
■上記の準備・対策を通して，教職に就くことに対する自分の「志」や抱負を確かなものにしていく。

(2)　主な質問内容と準備・対策

①自分自身に関する十分な考えの構築

　最近実際に質問された主な質問内容と関連質問を紹介する。一見したところやさしい質問だが，採用者側にとっては極めて重要な質問内容である。それだけに，受験者も教職への強い「志」や抱負の確立と並行して，どのような質問にも対応できるように，自分の考えを十分に構築していく必要がある。

Q　あなたが教員を志望する動機は何ですか。
　●あなたの経験を踏まえて，志望の動機を話して下さい。
　●教員を目指すにあたり，周囲の人はあなたにどのようなアドバイスをしましたか。

Q　あなたが本県・市の教員を目指す理由は何ですか。
　●本県・市のどこに共感をしたのですか。

●本県・市があなたを採用したらどのようなメリットがありますか。

Q　あなたの目指す教員像(理想の教員像)はどのようなものですか。

●あなたにとって，魅力のある教員とはどのような教員ですか。

Q　あなたはなぜ小学校(中学校，高等学校)の教員を希望するのですか。

●あなたは小学生(中学生，高校生)にどのような教育をしたいと考えていますか。

Q　自己アピールを1分以内でして下さい。

●あなたの「売り」は何ですか。具体的に話して下さい。

●あなたは，自分のどこが教員に向いていると思っていますか。

次に，上記以外の基本的な質問内容と答えに対する突っ込んだ質問の例を挙げる。突っ込んだ質問の答えの基本は，そのように考えた理由を必ず明確にできるようにしておくことである。『面接ノート』に記録化して自分の「引き出し」を構築すること。

Q　あなたの長所，短所は何ですか。

●ではあなたは教員として，その短所をどう改善していきますか。

Q　今日求められる教員像について話して下さい。

●こんな教員にはなりたくないという教員像を話して下さい。またなぜそう思うのですか。

Q　あなたの社会体験・ボランティア体験を話して下さい。

●この体験から何を学びましたか。教員として何に生かせると思っていますか。

Q　あなたは挫折の経験がありますか。

●その挫折をどのように克服しましたか。その経験が教員としてどのように生かせますか。

Q　あなたの趣味・特技，資格について話して下さい。

●そこから教育に生かせることは何ですか。

Q　あなたの卒業論文の内容を話して下さい。

●そのテーマを設定した理由は何ですか。教育にどのように生かせますか。

②児童生徒や教育に対する理解と対応・対処策の構築

もう一つの大きな質問の分野として，児童生徒や教育などに関する質問内容がある。そのような質問への準備や対策として，次の3点がある。

◆現在の教育の問題や課題を各種の報道や書物などから知り，自分の考えや取組の方策をまとめていく。
◆児童生徒の実態をボランティア活動など(教育実習や塾講師なども含む)を通して理解するとともに，例えば学習指導や生徒指導などの，教員としての教育・指導の方策をつくりあげていく。
◆中央教育審議会の関連する答申を熟読し理解を深め，自分の考えを構築していく「糧」とする。また，学習指導要領も熟読する。

特に文部科学省に対する「答申」は，例えば不登校という教育問題に対して，その背景や現状，基本的な認識，具体的な取組など多岐にわたって述べられており，面接のみならず論作文，教職教養にも対応できるものである。学習指導要領についてもぜひ熟読することを勧める。

次に過去に質問された内容と関連質問の一部を紹介する。そのように考えた理由などとともに自分の考えを構築して，『面接ノート』に記録化していくことが重要である。

Q　あなたは今日(本県・市)の子供達をどのように考えていますか。

●あなたは今日の子供達のよいところは何だと思っていますか。

Q　あなたが最近，教育に関して関心のあることは何ですか。

●あなたが最近関心のあることは何ですか。それを子供達にどのように伝えますか。

Q　あなたは子供達に「生きる力」を育てるために，どのような取組をしていこうと考えますか。

●子供達の「生きる力」として必要な「力」は何であると考えますか。

Q　あなたは担任として，日頃からいじめが起こらないようにどのような取組を行いますか。

●あなたの学級でいじめが起こりました。担任としての対応・指導について話して下さい

Q　あなたの学級で不登校者を出さないために，日頃からどのように学級づくりを進めますか。

●保護者から，明日からうちの子は登校しないと連絡がきました。担任としてどう対処しますか。

Q　あなたは学習指導において，子供達にどのようにして学ぶ意欲を育てたいと考えていますか。

●学習意欲を起こさせる評価とはどのような評価ですか。

Q　あなたは学校への携帯電話の持ち込み禁止の指導を行う場合，どのような指導を行いますか。

●携帯電話の学校持込み禁止について，保護者に理解を得るために留意することは何ですか。

面接における質問に対する回答のポイント

(1)　教育委員会が設定する面接の評価の観点

次の表は，ある県が公表している面接の「観点別評価の表」である。他の県・市においてもほぼ同様であると考えられる。

《1次　集団面接》

1　態度

・明るさ・快活さが伝わってくるか

・謙虚さがあるか

・気配りができるか　　等

2　教育観

・教育に対する熱意があるか

・物事を見通し，本質を捉える判断力はあるか
・子供への愛情はあるか　　等

3　将来性
・よいものを吸収しようとする力はあるか
・考え方に柔軟さはあるか
・現場で生かせるような特技はあるか　　等

《2次　個人面接》

1　態度
・身だしなみは教師として適切か
・人柄，性格は信頼できるか
・姿勢は正しいか
・立ち振る舞いは落ち着いているか　等

2　明るさ・活力
・明るさ・快活さが伝わってくるか
・情熱や気迫が伝わってくるか
・困難や逆境に立ち向かう粘り強さはあるか
・説得力・表現力はあるか　等

この面接表から，次の2点について留意して面接に臨む必要があることがわかる。

①1次試験の集団面接と2次試験の個人面接の観点別評価の共通項がかなりあり，2次試験の個人面接では，1次試験と同じ質問であっても，突っ込んだ質問をすることによって人物をみようとしていること。

②集団面接においては「集団における個人」として相対的な評価もされるため，他の人の回答に惑わされたり，消極的な発言にならないように十分留意すること。そのために，集団面接の練習においても十分にして慣れておくこと。

(2) 質問に対する回答のポイント

いくつかの基本的な質問を例に，回答のポイントと共通する留意点を紹介する。先に紹介したある県の「面接の観点」を参考にして考えてみること。特に2次試験においては，必ず答えたことに対する突っ込んだ質問があることを想定して準備しておくことが重要である。

Q　教員を志望する動機は何ですか

■「子供が好きだから」とか「子供とともに成長できるから」,「恩師の影響を受けて」,「部活動を経験させてやりたいから」と話す人がいる。そのような内容では「志望の動機」とは言えない。

■教員を志望するには当然「強い志」と抱負が求められる。よってそれに基づく明確な児童生徒達への教育観と具体的な教育・指導論が不可欠である。

自分の経験やそこから導き出された教員としての使命感や実践のビジョンなども，志望の動機のなかの自分のオリジナルな部分として，明確・的確に述べることが大切である。

Q　本県・市を志望する理由は何ですか

■「自然が豊かなところで教員をしたいと思ったから」とか「子供達が元気なところだと思ったから」と話す人，当該県・市の出身者では「生まれ育ったところで教員をしたいと思ったから」と答える人がいる。そのような回答も県・市の志望理由を答えたとは判断されない。

■今日，すべての県・市は「本県・市の求める教員像」や「教育重点施策」を公表しており，その教員像や重点施策の何に共感し，それに基づいて自分は児童生徒にどのような教育をしようとしているのか，という抱負や具体的な取組策を踏まえた志望理由を構築しておく必要がある。

そうでないと,「本県・市があなたを採用した場合のメリットは何ですか」とか「それなら他の県・市の先生でもよいのではないですか」という突っ込んだ質問には全く対応できない。受験地の十分な熟知をすることが大切な基本である。

Q　なぜ小学校(中学校，高等学校)の教員になろうと思ったのですか

■「小学生に夢を育てたいから」とか「中学校が私に最も適していると思うから」も答えとは言えない。また，体育・スポーツに経験の豊富な人で，中学生(高校生)への部活動の豊かな体験をさせてやりたい趣旨のことを述べる人がいるが，部活動の指導だけが教員の仕事ではない。

■教員志望の動機とも関係があるが，小・中学生，高校生に対する教育観・指導観の明確化と，彼らに何を教えたいのかという強い具体的な内容をはっきりと的確に述べないと，「それなら小学生(中学生，高校生)の教員でなくてもいいのではありませんか」という質問には対応はできない。

Q　あなたの考える理想の(目指す)教員像は何ですか

■自分の考える理想の教員像を明確・的確に述べることが大切である。その場合，それを理想の教師像とした理由の質問を想定しておくことが必要である。例えば「恩師の姿」から理想の教員像を考えたのであれば，恩師の何に共感して理想の教員を描いたのか，また「児童生徒に信頼される教師」を挙げるのであれば，当然そのように考えた理由が必要である。

■この質問については，教員志望の動機とともに必ず自分の教育観などについても明確に構築すること。教員としての「志望の動機」や「志」，抱負にも関わるところである。

Q　最近の出来事であなたが関心のあることは何ですか

■この質問は一見「楽な質問」である。一昨年ある県の2次試験の個人面接で，その質問をされた受験生が「北京オリンピックです」と答えた。そこで面接官は「では生徒達に北京オリンピックの何を伝えますか」と突っ込んで聞かれた。残念ながらその人は突っ込んだ質問を想定していなかったために，答えられなかった。

この質問のように，楽な質問であっても特に2次面接試験では，

すべての答えに対して突っ込んだ質問をしてくると想定しておかねばならない。

Q　あなたの自己アピールをして下さい

■この質問は一見易しく思えるが，教員志望の「志」や抱負に関わるところなので，十分に自分の教員としてのアピールできるところを構築しておく必要がある。

答えには誤答はあるが，それだけに話す内容に特に留意が必要である。

■例えば「小・中学校，高校と，9年間○○をしてきました」とか「人と接することが得意です」では，自己紹介のレベルである。9年間を通して，何を得たのか，何が教育に生かせるのか，教師として習得した力などを話す必要がある。また人と接することのどこが教員として優れ，その得意なことを教育や指導にどう生かせるのかを話すことが必要である。つまり，「自己アピール」のレベルを話すことが基本である。

(3)　集団面接に臨む場合の留意点

集団面接と個人面接の質問や面接官の評価の観点も大差がないことを先ほど紹介したが，集団面接に臨むために留意しておくことが2点ある。

①集団面接の場合は，質問に対して，他の受験生が自分より先に，自分と同じような内容を答えることがあり得ること(順番制や挙手制の場合が考えられる)。

その場合であっても，構築してきた自分の考えや具体策などを急遽変更しないで，自分の考えや具体策などを明確・的確に述べた方がよいこと。

「私もAさんが話されたのとほぼ同じ考えですが，～」と前置きして述べればよい。

②集団面接は他の受験生との相対的な評価の側面があり，自論や経験を長々と話さないこと。端的・的確に話す技術も教師には求め

られていることに留意する。

特に，経験豊富な人，話し好きの人，自信のある質問に対しては十分に気をつける。

面接にふさわしい言葉遣いや態度，回答の習得

面接は，答えた内容だけでなく面接にふさわしい言動や回答も習得しておく必要がある。ぜひ当日までに習得すること。

① 「若者言葉」で話したり，なれなれしい態度にならないよう気をつけること。

言葉遣いでは「～じゃないですか」や「～と思うんですよ」，「～れる」や「全然～です」は禁句。「若者言葉」は答えに自信がある場合などには口に出ることがあるので特に気をつけること。

また面接官から「緊張しないで楽に」と勧められても，「目上の人である採用者による面接」であることを決して忘れないこと。それは当然，入・退室時のマナーにおいても同様であること。

② 話し方においても，教員としての資質の有無の視点から評価されていることに留意すること。

長々と話してから結論を述べるのではなく，「私の教員志望の動機は2点あります。1点目は…，2点目は…」のように，必ず端的に結論を述べ，その理由などを的確・明確に話すようにすること。

集団討論対策

教員採用試験で近年，社会性や人間関係能力，コミュニケーション能力などが特に重視されるようになってきた。学校教育が組織的に実践されていることからわかるとおり，集団の一員としての資質や組織的な役割意識，そして課題解決能力が求められているのである。集団討論はこれらの評価や教師としての適性を判断する手段として，全国的に採用試験で実施されるようになった。集団討論は，集団面接や集団活動などの名称で実施されたりもするが，1次試験で実施される場合よりも，主に2次試験で実施されることが多い。一般的には，小グループにテーマを与えて，一定時間の中で討論させる方法が実施されている。

集団討論の形式

［東京都の例］

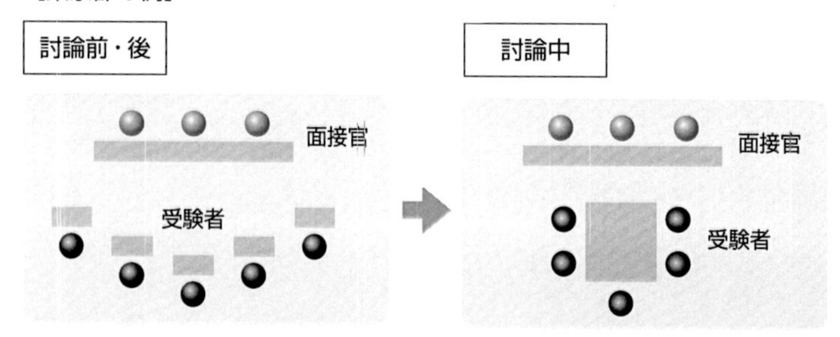

■形式　受験者が6～8人程度で面接官が2～4人程度

■内容　グループに課題を与え，1人1～2分で意見を述べてから全体で自由討議に入る。司会者を受験生の中から選び進行させたり，司会者を決めないで進行させたりし，面接官は観察や評価に専念する。

■時間　30～50分程度

■**特徴**　集団活動を通して，受験者の協調性や社会性，論理性や判断力など集団内での社会的能力を観察できる。これは面接官が評価に専念できる利点がある一面，あまり発言できない受験者の評価が十分にできないといった欠点もある。

■**手順**

1　グループで座り，討論のテーマが提示される。
2　各自テーマを読み，5分間程度で自分の考えをメモにまとめ討論の準備をする。
3　各自1分間程度でテーマについての意見を述べる。
4　全員意見を述べたら20分間の課題解決型討論を始める。
5　採点者は，受験者の討論を観察し評価する。
6　討論後，面接官からの質問に答える。

★**ポイント**　協調性や社会性といった社会的能力を中心に評価されるので，相手の意見を尊重しながら自分の主張を行うようにする。自分の意見に固執したり，他の意見に攻撃的に反論したりしないように注意する必要がある。

集団討論の意義

このようにして，面接前の態勢を整えるが，やはり，主担当者がいて，全体を取り仕切っているのであるから，面接の期間中，その人物の言動から目を逸らさないようにすることである。出題に関しては，次に述べることとするが，この集団討論での重要なことは，討論に入る前であり，その態勢をどのようにつくるかである。さらに，それぞれの意見交換ということになるので，最初の出会いの時のそれぞれの印象が強く残るということになる。

実施形式と攻略法

①面接官主導の討論

自己紹介という形で，それぞれに1～2分間ずつ時間が与えられることが多い。このことで，その集団の様子が明らかになるが，面接官がすべて指示するため，受験者がコの字型や円形になっている中心に，面接官が1人加わることになる。

課題の提示は，面接官が課題を読み上げる方法や受験者各自に紙面が配られる場合，会場の掲示板に示してある場合などがあるが，ほとんどの場合は，後者2つの方法であるため討論中に課題を忘却することはないと考えられる。

応答の形式等すべて，面接官の指示に従うことであるが，注意すべきことは，議論に熱中するあまり，発言時間を超過してしまうことである。この傾向についてはよく見られることであるため，面接官よりあらかじめ「発言時間は，1分以内」との指示もあるはずである。しかも，時間超過には発言中断の注意が発せられることになるため，自らの発言については要注意である。このとき，前述したことであるが，発言内容を「結論から」述べ，次に「その理由」とし，他の受験者がもっと聞きたいと思うようになることが望ましく，対話的になるのがよいのである。

②受験者相互の意見交換

着席してから質疑に入る前に点呼をとり，受験者の確認があり，その後，自己紹介という形で，それぞれに1～2分間ずつ時間が与えられることが多いのは，面接官主導の討論の場合と同様である。このことで，その集団の様子が明らかになるが，受験生がコの字型や円形になっている場合，面接官が加わることはないのである。

そして，面接官から，「どなたか，司会になっていただけませんか。」といわれる場合と「これからは，それぞれ自由に意見を出し合って，討論をしていただきます。」という2つの形態があり，後者の傾向が強くなりつつあるようである。このことは，前者の場合，司会を決定するまでに手間がかかり，それぞれの討論時間が均一にならない，という事情があるからである。したがって，示された課題に対する最初の意見表明は，かなりの度胸も必要になるが，そのことが，全体の雰囲気を左右することにもなるため，慎重になるべきである。

集団討論試験に対する対応の基本

①集団討論の対応

集団討論では，他の面接と異なり，受験者が集団の中でどのような能力を発揮し，また協調できるかなどが，とくに観察されているので，その観点について知っておくことが大切である。このことについての評価の観点の意味づけを示しておく。

ア　観察されていること

○貢献度

課題解決に寄与することで，受験者が討論の機能をどの程度理解し，目的達成のためにどの程度貢献したのかを見るものである。発言の回数が多くても，自己中心的で課題解決に役立たない場合は，高い評価を得ることはできず，発言回数が少なければ，当然，低く評価されることになる。

○協調性

これは協同して事に当たる状態を作り上げることに寄与することで，発言態度が独善ではなく，民主的であることや他の人の意見及び反対の立場の人の意見にも耳を傾ける態度が望まれる。とくに，発言の活発でない受験者を励ますような態度も評価される。

○主導性

グループ全体を課題解決への方向付けをすることで，ただ単にリーダーシップを発揮するということではなく，全員を納得させながら問題解決の方向に導いていくことが求められている。したがって，より建設的な意見や信頼感のある発言などが，高く評価されている。

○判断力

問題を十分理解し，正しい判断が行われているかどうかである。また，討議の過程において，自分の置かれている立場に対する状況判断が，適切であるかどうかなどが評価されている。

○表現力

自らが主張しようとするところを適切な言葉や有効なエピソー

ドなどを加えて表現されているかどうかである。また，このグループディスカッションは，討論とは言っても勝ち負けが問題とされるわけではなく，面接試験なのであるから，あまり感情をむき出しにした言葉遣いや他の人に対する冷たい言い方は，避けなければならないことであり，その配慮などが評価される。

○企画性

討論の進行に対して，計画的な発言が行われているかどうかである。また，そのように進行させようと努力しているかどうかなどについて，とくに，全体の状況に対する配慮が評価されている。

イ　評価を高める十ヶ条

Ⅰ　油断をしない。
Ⅱ　好感を与える。
Ⅲ　対話的になる。
Ⅳ　信頼感を与える。
Ⅴ　演出を考えておく。
Ⅵ　けじめを感じさせる。
Ⅶ　気配りを感じとらせる。
Ⅷ　全力投球の気構えをもつ。
Ⅸ　健康的で，活気を感じさせる。
Ⅹ　人間的な温かみを感じとらせる。

②集団討論の実際

受験者は，係員の呼び出しを受けたら試験会場に行き，決められた順番に入室する。指示に従って，座席のところに行き，試験官の方を見て，「よろしくお願いします。」と言う，さらに，「ご着席下さい」といわれたら，「失礼します。」といい，席を少し後に下げて，静かに着席する。

(面：面接官)

面：これから面接を始めます。まず初めに右側の方から，受験番号と氏名をおっしゃってください。そして，これからは，この順で，Aさん，Bさんと申しますので，心得ておいてください。なお，応答は1分以内でお願いしますが，時間の都合等で，こちらから指名することもあるので，了解してください。

それでは，Aさんからどうぞ。

A：はい。○○番，○○です。(B～F　略)

面：では，これからみなさんに幾つかの課題を与えますから，なるべく簡潔に自分の意見を述べてください。時間は○○分間です。時間が来ましたら，途中であっても打ち切ります。

それでは，始めます。まず最初の課題ですが，皆さんは学習塾をどのように考えていらっしゃいますか。

A：はい。私は，一部の生徒にとって学習塾は有益であると思います。やはり，何人もの生徒の中には，理解の遅い生徒や学校の勉強だけでは物足りない生徒もいると思うからです。

D：はい。私もAさんと同様，授業についていけない生徒にとって，学習塾は有益だと思います。もちろん，そういう子供たちを見放すということではないのですが，限りのある授業時間の中で指導内容を消化しなければならないのですから，すべての生徒が理解するまで待つというわけにはいかないと思うのです。

B：はい。お二人がおっしゃることは理解できます。しかし，私は，やはり，学校が責任を持って，そういう生徒を指導すべきであると考えます。例えば，理解の特別遅い生徒には，補習をするとか，何かそれなりの方法は，あるのではないかと思います。

C：はい。学習塾に行きたくても行けない生徒もいるのですから，賛成できません。確かに，できない生徒が学習塾に行けば，それなりの成果はあるかもしれませんが，一方，高い月謝を払えない生徒には，その機会すらも与えられないというのは，不公平であると思います。

E：はい。私は，勉強というのは学校だけで十分であると思うのです。予習・復習は別として，学校から家に帰ってまで，机にしがみついている必要はないんじゃないでしょうか。朝から晩まで勉強，勉強では，遊ぶ時間もありませんし，性格にもゆがみがでてくると思います。やはり，「よく学び，よく遊べ。」の精神が大切で，遊ぶ時間というのも子供には必要であると思いますし，学習塾は，子供のそのような時間を奪ってしまうことになりますから，反対です。

F：はい。皆さんのおっしゃるとおり，私も塾に行ってまで勉強する必要はないと思います。詰め込み主義というのは反対です。なんとなく，無理矢理，勉強をさせている感じですし，かわいそうな気がします。ただ，授業についていけないのは，やはり，自分でよく復習したり，本人の努力が必要なのではないでしょうか。まあ，そういう生徒の場合，塾に行ってもいいと思います。

D：はい。Bさんは，学校が責任を持って授業についていけない生徒も指導すべきである，とおっしゃいましたが，それは理想論であって，現実的には，不可能であると思うのです。確かに，本来は学校ですべきことですし，私もできる限りの努力はしたいと思いますが，一人一人ということになれば限度がある。ですから，有名校受験のため，必要以上に塾で勉強させるというのは私も反対ですが，補習という意味ならば行っても良いと思います。

A：はい。Eさんは，「よく学び，よく遊べ。」とおっしゃいましたが，実際には，そちらの方が多いと思います。できる生徒は，それぞれでもいいのでしょうが，できない生徒の場合，ある程度強制的にでも勉強させる必要があるのではないで……。(EがAの話を遮る)

E：それでは，Aさんは，できない生徒は強制的にでも，塾に行かせた方がいいとお考えなのですか。

A：はい。いえ，別にそうはいっていませんが，ただ，その……。

※Eさんのように人の話を遮ることは良くないことであり，さらに人の揚げ足を取るような態度も慎みたいところである。

集団討論におけるアドバイス

- はじめに各自自分の意見を述べるので，そのとき，他のメンバーの考えを簡単にメモしながら聞くと，後の討論のとき他の受験生がテーマをどのように捉えているのかがわかり，意見をまとめやすくなる。

- テーマの内容によっては論じにくいものもあるが，教育問題に関連づけ，教師の視点から発言するとよい。
- 自分の考えばかりを言うのではなく，他の人の意見を聞き，それに対して自分はどう思うかを発言することが大切である。
- 自分と意見が違う場合には「私は……のように思いますが皆さんはどう思われますか」などと尋ねてみるとよい。
- 他の人の言っていることがよくわからなかったら，「○番の方，もう少し具体的に説明していただけますか」などのように聞くことも必要である。
- みんなで一緒にコンセンサス(共通理解)を得るといった気持ちを大切にする。
- 普段から友達同士で教育問題について，気楽に話をしたり，意見交換をしておくことが大切である。
- 他の受験者の意見に関連づけて発言するとよい。

［例］「○さんが言われたのに付け加えて，私は……と考えています」
「○さんと○さんが言われたことに私も賛成で，……を加えたいと思います」
「○さんは先ほど……のように言われましたが，私は……と考えています」
「○さんが言われることに関して，私の意見は……と考えています」

●言葉遣い

面接試験だからといって，特に難しい言葉を使う必要はなく，日常使っている敬語を使った丁寧な言葉で十分である。自分の考えや意見を正しく，わかりやすく，相手に伝えられるようにすることが重要である。つまり，教師として，児童・生徒の模範となるような正しい日本語を使うことが大切であると言える。

しかし，面接試験のときには緊張してしまい，つい普段の癖がでてしまうものである。常日頃から，目上の人や先生と話すときに，正しい敬語が使えるようにしておくことが大切である。

集団討論の流れ

①課題の把握と方針の決定(個人発表)

問題点の構造化を図り，解決すべき課題を整理して，2，3つに集約した課題を自分の意見として挙げる。

②構造の把握と分析

テーマの分野がどのような構造になっているのか，どの方向から考えていったらいいのかを討論する。皆の意見を整理し，同様の意見をまとめて構造的に分類する。

③課題の焦点化と討論の流れの確認

構造化された課題の中で，話し合いで焦点化していく課題を1つ選び，メンバーで確認しながら，選んだ課題についての分析と問題点の確認，以降の討論の流れを確認する。

④課題の深化

テーマの課題に対して意見を出し合い，課題の問題点や，状況を解明する。

⑤課題解決の対策

課題が解明できてきたら，時間を見ながら，対策や対処法についての具体策を出す方向へと進める。

⑥解決策のまとめ

一通り課題への解決策が出てきたら，皆の解決策をいくつかにまとめて集約していく。分類できるものは分類して構造的に整理する。

⑦次の課題への転換

時間が残っている場合には，次の課題へと話を転じる発言をする。課題の焦点化から同様の話し合いを行う。

⑧議題の収束へ

残り3～5分程度になったら全体を収束させる方向に議論を進める。抽象的な話から具体的な解決策，個別指導から学校全体の取り組みへと発展させていく。

■■ 実際の課題と討論のポイント

個人面接や集団面接が比較的受験者自身のことを聞く内容が多いのに対して，集団討論における課題には，次の2点の特徴がある。そのことを踏まえて準備・対策を進めることが力を付ける「要」である。

①児童生徒に対する教育課題が設定されることが多いが，最近は保護者対応に関する内容も出されていること。
②設定されている課題は，個人面接や集団面接の質問，論作文の課題にも共通するものが非常に多いこと。したがって練習や対策，記録化などを効果的に行うとよいこと。

次に最近実際に出題されたいくつかの課題と集団討論の実施方法を紹介し，集団討論のポイントを述べる。いずれの課題も，個人面接や集団面接，論作文の課題にもなるものである。

Q　次代を切り拓く子供に身に付けさせたい力を，大切だと思う順に3つ挙げて下さい。

■ この県では2次試験で実施し，5人1組で課題に対する構想5分，各自の発表1分，討論20分，後で個人面接を10～15分行うという多様な方法を採っている。

■ このような実施方法を採っている県・市では積極性や判断力をはじめ，まとめる力，発表する力，教育課題認識力などを総合的な視点から評価しようとしていることに留意して臨むことが必要である。

■ この課題は小学校受験者用であったが，中学・高校も類似した課題だったので，中学・高校受験の人も共通の問題として考えてること。

　まず，子供(児童生徒)に身に付けさせたい力として，社会性や確かな学力，生きる力，学ぶ意欲などを挙げることができる。そして構想を立てる場合，当然次の討論のことを考えて，3つの力の内容や順にした理由，力を付ける方策も含めて明確化しておく必要がある。

■ 後の個人面接では，今の3つの力を付けるための具体策，今の討論で大切にしたこと，一番困ったことなどが質問された。そのような質問を予想して，自分の考えたことが明確に答えられるようにしておくことが必要である。

Q　保護者からの苦情について，①背景や原因，②信頼される教師像，を含めて討論して下さい。

■ この県では1次試験で実施し，30分間の集団面接の一環として18分が集団討論時間である。面接は別途行われ，集団討論の課題とは直接関係のないことが聞かれる。

■ 討論時間の短い県・市に臨む場合，①話しすぎて時間を独占しないこと，②気後れして話す機会を決して逸しないこと，の2点に特に気を付けることが極めて大切である。

■ このように難しくない課題と短時間の設定では端的に話すことが求められ，内容よりも進行への調整が非常に難しいと言える。最近は他県・市においても討論自体の時間は少なくなる傾向が見られることに十分に留意して，練習を行っておくことが重要である。

Q　髪の毛を染めている児童生徒に頭髪指導をしたところ，保護者から「他人に迷惑をかけない限り，自由ではないですか」と反論されました。あなたはそのときどのように対処しますか。

■ この県では2次試験で実施し，8人が50分の中の40分間討論をし，残りの10分間で1人1分程度で意見をまとる。

■ 課題は保護者への対処の方策である。一般的には家庭訪問をしてじっくりと話し合い，理解のもとに協力を得ることが基本である。

■ この県の討論時間は他の県・市に比べて長く，対処策だけであれば時間が余る可能性がある。方向性や答えが見通せる課題でしかも討論の時間が多い場合は，狭義の討論に終始しないような判断力が必要である。

■ 保護者への対処に必要な前提として，頭髪を染めることの本人及び周囲への影響などを，教員間で十分に研究・協議することや学校としての方針に基づいた一致した指導などが必要であり，そのことに関した討論も必要である。

Q 生徒の規範意識を高めるには，どのように指導すればよいでしょうか。

■ この県では2次試験で討論のみを実施している。6人の受験者で討論時間は40分である。試験官は4人で採点する。

■ この県では司会を立てるよう指示するが，司会を立てさせる県・市の場合には，受験者が「譲り合い」をしないことが肝要である。そして当然司会を担う者には積極性，指導性が評価される。

■ 課題自体は難しくないので，時間が余る可能性がある。その時に司会者の指導性と判断力が必要である。また他の受験者が討論について提案をすることは判断力の面から評価されることになる。

■ したがって前に紹介したケースと同様，例えば規範意識とは何か，なぜ規範意識の低下が問題になるのか，学校としての一致した取組の方策，保護者との連携などを考えなければ実際の指導の効果は困難である。その面からの討論が必要である。

Q 子供たちに確かな学力を付けるために，どのような取組を行いますか。

■ この県では25分の中で討論の時間が20分，集団面接が5分実施される。司会は立てない。6人なので1人当たりの発言時間は3分少々しかないので，発言内容は端的であることが必要である。

■ 今日の教育に関するキーワードとなっている課題，例えば「確かな学力」やいじめ，不登校，生きる力，学ぶ意欲，キャリア教育，食育などについては，中央教育審議会の答申内容などを理解して，それを基にした発言が効果的である。

■「確かな学力」は2003年の答申に基づいて当時の学習指導要領でその育成が提言された。「確かな学力」を付けるには，知識理解に加えて，自ら課題を見付け主体的に学ぶ意欲を育成するための学習指導の工夫について討論することが必要である。

Q　児童生徒を，地域，学校，家庭でともに育てていく必要があると言われています。そのため，多くの学校では，地域や家庭に学校の情報を提供したり，学校行事への参加や協力を要請することが多くなっています。それに伴って，学校に対して，様々な意見が寄せられることもこれまでより増えてきました。このような状況を踏まえ，あなたがクラスの担任をするなら，児童生徒や保護者，地域の方と，どのような姿勢で接してクラスを経営したいと考えるか話し合ってください。

■この県では2次試験で実施し，5人の受験者が課題に対する構想を2～3分で考え，約27分間討論を行う。司会を立てるか否かは自由である。討論の後，面接官の質問がなければ終了する。

■この県以上に説明文の長い県が他にもあるが，このような県・市の場合は，いかに早く課題を的確に捉えることができるかがポイントである。

■この課題は「クラス経営をしていく姿勢」である。具体的には，クラスの児童生徒を地域の子供として，地域，学校，家庭とともに育てていくという姿勢のもとに，家庭や地域に対して「開かれた学級」をつくっていくクラス経営が基本である。

Q　人間関係能力を高めるためにどのような取組をしますか。

■この県では2次試験で実施し，5～8人の受験者がそれぞれ1分以内の自己アピールを行う。

その後20分間の集団討論を行った後，集団面接が行われる。

■この県も受験者数に対して討論時間が短いため，的確・端的な発言をすることがポイントである。

討論のためには，まず「人間関係能力」についての理解が必要である。次に担任として，また授業について，日頃からの「取組」を的確・端的に話すことが必要である。

■ 論作文をはじめ集団討論などにおける課題の多くは，常に教師・担任としての指導策と学習指導の方策の二つの側面から考えると対応が可能である。

評価項目

貢献度 グループ・ディスカッションを進めるとき，課題に対する論点を示したり，議論の方向性を定めたりする働きが重要である。これは受験者の発言や発表が，討論を進める上で，どのように貢献できたかを評価するものである。発言の回数が多くても，課題からずれていたり，自己中心的で課題解決に役立たない場合には評価されない。当然，発言が少なければ評価は低い。

評価の観点

- 適切な論点を提供する
- 論点についての適切な意見を述べる
- 課題の解決に役立つ意見を提供する
- 混乱した討論を整理し，論題からはずれた意見を修正する
- 討論をまとめる方向へと意見を述べる

協調性 グループでの協同作業は，まわりとの協調性が必要である。他人の意見や反対の意見にも耳を傾け，発言態度が民主的であることが求められる。感情的に対立したり，攻撃的に意見を述べるといった態度では自由な意見交換が成立しなくなってしまう。まわりの意見に気を配り，他人の意見も積極的に認め，発展させようとする態度が望ましい。

評価の観点

- 自分の意見に固執しない
- 他人の意見を意欲的に聞こうとする

- 他人の意見を積極的に認めようとする
- 対立・攻撃を和らげるように努める
- グループの雰囲気を高めようと努める

主導性 グループ・ディスカッションでは，全員を納得させながら課題解決の方向へと導いていくことが望まれている。ただ単にリーダーシップをとるということではなく，民主的に互いの意見を尊重し合いながら解決へと進めていく主導性が求められている。

評価の観点

- 進んで口火を切る発言をする
- 討論を次の段階へと発展させる働きをする
- 意見が討論の進行に大きな影響を与えている
- 討論をまとめる方向へと導く
- 他者を促し，全員が討論に参加できるようにする

企画性 討論の進行に対して計画的に発言し，一定の時間の中で課題の論点を解決の方向へとまとめていく努力をしなくてはならない。受験者が討論の全体構想をもって発言しているか，論点を示しながら発展させ，まとめへと計画的に意見を述べているかといったことが評価される。また，現実的・具体的に課題を捉え，その解決の方策を考えることも重要なことである。

評価の観点

- 討論進行に対して計画的な発言を行う
- 一定の方向性を持った意見を述べる
- 制限時間を考えながら発言している
- 課題に対する全体構想をもっている
- 発言内容が現実的・具体的である

評価の観点

①貢献度

課題解決に寄与した程度で，受験者が討論の機能をどの程度理解

し，目的達成のためにどの程度貢献したかを見るものである。発言の回数が多くても，自己中心的で課題解決に役立たない場合は高評価を得ることはできないし，発言回数が少なければ当然低く評価されることになる。

②協調性

これは協同して事に当たる状態を作り上げることに寄与した程度で，発言態度が独善的でなく民主的であることや，他の人の意見，反対の立場の人の意見にも耳を傾ける態度が望まれる。

③主導性

グループを課題解決の方向に動かした程度でただ単にリーダーシップをとるということではなく，全員を納得させながら問題解決の方向に導いていくことが求められている。

④判断力

問題を十分理解し正しい判断が行われているかどうか，また討議の過程において自分のおかれている立場に対する状況判断が適切であるかどうか，などである。

⑤表現力

自分の主張しようとするところが適切な言葉や有効なエピソードなどを使って表現されているかどうか。また，このグループディスカッションは討論とはいっても勝ち負けが問題とされるわけではなく面接試験なのであるから，あまり感情をむき出しにした言葉遣いや，他の人に対する冷たい言い方は避けなければならないのは当然である。

⑥企画性

討論の進行に対して計画的な発言が行われているかどうか，また行おうと努力しているかどうかなどについて，特に，全体の状況に対する配慮などが評価される。

模擬授業対策

学校教育において教育活動に従事する教師には，専門的な知識について一定の範囲の理解は必要だが，それ以上に児童・生徒を指導したり，集団をまとめる実践的な指導力が特に求められている。そのため多くの自治体で採用選考として，模擬授業が実施され，その多くは2次試験の中に位置づけられている。実施方法としては，事前に指導案を書かせ模擬授業を行う場合とその場で題材を与えられ模擬授業を行う場合があり，個別での実施と集団での実施がある。どちらも面接官やグループメンバーの前で元気よくはっきりと表現豊かに話すことが求められている。

模擬授業の形式

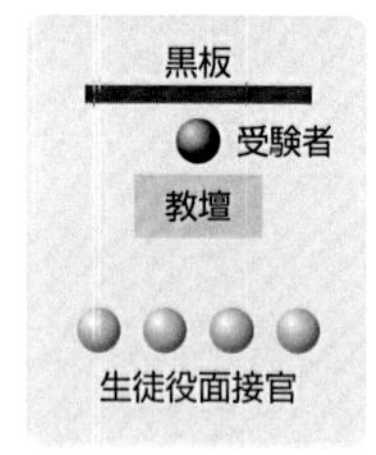

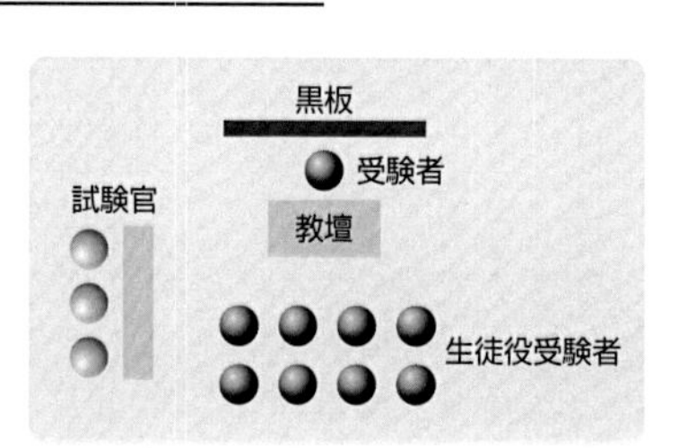

■形式　当日に問題配布で集団実施の場合では，受験者が5，6人程度で面接官が2，3人程度

■内容　グループに課題を与え，順に1人ずつ5分程度で授業を行う。児童・生徒の役は他の受験生が行う場合と面接官が行う場合がある。その後，模擬授業の内容についての面接を行う場合が多い。

■時間　30～40分程度(模擬授業後の面接も含める)

■特徴　模擬授業は，最近よく実施されるようになってきた試験方法であり，実技試験としての要素もある。出題される課題は主に児童・生徒指導の内容であり，教科指導や今日的な問題行動に対する対応など実践的な指導力を観ようとしている。しかし，授業の内容だけでなく，その授業の視点や考え方などについても問われるため，その後の面接での応答が重要である。

■手順

1　控え室で模擬授業の課題を配布される
2　20分程度で授業の計画を立てる(メモを取ってもよい)
3　試験会場に入室
4　模擬授業(5～10分程度)
5　面接

★ポイント　協調性や社会性といった社会的能力を中心に評価されるので，相手の意見を尊重しながら自分の主張を行うようにする。自分の意見に固執したり，他の意見に攻撃的に反論したりしないように注意する必要がある。

模擬授業の意義

模擬とは，他のものにまねることであり，まねるは，他者と類似あるいは同一の行動や仕草をするということでもある。確かに，人の生き方にしても，絶えず見聞きしているうち，自然にそのことが身に付いていることが少なくないものである。ただし，ここでは授業にかかわることということであるため，改めて考えておくことである。

その際，全く未経験なことではなく，実際に教壇に立ち，授業の在り方についても教員，児童(生徒)，教材の3つにより成り立つことを実感しているはずである。さらに，その結果についての指導を受けた経験があり，本書においてもこれまで，授業に関する認識を深められるよう配慮してきたのであるから，基本的なことは，十分なわきまえがあると思われる。

ただし，授業とはいえ，児童(生徒)の顔を見ることはなく，教材も全くないことが多いのであり，さらに重要な要件である事前の準備期間も皆無という状況なのである。このことは，選考に当たっている担当者も十分承知していることではあるが，選考に課せられていることであり，近年，その実施の傾向が強まっていることも事実である。

そこで，教員としての資質能力のすべての査定の対象である，ということではなく，教員としての適性の一面が評価されるものと考え，現状認識を深め，しかるべく心得ておくことである。

模擬授業試験に対する対応の基本

①模擬授業の意味

選考試験に，模擬授業を実施する例が多くなっているが，多少特殊な試験形態であるといえる。しかし，このことを必要と感じているところも多いということであるから，選考の資料として，有効なものとされているのである。

そこで，考えられることは，児童(生徒)の目前での言動のわきまえの有無であり，近年とくに，発声の音声の強弱が話題になることが多い状況にあるからである。つまり，日常生活上のことが起因しているとは思われるが，いわゆる「声が小さい」人が多いということである。ところが，教育の場では，多数を対象とし，すべての児童(生徒)に一様に伝達することが多く，このことが集団教育の基本となるので，音声が小さいと不公平な状況を生じることにもなりかねないのである。

また，授業においては，単なる知識の伝達ではなく，児童(生徒)の学習意欲を喚起し，自ら学ぶ姿勢を醸成させることが，極めて重要なことである。このことについても，教員の動作を伴う指導が，そのきっかけとなることが多いため，教員が児童(生徒)の教育環境としての存在価値に大いにかかわること，と考えることである。

したがって，模擬授業においては，授業内容というより，授業に関わっている姿勢が重視されている，と理解することである。

②模擬授業の評価

これまでの実施状況及び受験者の感想などから考えられることは，次のようなことを査定の観点にしていると思われる。ただし，その方法や内容も多様であるため，あくまでも一般的なことと考えることである。

ア　発声の音量の適正

このことは，教員が，児童(生徒)との出会いでの最も直接的なことであり，そこには「あいさつ」がある。しかも，児童(生徒)にとっては，極めて重要な関心事で，その後の接し方にも大きく影響するものなのである。したがって，明瞭な言語で，しかも，教室という広い場において，すべての児童(生徒)に明確に伝わるような音量でなければならない。ただし，試験会場という場は，それほど広くはないため，よく通る音量ということで調整することである。また，発声中の語調や日常会話で友人と交わしている話し言葉は，発しないよう注意することである。

なお，発声の機会は，この模擬授業のみならず，個人面接や集団面接及び集団討論等でもある。ただし，それぞれの状況は同一ではないため，それぞれについての場をわきまえなければならない。つまり，対話や説得及び伝達等については，必然的に発声の内容や音量にも差異があるのは，当然なのである。

イ　正確・明瞭な文字表現

教員が児童(生徒)の前で文字を示すとき，黒板に記することが多い。このことを「板書」というが，模擬授業においても，板書の機会が必ずあるものと思うことである。このことも，近年，話題になることが多く，現実に，学校で問題になることさえ多いからである。ところが，日常「文字を書く。」ということが極めて少なくなっているため，とくに漢字を正確に示すことを不得手とする人が，少なくないのである。

そこで，この板書について，とくに小学校教員志望者にとっては，極めて重要なこととなるが，そのことは，児童が教員の文字に影響されやすく，文字の形まで似てくることが，よくある現象であるからである。したがって，誤字や脱字は論外として，少なくとも「学年別漢字配当表」にある漢字については筆順も正確に記せるようになっておくことである。

そこで，この模擬授業においては，板書する際，文字は，児童(生徒)に見えるように黒板に示しつつ，ときには手を止めて説明をするなど，児童(生徒)が的確にノートに記載できるようなゆとりを与えることも大切なことである。また，重要な箇所を明確にするため，白色チョークのみではなく，ときには色チョークを使うことなどの工夫をすることも大切なことである。

ウ　児童(生徒)の存在の意識

選考担当者の存在を意識することなく，あくまでも児童(生徒)の前である，との意識に基づいて行動することである。現実には，二名以上の担当者のみであるか，自らと同じ受験者が目前にいるのであるが，その大人を意識しないということであり，できれば，教育実習での教壇上の自分自身を思い出しつつ行動することである。

その際の基本姿勢としては，与えられた課題についての話題に拘束され，それを消化しようと執着することなく，通常の教室における授業形態を基本とすることである。しかし，模擬授業においては，状況が限定されているため，自らの意図することがすべて生かされるはずはないのである。つまり，通常の授業における指導においては，基本的には，「導入→展開→まとめ」という形態をとるが，この場面においては，教科に関すること以外であっても，初期段階の場面が多いため，いわゆる「導入」という認識であることで，十分なはずである。

そこで，具体的には，授業者である者が，一方的に話を進めるのではなく，学習者とともに課題を意識するような雰囲気が大切であり，とくに学習者が関心を示すように仕向けることが大切である。それには，学習者の意識確認のためにも，時には，指名するような場面があるのも自然なことである。

エ　教師の効果的な動作

授業は集団指導であるが，一人一人の児童(生徒)の学習意欲を喚起することは，必要不可欠なことである。そのためにも，時間内では，児童(生徒)の意識を教師の一挙一動に集中させることが大切である。

そのためにも，教員は，それぞれの言動を的確に把握するとともに，学習に対する意識を集中させられるようにすることである。このことについて，「叱ることも教育のうち」ということもあるが，授業は，一時的なものではなく年間を通じているものであるため，よりよい指導法を取り入れていくことが，何よりも重要なことなのである。

そこで，児童(生徒)の気持ちをそらさないようにすることを考え，発言の後，沈黙して，教室を見まわしたり，些細なことで，少し誤ったことを伝え，すぐ見破られたりするなど，いわゆる演技力も大切な要素であると思われる。

このことに関して，模擬授業においても，初めての授業ということや自己紹介などということで，新しい出会いの場面設定が比較的多いようであるから，そのような場面での第一印象をどのように与えるかを考えておくと，そのことが生かせる機会は多いと思われる。例えば，自己紹介での自らの名前の由来やそのときの語調などについても考えることができるはずである。

オ　教師としての基本の表明

模擬授業において，教職経験者と未経験者との差を意識することがあるようである。しかし，そのことは当然のことであって，それによって，自らが不利になると考える必要は全くないのである。このことは，書面によって，それぞれの学歴や職歴は，明白になっているのであるから，それぞれの実状に即して，適切に査定されると考えることである。

そこで，とくに不利と意識しがちな未経験者に対してであるが，現実の選考は，新規採用を考えてのことであるから，その対象者についての評価の基準がある，と考えることである。その要素として，「表現力」，「児童(生徒)理解」，「教育に対する情熱」，「誠実さ」，「説得力」及び「健康」などがあるが，これらが備わっていると査定されることは，正に，教員としての基本が的確に身に付いていると判断されたことになるのであるから，取り越し苦労は不要である。

したがって，授業についての技術面について考えすぎることはないのであって，与えられた課題に対して，正対した授業を実践することであり，堂々とした態度で，明るく，しかも，信頼感を醸し出すような雰囲気を示せるような気配りを伴って行動することが，肝要なのである。

カ　児童(生徒)を生かそうとする姿勢

この姿勢は，「授業者として望ましい資質である」とよく言われることがある。しかも，そのことは，現職の教員のなかでさえも研修により，身に付けようと努力していることの1つでもある。

それは，プロンプター(prompter)であり，演技中の俳優がせりふを間違えないように，舞台の陰でせりふをつける人という意味であるが，もっと分かりやすくは，歌舞伎の黒衣の類である。

このことは，教員が脇役であり，児童(生徒)が主役ということで，学習活動の本質をより一層生かそうとしているのである。実際，学習形態として「発見学習」を実践している場合，とても生き生きとした学習状態となっているようであるが，これを取り入れるには，かなり高度な教員としての力量も必要なようである。

したがって，この模擬授業においては，目前に児童(生徒)がいないため，取り入れにくいかもしれないが，その姿勢を示すことはできると思われる。つまり，学習活動の中で児童(生徒)の意識や認識を中心に授業をすすめること，つまり，教員の発言も児童(生徒)の発言内容を生かしつつ発し，学習のねらいを忘れることなく全うさせようとするのである。

②模擬授業の内容

模擬授業で与えられる課題は様々である。それを大きく分けると教科に関することと教科外に関することになるが，後者が圧倒的に多くなる。なお，校種については，教科に関しては，分類できそうであるが，例が少ないため，分類してはいない。それぞれを見て判断してもらいたい。

○　教科に関すること

ア　国語

- 敬語についての指導
- 短歌の指導
- ことわざについての指導
- 作文の指導
- あだ名についての指導
- 辞書の使い方について
- 漢字の成り立ち
- 子供たちに対する朗読
- 漢字の書き取り試験について

イ　社会

- 家族について
- 商店街ということの話
- 国際連合という組織の説明
- 高齢化社会について
- 三権分立の説明
- 「地域を生かした授業」の導入部分
- 家庭と地域の関係
- 高齢化社会における社会の変革について
- 東北地方の米作りの説明(ササニシキ，品種改良，干拓，最上川，北上川，八郎潟)

ウ　算数・数学

- かけ算の指導
- 二次不等式を解く指導
- 三角形の角についての説明
- グラフの書き方について
- 「平方根a」と［aの平方根］の違いについて

エ　理科

- 酸素の性質
- 明反応の説明

- なわばりについて
- 窒素同化
- 伴性遺伝
- DNAの複製
- 植物の一次遷移
- 細胞膜の能動輸送
- 屈光性と屈地性
- 植物群落の構造
- 血糖値調整のしくみ
- 光合成速度の限定要因
- メンデルの独立の法則
- シュペーマンの移植実験
- 「速さ」をどう指導するか。
- 興奮の伝導と伝導のしくみ
- 植物における体細胞分裂の観察
- 酸化物のところを酸性雨とからませて説明

オ　生活

- 春探し
- 秋探し
- 時計の使い方
- 図書館の利用の仕方

○　教科外に関すること

ア　特別活動

- 明日の遠足の指導
- 明日の運動会についての連絡
- 中学二年生の担任として，よい学級を作るため守って欲しいことの説明
- 朝のSHRで，中間テストの前日という設定で，注意事項を述べる
- 「校内美化週間」が設定されるに当たり，その意義を生徒に説

明せよ

- 校内弁論大会が行われることで，クラスの子供を積極的に参加させるよう話す
- 明日から夏休みに入る高校二年生の学級担任の注意

「無免許運転・免許取得の禁止」，「無断外泊・二十二時以降の外出禁止」

「無断アルバイト禁止の徹底指導」，「飲酒・喫煙・薬物乱用の禁止」

「パチンコ・麻雀等の遊技場の出入り禁止」

- 学級でこれだけは守ってもらいたいことを板書して，それについて1分説明

イ　生活指導

- 給食の好き嫌いに対する指導
- 万引きをした生徒と保護者にどう対応するか
- 給食の時間に騒ぐ生徒に食事のマナーを守らせる指導
- 消しゴムを隠すといういじめについて，帰りの会での話
- 遠足のバスの席決めを円滑に行うための担任としての指導
- 高校二年生に対し，積極的に授業に参加することの大切さを話す
- 夏休みを有意義に過ごすための計画を立てさせるための指導
- クラスの中の清掃をきちんとしない生徒について，帰りの会での指導
- 安全教育を行う上で，雨の日の学校生活を楽しく過ごす方法を考えさせる
- 小学校二年生，最近「学用品の忘れ物」が増えてきた。忘れ物をなくす工夫
- 「最近，バスの中で騒ぐ子供が多くて困る。」と近所の人から苦情があった
- クラスに孤立している生徒がいる。この生徒とクラス全員との対応をどうするか

- PTAで，最近，あいさつのできない子供が多い，ということが話題になった。「あいさつの大切さを感じさせ，あいさつができるようにどう指導するか。」

ウ　その他

- 勇気
- 環境改善
- ボランティア
- 時間の大切さ
- 食中毒の対策について
- 子供たちへの自己紹介
- 環境変化と適応のしくみ
- ボランティア活動の大切さ
- 朝ご飯を食べてこない子供の保護者への電話
- 「体験的な活動」を取り入れた学習の導入部分
- 落とし物の多い子供の保護者に対する注意を喚起する電話
- テーマ「挨拶，リサイクル，不登校，いじめ」で授業
- キーワード「環境，いたずら，協力，妥協，応援，節約，友情，夢，清潔，向上，個性」で授業
- いじめに関する新聞記事で，誰に相談するかという質問に対して「一位　友人，二位　母，三位　相談しない，四位　先生，で先生が一割であった。」このことを朝のホームルームで話す

模擬授業におけるアドバイス

- 授業の時間が短いため，何をどのように伝えるのか，教えるポイントを絞って計画する必要がある。
- 授業のねらいを明確にし，最終目標も考えて計画する。
- 授業後の面接に備えて，「なぜその授業を計画したのか」といった授業の視点について答えられるように考えておく。
- 模擬授業の時間だけでなく，その前後や単元としての流れを視野に入れて計画を立てるようにする。

- 目の前の面接官を生徒と思って「教師になりきってやること」が大切である。
- できるだけ板書するようにし，最後に消すこと。
- 明るく，元気よく振る舞い，楽しい雰囲気づくりを心掛けるようにする。
- 自ら授業を楽しむ気持ちで展開するとよい。
- 授業は時間になれば途中でも終了となる。

模擬授業の課題例

- クラスに孤立した生徒がいる。その生徒と保護者にどう対応するか。
- 男女交際の在り方についてクラスで話し合いを行うとき，どう指導するか。
- 校則についてクラスで話し合いを行うときにどう指導するか。
- 新聞を読むことの大切さについてクラスで指導する。
- 教科・科目の単元のどこかの単位時間における導入部分を指導する(専門とする教科で設定する)。
- 朝のホームルームでのあいさつでどのようなことを話しますか。
- 道徳の授業で「命の大切さ」についてどう指導しますか。導入部分をお願いします。
- 着任のあいさつで1～3分間の自己PRをしてください。

模擬授業後の面接での質問例

- このテーマを選んだ理由は何ですか。
- 授業で失敗したところはどこでしょうか。
- どのように改善したらよくなると思いますか。
- この授業で何を教えたかったのですか。
- この授業の次はどのように展開していくのでしょうか。

評価項目

課題の理解・判断 テーマに沿って課題を解決するための指導を実践するには，与えられたテーマや課題を正しく理解し，問題点や課題の意図，ねらいを十分に把握した上で指導内容や方法などを設定していかなければならない。課題に対しての理解や判断の程度を評価する。

評価の観点

- 課題の背景を正しく捉えているか
- 課題のねらいが理解できているか
- 授業計画が適切か
- 課題を解決するように授業内容が考えられているか
- 授業展開のねらいや意図が説明できるか

実践的指導力 模擬授業では筆記試験や他の面接では観ることのできない，教職レディネスとしての実践的な指導能力を，現実の教育場面を想定した実技を通して観察することができる。現実の教育課題について，どのような考えをもって，どう対応することができるのか，といったことについて評価する。

評価の観点

- 指導方法が対象とする児童・生徒に適切か
- 指導内容が場面設定に適切か
- 指導内容に対する専門的知識・理解があるか
- 児童・生徒を引きつける表現力があるか
- 授業の進め方が実際の場面に通用するか

表現力 授業では，児童・生徒を引きつけ，理解しやすいように表現することが大切である。対象とする児童・生徒やその人数によっても声量や話し方など変わってくるが，板書や教具などを適切に活用し，授業に興味・関心をもたせながら授業を展開することが望まれる。

評価の観点

- 児童・生徒を引きつけるような演技力があるか
- 声量・話し方など相手に聞きやすいように配慮しているか
- 表情・話し方や身振りなどに好感がもてるか
- 板書や教具など適切に活用できているか
- 授業に流れがありポイントをおさえた展開ができているか

企画力 授業を展開するためには授業案が必要であり，テーマに沿った授業計画が立てられなければならない。模擬授業では，制限時間の中の授業だけでなく，その前後の内容も考えて，計画が立てられていることが重要である。

評価の観点

- 制限時間での授業案が適切に立てられているか
- テーマに沿った授業計画が立てられているか
- 課題解決の工夫が授業計画に盛り込まれているか
- 課題授業の次へと続く授業内容が考えられているか
- 課題授業の背景となる全体計画が考えられているか

模擬授業の留意点

模擬授業の時，できる限り板書を行うように心掛けるべきである。また，生徒役の面接官に対して，どのような視線を投げるかということが大きなポイントとなる。生徒の目をしっかりと見て話をすること，生徒全員に等しく注意を払うことを心掛けるべきである。

また，模擬授業終了後，内容に関する質疑応答があるケースもある。数人の受験者が生徒の役割を演じ，試験官はその様子を観察している。1人5分程度の模擬授業終了後，それぞれに質問がなされるが，自分の授業に関する感想を述べさせる例と別の受験者の授業を批評し合うという例がある。

前者の場合，面接官が注目している点は2つである。1つは授業の内容。課題をどのように消化して授業を行ったかという点である。2つめは，板書や発問の方法など，授業の方法をしっかりと身に付けているかということである。こうしたものは授業方法に関するものであるので，その分野の参考図書に目を通しておくことが最低限必要であろう。

後者の場合は，模擬授業に集団討論的な要素がつけ加えられることになる。こうした討論では，授業のうまいへたが問題になるというよりは，自分が行ったものを含めて授業を的確に評価する目を備えているかどうかが問題となってくるようである。

ポイントチェック

○指導案の作成

授業を計画的に行うために，何年生，科目，単元名，単元目標(ねらい)を決める。ねらいに合った授業の進め方を考えないと，5～10分の模擬授業では自分の一番やりたいところを十分アピールできずに終わってしまう。

○指導技術

〈発問〉

丁寧でわかりやすい言葉づかいで，児童の実態，教科領域の学習成果をよく理解し，主体性を発揮させ，やる気を促すような発問を心掛ける。

〈板書〉

基本を大切に，大きさ，見やすさ，学年にあった適切な漢字・用語の使用，書き順まで気を配る。学習の足跡であるので，計画的に書くことが必要である。

○その他

- 教材・教具の有効活用
- 机間指導
- 子供の自主性や思考力を養う場面(探究型の授業)を展開して，面接官にその指導技術を見てもらおう。

模擬授業評価表

●受験者　　　　　　　　　　　　●面接官

<table>
<tr><td rowspan="20">評価項目</td><td rowspan="5">課題の理解・判断</td><td>課題の背景を正しく捉えている</td><td>1 2 3 4 5</td><td rowspan="5">合計</td></tr>
<tr><td>課題のねらいへの理解</td><td>1 2 3 4 5</td></tr>
<tr><td>授業計画の適切さ</td><td>1 2 3 4 5</td></tr>
<tr><td>課題を解決する授業内容</td><td>1 2 3 4 5</td></tr>
<tr><td>授業のねらいが説明できる</td><td>1 2 3 4 5</td></tr>
<tr><td rowspan="5">実践的指導力</td><td>指導方法が児童・生徒に適切</td><td>1 2 3 4 5</td><td rowspan="5">合計</td></tr>
<tr><td>指導内容が場面設定に適切</td><td>1 2 3 4 5</td></tr>
<tr><td>専門的知識・理解がある</td><td>1 2 3 4 5</td></tr>
<tr><td>引きつける表現力</td><td>1 2 3 4 5</td></tr>
<tr><td>進め方が実際の場面に通用する</td><td>1 2 3 4 5</td></tr>
<tr><td rowspan="5">表現力</td><td>児童・生徒を引きつける演技力</td><td>1 2 3 4 5</td><td rowspan="5">合計</td></tr>
<tr><td>声量・話し方など聞きやすい</td><td>1 2 3 4 5</td></tr>
<tr><td>話し方や身振りに好感がもてる</td><td>1 2 3 4 5</td></tr>
<tr><td>板書や教具などを適切に活用</td><td>1 2 3 4 5</td></tr>
<tr><td>授業に流れとポイントがある</td><td>1 2 3 4 5</td></tr>
<tr><td rowspan="5">企画力</td><td>制限時間での授業計画が適切</td><td>1 2 3 4 5</td><td rowspan="5">合計</td></tr>
<tr><td>テーマに沿った授業案</td><td>1 2 3 4 5</td></tr>
<tr><td>課題解決の工夫がある授業計画</td><td>1 2 3 4 5</td></tr>
<tr><td>次へと続く授業が考えられる</td><td>1 2 3 4 5</td></tr>
<tr><td>課題授業の全体計画を把握</td><td>1 2 3 4 5</td></tr>
<tr><td colspan="4">■総合判定　A　B　C　D</td><td>評価合計</td></tr>
<tr><td colspan="5">■面接官のコメント</td></tr>
</table>

場面指導(ロールプレイング)

近年の面接では2次試験で行われる個人面接において，特に場面指導の内容が多くなってきている。場面指導の質問とは，学校教育において現実的に起こりうる問題場面を示して，その対応について質問する方法である。面接で質問される内容は，受験者の能力・適性・人柄などを多面的に判断するものであるが，最近，特に問題行動への対処能力が求められるようになり，正しい知識をもっているだけでなく，場面に応じて正しく判断して望ましい行動がとれることを要求されている。学習指導要領において知識を活用する力が重視されているように，教育のあらゆる問題に対して知識を基礎としながらも正しい意志決定や望まれる行動選択について，説得力のある言語表現により解説することが求められている。これらは学校教育の課題であるとともに教師に求められる指導観や実践的な指導力であると言える。

場面指導(ロールプレイング)の形式

ここ数年増加してきた面接形式で，教師として様々な問題・課題への対応能力を見る技法である。模擬授業として実施されている県もあるが，場面指導では，学校行事，生徒指導などの具体的な場面が仮定され，その場面にどう対応するかを問う面接形式である。児童・生徒役のリアクションにも即座に対応しなければならず，より柔軟な思考力や判断力，的確な指導力が求められる。

実施形式と攻略法

面接官は2，3人で実施時間は構想2，3分，実施3～5分程度。個人面接の中で実施されることが多い。

受験者が児童・生徒役あるいは保護者役になる場合と試験官が児

童・生徒役あるいは保護者になる場合とがある。

場面指導のアドバイス

場面指導は，実践経験のない学生にとっては困難を極める面接内容ではあるが，わからない，できないでは教壇に立つことはできない。ここで問われることは，実際に教員になれば毎日繰り返し起こってくる課題や教育問題，生徒指導であるため，面接突破のためと言うよりも，教員としての具体的な実践力を身に付ける意味からも，試験対策だけではなく教員としての能力開発のつもりで取り組んでいくとよい。ノート1ページに過去出題された質問や今後想定される質問と回答を書いた面接ノートを作成し準備しておくことが重要である。

応答においては，**できるだけ手短に答えること**と，また，答える内容をいくつかの分野・領域に分け構造的に答えたり，段階的な対応策について答えることが重要である。

質問内容への準備は，学校で起こっている日常の問題行動への対処について，普段からよく考えておくことと，それらを文章にまとめ，大学の指導教員か副校長・校長などの管理職に添削指導を受けておくとよいだろう。

場面指導の質問例

〔児童生徒への対応〕

- 反抗的な生徒へどのように接しますか。
- 無気力な児童(生徒)に対して，どのように指導しますか。
- 茶髪の生徒に対してどのように指導しますか。
- なかなか仲間の輪に入れない児童(生徒)がいます。どのように対応しますか。
- 不登校の児童(生徒)に対してどのように対応しますか。
- あなたのことが嫌いだと言われました。どのように接しますか。
- 生徒から保護者が不仲で困っていると相談されました。どのように対応しますか。

- 何度やっても学習に向上がみられない児童(生徒)にはどのように指導しますか。
- 寝坊をして遅刻の多い生徒がいます。どのように指導しますか。
- 生徒の喫煙を発見しました。どのように指導をしますか。
- 教師への暴言が直らない生徒がいます。どのように指導しますか。
- 軽度発達障害の児童(生徒)が暴れだした場合，どのように対応しますか。
- 興味もやる気もない児童(生徒)に対して，どのように学習指導・生活指導を行いますか。
- 生徒の歯が折れたと報告されました。どのような手順で対応しますか。
- 技能が向上した生徒が，もっと学びたいと言ってきた場合どうするか。
- 目の前で問題行動が見つかっても，「やってねえよ」と認めない児童(生徒)への指導。

〔保護者への対応〕

- 保護者から，家庭内での反抗期の対応について相談を受けたらどうしますか。
- 子供の成績不振について悩んでいる保護者への対応。
- ことあるごとに学校にクレームのある保護者への対応について。
- 保護者の望む学校(教師)とは。それについてどのような取り組みをしますか。
- 子供が仲間はずれにあっていると相談された場合はどのように対応しますか。
- 頑張っているが，1の評定をつけなければならない場合の保護者への説明。
- 放課後も学校で何か取り組みをやって欲しいと言われた場合の対応。
- 保護者との信頼関係を築くにはどのようにしますか。
- 毎晩のように自宅に電話をかけてくる保護者に対してどのように対

応しますか。

- あなたの授業(学級運営)についての不満に対してどのように対応しますか。
- 学期の始めに，あなたが担任のクラスは嫌だと保護者に言われたらどうしますか。

〔その他〕

- 学校の休日に授業や，学習の機会を設けることをどのように考えますか。
- 先輩教師と仲良くできない，理解してもらえない場合はどうしますか。
- 日常的に非常に多い仕事量をとてもこなしていけない場合はどうしますか。

場面指導の対応例

1 学習習慣づくり

解説 学習習慣は学校でつけるよりも家庭での習慣づくりが重要である。家庭で学習する時間を決めて毎日少しずつ続けることが学習習慣を定着させる重要なポイントである。保護者の共働きなどで家庭学習の指導や監督ができない場合には，児童(生徒)自身が自発的に学習時間を決めて実践できるように学校で指導する必要がある。

Q 学習習慣が身に付いていない児童(生徒)に対して，どのようにして学習習慣を身に付けさせますか。

A 学習に対する興味・関心や集中が継続することができるかなどの実態を把握することがまず必要だと思いますが，具体的な学習習慣づくりの方策として，長い時間の集中ができない場合には，10分や20分程度のドリルを作って，毎日少しずつ学習する習慣を身に付けさせます。

Q それ以外の対策としては何か考えられますか。

A 学習習慣は学校だけでは身に付けにくいため，家庭の協力も必要だと思います。家庭でも時間を決めて短い時間でもドリルを続けるようにさせ，慣れてきたら少しずつ時間を長くしていくようにします。

Q　学習習慣が身に付かない原因は何だと思いますか。また，その改善のためにはどのようなことが考えられますか。

A　ゲームやテレビなどの時間が長すぎて学習の時間が取れていないのではないかと思います。改善のためには家庭での生活習慣の改善が必要で，保護者の協力が重要だと思います。

2　教科指導の工夫

解説　教科指導では，わからない生徒やできない生徒への指導に教師の指導力が試される。そのため，段階的な指導やポイントを定めた学習指導など適切な指導法や効果的な学習活動の方法などに創意工夫が求められる。面接においては，指導上の課題として授業の中でどのように対応していくか，簡潔に答えられるようにしておくことが重要である。

Q　教科指導において，授業内容のわからない生徒がいます。このような場合，あなたはどのように対応しますか。

A　まずは，わかるまで個別に根気強く指導していきます。

Q　具体的にどのような指導をしますか。

A　何が，どこがわからないのかを明確にして，それぞれについて具体的な対策を立てて指導していきます。

Q　それでもわからないと言ってきたらどうしますか。

A　本人の要望にもよりますが，教科の先生にお願いをして補習授業を実施するようにします。

Q　クラスのみんながわかる，できる授業を展開するためには何が大切だと思いますか。

A　生徒の実態に合わせた授業内容や指導方法を採り入れていくことが大切だと思います。具体的には生徒がどの程度，授業内容を理解しているか，できるようになっているかなど診断的に評価した結果を授業の改善に生かしていきます。

3 道徳の授業

解説 いじめの問題はどこの学校でも重要な教育課題であり，発生すれば社会問題化するほどの重大な問題行動である。小・中学校では道徳の時間を中心にしながらも，学校教育活動全体を通じて全教職員の共通理解の基に計画的・組織的に取り組まなければならない課題である。高等学校も含めて各教科，特別活動でも道徳教育を実践し，人格形成を踏まえた人権教育を推進していく必要がある。

Q　道徳の時間で，いじめを題材として授業を考えてください。あなたはどのような指導でいじめは人権侵害であることを伝えようと思いますか。また，いじめ防止についてどのような対策をしたらいいと思いますか。

A　いじめ防止は全教職員の共通理解の基に日常的な指導が重要だと思いますが，道徳の時間での指導としては，ケーススタディやロールプレイなど実践力を養う内容で授業を組み立てたいと思います。

Q　それはなぜですか。

A　知識として「いじめが悪い」ということは教えなくてもわかっていることだと思います。いじめられる立場のつらさや気持ちを体験し，共感的に理解させることで，いじめはしないし，させないといった行動が取れるようにさせたいと思います。

Q　具体的に授業の例を挙げてみて下さい。

A　小グループに分けて,いじめられている場面の事例を使って，周りで見ている自分たちが何をしたらいいかを話し合わせます。その後グループ代表討議のまとめを発表するといったケーススタディを使ったバズセッションを実践してみたいと思います。

4 校内暴力への指導

解説 校内暴力に対しては，断固たる対応が必要であり，周りの児童(生徒)の安全を確実に守らなければならない。特に他の児童(生徒)に危害を加える恐れのある場面では，信念を持って毅然とした態度で指導する姿勢が求められる。暴力行為に対しては，複数教員で対応し，児童(生徒)の興奮を収めたり，沈静化するための緊急的な対応を優先し，その後に時間をかけて状況把握と生徒指導に取り組むとよい。

乱暴な態度や行動は性格特性とストレスによるものが多く，特に注意を要する児童(生徒)については，日常の学校生活の観察だけでなく，教科担当教員や養護教諭，スクールカウンセラーなどとの情報交換を通して，児童(生徒)の性格や行動特性などについて把握しておくことが必要である。

Q　担任するクラスに，何かあるとすぐに暴力を振るう児童(生徒)がいます。あなたは担任として，どのような指導や対応を取ったらいいと思いますか。

A　まず，暴力を振るっている場面では，すぐに止めさせます。

Q　どのように止めさせるのですか。

A　止めるように話して，それでも止めない場合には体で制して止めさせます。他の児童(生徒)に危害を加えたり，危険があるような場合には，他の教員にも協力を要請して押さえつけてでも止める必要があると思います。

Q　その児童(生徒)には，その後どのような指導をしますか。

A　児童(生徒)の気持ちが落ち着いてから，理由を聞くようにします。

Q　そのようなことが起こらないようにするにはどのような対策が必要だと思いますか。

A　普段から，暴力行為の禁止やストレスへの対処について指導していくとともに，家庭との連絡を密にしたり，養護教諭やスクールカウンセラーとの連携を取るようにします。

5　からかいへの指導

解説　授業中の発表や発言で，友達の間違いをからかったり，笑ったりする児童(生徒)がいると発表や発言者に大きなプレッシャーがかかり，活発な発表や発言が期待できなくなり，活気の失われた授業になってしまう。教科指導ではブレインストーミングなどを取り入れて，批判や評価のない自由な発言を誘い，活気ある授業展開が工夫されている。このように，授業において間違いや失敗を揶揄するのではなく，容認する態度が学習者の自発性や自主性を伸ばしていく。

Q 授業中の発表で，友達の間違いをからかったり，笑ったりする児童(生徒)がいます。あなたはクラスの児童(生徒)にクラス担任として，どのような指導をしますか。

A まずは，友達の間違いをからかったり，笑ったりする児童(生徒)については，呼び出して個別に指導します。

Q その児童(生徒)たちに具体的には，どのような指導をしますか。

A 人の間違いや失敗を馬鹿にしたり，さげすんだりすることは，恥ずかしい行為であることを指導し，自分が同じようなことをされたらどのような気持ちになるかを考えさせて反省させます。

Q クラス全体の児童(生徒)にはどのような指導をしますか。

A 世の中に失敗を経験しない人はいない。失敗の中から学んで成長していくものであることを教えます。失敗を茶化したりすれば，そのうちに誰も意見や発言ができなくなってしまい，閉鎖的なクラスになってしまうことを児童(生徒)に訴えます。

Q 友達の考えや意見を認めようとする雰囲気を育てるために，具体的にどのような指導をしますか。

A 精神面の成長発達の途上である児童(生徒)たちが，人の良さを認めることができるようになるためには，自分の良さが認められることが必要だと思います。自己肯定感が持てれば人の良さを認める力が付いてくると思います。そのために，担任である私が率先して，積極的に児童(生徒)の良さを見つけて褒め，認めていきます。

6 不登校への対応

解説 不登校といじめは対応している場合が多いようであるが，学習への不適応や集団活動への不適応，耐性の欠如，ゲームやネットワークへの依存，不安定な家庭環境や居場所のない家庭環境による夜遊びなど，原因は多岐にわたっている。複数の原因が関わっている場合が多く，原因を解明し一つずつ根気強く解決していくことが必要で，学校として体制を組んで対応することが重要である。

Q　遅刻と欠席が継続する児童生徒があり，保護者からも体調不調が続いて，学校に行きたがらないと相談がありました。学級担任として，どのような対応を取りますか。

A　まずは現状を把握する必要があります。保護者面談や家庭訪問などで保護者からの話を聞いて日常の様子や不調の訴えなどの状況を明確にします。

Q　いじめなどの様子はなく，特に理由が見つからなかった場合にはどうしますか。

A　養護教諭やスクールカウンセラーと相談し，学年主任や副校長からの指示を受けて行動します。

Q　児童生徒に対して，あなたはどのような対応をしたらいいと思いますか。

A　本人との面談を繰り返して，信頼関係を構築し原因の解明と本人とともに解決の方法を考えていこうと思います。

7　虐待への対応

解説　児童虐待は年々増加傾向にあり，特に小学生の場合が多く，児童虐待防止法及び児童福祉法が平成19年に改正され，児童虐待防止対策が強化されている。ひどい場合には児童相談所への通告が必要であり，地域との連携として児童福祉司や「子供を守る地域ネットワーク」(要保護児童対策地域協議会)との連絡・協力も必要である。

Q　健康診断の補助をしている際に，体中にあざのある児童生徒がいることがわかりました。あなたはどのように対処したらいいと思いますか。

A　まずは，児童虐待のことを疑い，児童生徒からあざの原因を個別に呼んで聞くようにします。

Q　虐待がわかったらどう対応しますか。

A　児童相談所への通告が必要だと思います。その際には，状況について，学年主任と副校長や養護教諭にも報告し，対応について指示を受けてから行動したいと思います。

Q 虐待防止のためには学校としてどのような対応が必要だと思いますか。

A 保護者との面談や支援を通してストレスの矛先を児童生徒に向けないようにしたり，スクールカウンセラーによる児童生徒への心のケアをお願いします。

8 保護者からの訴え

解説 保護者にとっては学校で起こることについて適切な情報があまりない場合，不安になることが多く，些細なことでも心配になってしまうものである。学校でいじめにあっていないかといったことも心配になって，つい神経質に考えてしまうものである。保護者の気持ちをよく理解しながら学校の様子を家庭に知らせたり，懇談会などでの意見交換で共通理解を図っていくことが大切である。

Q 子供がクラスでいじめられているのではないかと保護者が訴えてきた場合，あなたはどのように対応しますか。

A 保護者と直接会って，話を十分に詳しく聞き，すぐに対応しようと思います。

Q その後，いじめた子供への対応はどのようにしますか。

A いじめの内容については，日時や具体的な内容を正確に聞いてメモをとり，学年主任や管理職に報告し相談をします。

Q またそのクラスに対してはどのような指導をしていきますか。

A クラスの児童(生徒)全員から事情を聞いて，事実を再度，正確に確認し，いじめている児童(生徒)に対する指導を行い，いじめを止めさせます。同時に現状の実態と指導経過について保護者へ報告し，理解と協力を求めます。

Q 保護者との関係をその後どのように取っていきますか。

A 学級通信を定期的に発行し，クラスの様子や学校での出来事などについて家庭に知らせる機会を多くできるようにします。保護者会での懇談や保護者面談，3者面談などを定期的に実施し家庭との連携を密にするようにします。

ポイントチェック

●課題の発生対象

「児童・生徒」「保護者・家庭」「上司・同僚」「関係機関・地域・社会」

●場面の対応能力(危機管理能力)

1つの問題が発生したとき，どう対応して児童や保護者，地域に投げかけて改善していくのか。

●場面を扱う3つのポイント

□目的意識「何のために話すのか」

□相手意識「相手は誰なのか，立場・事情」

□場面意識「どんな場面や状況下で話すのか」

●話し方

- 事実をしっかり把握した上で，子供たちには問題に気づかせる，一緒に考えさせるような問いかけを，保護者には相手の心理，事情をよく考慮した話し方を。
- 問題や課題に対して，真実をどこまで把握して，どのように解決していくのか。その話し方，やりとりから場面の解決能力を評価される。教育的配慮を踏まえた課題解決力をアピールしたい。

面接模範回答集

面接突破へのコツ

1　面接における応答で重要なことは，質問に対してぶっきらぼうにならない範囲でできるだけ短く答えるようにすることで，一呼吸で答えられる範囲が適当である。

2　面接の質問内容で特に準備しておくポイントの一つとして，学習指導要領の内容があげられる。それとなく聞かれることがあるので，改訂の内容について十分に理解しておく必要がある。

個人面接 ①

Q　貴方はこれまでにどのような社会活動やボランティア活動などを経験してきましたか。簡単に説明してください。

A　近くの小学校で学童保育の補助員を勤めてきました。

Q　それはどのような活動ですか。

A　放課後に学校に残っている児童の面倒を見る仕事で，一緒に遊んだり走り回ったりしています。

Q　その活動からどのようなことを学びましたか。

A　子供との関わり方や遊びの中での様々なトラブルの対処を学びました。

Q　それを教師としてどのように役立てることができると思いますか。

A　教科指導や生活指導の場面で子供と関わってきた経験が生かせると思います。

POINT

社会活動やボランティア活動の経験は教師として必要な要素と見ています。人に対する関心や面倒見の良さ，世話をすることなどは教師の資質として適しているからです。

個人面接 ②

Q　あなたが所属しているクラブやサークルについて説明してください。

A　○○クラブに所属して4年間活動を続けてきました。

Q　そこでは，どんな役割をしていましたか。

A　会計を担当していました。

Q　どのような活動内容でしたか。何か学ぶことができましたか。

A　活動費の徴収や支出，出納簿の記入などを通して，計画性や書類作成の事務的能力が身に付いたと思います。

Q　それを教師としてどのように役立てることができますか。

A　教科指導の計画や学級経営の実務に生かせると思います。

POINT

学生時代の活動でクラブ・サークル活動を通じて集団活動の基本を身に付け，社会性が高まっているか，といったことに面接官の関心があります。

個人面接 ③

Q　卒業研究はどのようなテーマで行いましたか。

A　教師のコンピテンシーについて研究しました。

Q　研究目的とポイントは何ですか。

A　教師に求められる実績評価とはなにかについて教員や生徒へのアンケート調査を通して，成果の出せる教師像を研究しました。

Q　研究の結果はどのようになりましたか。結果から学んだことはありますか。

A　生徒が満足し，学力や能力が伸びる教師の条件として人間性が重要であるとわかりました。

Q　それを教師としてどのように役立てることができますか。

A　研究は十分に納得できる結果が得られ，これから目指す教師像の指針として，教師としての人間性を高めていこうと思いました。

POINT

卒業研究の内容は，学生時代の専門的な関心事の方向性を示しています。その内容と教職との関連性を明確に示すことが重要です。

個人面接④

Q　教育実習で特に努力したことは何ですか。

A　生徒と積極的に関わることと教材研究や指導案づくりです。

Q　特に気を配ったことは何ですか。

A　朝から放課後，生徒が下校するまで積極的に自分から生徒に声を掛けました。

Q　実習を通して身に付いたことは何ですか。

A　実際の授業での経験を通して，実践的な授業力が少しですが身に付いたと思います。

Q　実習において特に学んだことは何ですか。

A　生徒一人一人と関わることの大切さを学びました。

POINT

教育実習の経験に関する質問は，教師としての適性を見るポイントとなります。努力したこと，困ったこと，嬉しかったことなどについて答えられるように整理しておく必要があります。

個人面接⑤

Q　教育実習の教科指導で特に気をつけたことは何ですか。

A　教材研究と指導案づくりです。

Q　それはなぜですか。

A　教壇に立って授業を行う経験がないので準備を十分にしないと不安だったからです。

Q　どのような努力をしましたか。

A　教育実習が始まる前から教材研究を行い，指導案も事前に何枚も書いて担当の先生にご指導頂きました。

Q　**教科指導を通してどんなことを学びましたか。**

A　授業を組み立てることの難しさです。

POINT

教育実習で特に教科指導の取り組みについては，必ず聞かれると思っていいでしょう。生徒の実態，事前の教材研究，指導案作成，授業実践，授業の自己評価・反省から次時の授業修正などについてまとめておきましょう。

個人面接 ⑥

Q　**貴方が教員として必要だと考える資質を1つ挙げてください。**

A　指導力だと思います。

Q　**それはなぜですか。**

A　指導力は子供に確かな学力を身に付けさせたり，規律ある生活を指導するために必要だと思います。

Q　**そのような指導力を，これまでに身に付けるような努力をしてきましたか。**

A　母校の部活動指導や地域のクラブ指導などを通して指導力を高めてきました。

Q　**教員になってからも，そのような指導力を高めるためには，どのような努力が必要だと思いますか。**

A　教員としての研修が重要だと思います。先輩の先生方から積極的に指導を頂き，指導力を高めていきたいと思います。

POINT

教師としての価値観・教育観や識見などを見る質問ですが，論理性や説明力・説得力なども判断される内容でもあります。教師として自らこだわる価値について論理立てて説得できるようにしておきます。

個人面接 ⑦

Q　貴方はどのようなところが教師に向いていると思いますか。

A　熱心に教えることだと思います。

Q　具体的に説明してください。

A　物事を人に教えるときにいつでも一所懸命に教えることができます。

Q　それはどうして身に付いてきたのだと思いますか。

A　部活動の後輩指導などを通して身に付いてきたと思います。

Q　それを教師としてどのように生かしていけると思いますか。

A　私は教えることが好きで，できるようになっていく姿を見ることに喜びを感じることから，教師の仕事に喜びがもてると思います。

POINT

教職への適性や長所などの自己認識についての質問であり，1分間程度でといったように時間を指定され，自己PRを求められる場合もあります。自分の教職としての特徴については，手短に述べられるようにまとめておく必要があります。あれこれ言わずに端的に一つに絞っておくとよいでしょう。

場面指導 ①

Q　いくら指導しても授業がわからない生徒がいたときにどのように対応しますか。

A　個別に根気強く指導していきます。

Q　具体的にどのような指導をしていきますか。

A　わからないところを明確にして，個別に具体的な対策を立てて指導していこうと思います。

Q　それでもダメだったらどうしますか。

A　放課後での個別指導の実施や教科や学年での協力した対応などを考えます。

Q みんながわかる，できる授業を展開するためには何が大切だと思いますか。

A 生徒がどの程度，授業内容を理解しているか，できるようになっているかなどの評価を実施し，生徒の実態に合わせた授業内容や指導方法を取り入れていこうと思います。

POINT

教科指導では常にわからない生徒への指導に創意工夫が必要になってきます。授業の中でどのように対応していくか，簡潔に答えられるようにしておくことが重要です。

場面指導 ②

Q 授業に遅れてきた生徒がいたらどうしますか。

A 短い時間で注意してから授業に参加させます。

Q 授業に遅れた理由が「かったるいから」ということでした。その場でどう指導しますか。

A 「かったるい」といった言葉から反抗的な生徒だと思いますが，その場では反抗的な態度については注意しないで授業を受けるように指導してから，後で個別に呼んで話をします。

Q 授業が終わってからの指導はどうしますか。

A やる気がなくなっている理由について，時間をかけて話を聞いていきます。できるだけ本人の立場を考えて意欲が出てくるような助言をしていこうと思います。

Q このようなことが起こらないようにするためにはどうしたらよいでしょうか。

A 将来の夢をもって，前向きに進んでいくように指導していくことが大事だと思います。キャリア教育を進めていくことが生活の改善にも役立つのではないかと思います。

POINT

授業への不適応を示す生徒はどこの学校でもいます。そのような生徒への指導を具体的に考えておくことが重要です。

場面指導 ③

Q　授業の始めに出席をとりましたが，その後に途中でいなくなった生徒への対応はどのようにしたらよいと思いますか。

A　いなくなった生徒を探して指導します。

Q　具体的にどのように対処しますか。

A　いなくなった原因や行き先を知っている生徒がいないか生徒を集めて聞いてみます。わからない場合にはとりあえず近くのトイレ等行きそうな場所を体育委員や保健委員に探させます。

Q　それでもわからなかった場合，その後，どのような指導をしていきますか。

A　それでもいなかった場合には，手の空いている教員に依頼して探してもらい，管理職にも報告します。

Q　このようなことが起こらないようにするためにはどうしたらよいでしょうか。

A　先ずは，授業における生徒指導と生徒管理を徹底することだと思います。

POINT

授業での管理上の問題で施設・設備の管理，安全上の管理とともに生徒管理も重要な課題です。正答が特にあるわけではありませんが，重要なポイントを踏まえるようにする必要があります。

場面指導 ④

Q　教室に入ったところ生徒が喧嘩をしていた。このようなときにどのように指導しますか。

A　先ず，喧嘩をやめさせてから個別に指導します。

Q　喧嘩をすぐにやめなかったら具体的にどのように指導しますか。

A　他の教員にも協力を求めて，二人の間に入って喧嘩をやめさせます。

Q　そのあとはどのように指導していきますか。

A　一人ずつ本人の言い分を聞き，喧嘩の原因を聞いて，解決しようと思います。

Q　クラスの担任として喧嘩が起こらないように，どのように対策を立てますか。

A　学級活動や学校行事の時間を使って，生徒が協力し合うために，話し合って課題解決する場をつくっていき，生徒が互いに理解し合えるようにしたいと思います。

POINT

生徒指導の問題で緊急事態が生じることがあります。咄嗟にどのような行動を取るのか，また，その後にどう対応するのかなど実践的な問題処理能力が求められます。

場面指導 ⑤

Q　校内の掃除をしていたところ，生徒が廊下を土足で歩いていました。この場合どのような対応をしますか。

A　その場で止めさせます。

Q　具体的にどのような指導をしていきますか。

A　その場で制止させて注意します。生徒たちがみんなで取り組む校内美化の活動を踏みにじる行為は断じて許さないと指導します。

Q　その後に，どのような指導をしていきますか。

A　なぜそのような行為をしたのかについて個別に話を聞き，本人の言い分があるのであれば，それも聞こうと思います。

Q　生徒が土足で上がってこないためには，今後どのような指導が必要だと思いますか。

A　校内美化活動を推進し，生徒会活動などで検討させていきたいと思います。

POINT

日常の生徒指導の中でも問題行動への指導は，教師の生徒指導の力量が明確に表れ，実践的な指導力を評価することができます。問題行動に対して毅然とした態度で具体的な指導の仕方を示すことは教師の資質としても期待される要素です。

場面指導 ⑥

Q　子供がクラスでいじめられていると親が訴えてきた場合，あなたはどのように対応しますか。

A　保護者と直接会って，話を十分に詳しく聞き，対処しようと思います。

Q　具体的にどのような話をしていきますか。

A　いじめの内容については，日時や具体的な内容を正確に聞いてメモをとり，学年主任や管理職に報告し相談をします。

Q　その後に，どのような指導をしていきますか。

A　クラスの生徒全員から事情を聞いて，事実を再度，正確に確認し，いじめている生徒に対する指導を行います。

Q　このようなことが起こらないようにするためにはどのようなことが必要だと思いますか。

A　いじめはいけないと言うことは徹底して日常的に指導していくことを学年会や職員会議で確認し，具体的に実践していくことが大切だと思います。

POINT

いじめの問題はどこの学校でも重要な教育課題となっています。意地の悪い一言から集団いじめに発展していく例も多く，問題の発覚から初期対応やその後の対応，発生予防の対策などについて考えておく必要があります。

場面指導 ⑦

Q　保護者から，茶色の髪がなぜダメかと聞かれた場合，あなたはどのように対応しますか。

A　先ずは，保護者の言い分を聞くようにします。

Q　具体的にどのような話をしていきますか。

A　学校で禁止されている理由を説明します。茶髪が許される場は社会でも限られているため，生徒の将来の進路が限定されてしまう恐れがあることを保護者に理解させようと思います。

Q　その後に，どのような話をしていきますか。

A　社会のルールを守って生きていくことが社会人に求められていることを学校教育の中でしっかりと指導していくことが大切だと話していきます。

Q　このようなことが起こらないようにするためには，どのようなことが必要だと思いますか。

A　保護者の考え方を理解しながらも，学校教育の方針についても十分な説明をして理解を得られるように家庭との連携を強化していくことが必要だと思います。

POINT

保護者への対応も教員として重要な職務であり，最近，多くなった地域や保護者などからのクレームに対する対応の仕方などもあらゆる場面を想定しながら対応策を考えておく必要があります。

実技試験対策

実技試験の実施意義

実技試験と言っても，全員に課される運動能力テストのようなものと，専門教養に関するものの2種類あるが，ここでは，専門教養に関する実技について説明することにする。

(1) 意義

実技試験の意義については，小学校と中学校・高校とでは少々異なる。小学校は全科担任制，つまりすべての教科について指導することになっており，中学校・高校は専門教科になるという違いになる。つまり，小学校は9教科，中学校・高校はその1教科のみとなる。まず，全体の実技試験の実施状況をみてみると，実技試験を実施していない県は皆無である。つまり，実技試験なしでは教員採用試験は成り立たないことになる。一次あるいは二次に実施という違いはあるものの，採用試験に対する実技の占める割合は等しく重要である。筆記教科の条件＋実技能力が，教師には必要とされる。実技技能と指導に対する情熱が，実技教科の教師となるべき最低条件である。

実技試験では，その実技のうまい，へたをみるためだけではなく，熱意がみられるか，確実にできるか，ある程度の技能がしっかり身についているかどうかなどが求められている。実技教科で実技を行うことによって情操教育を行い，人間形成の一翼を担うのが学校教育での実技教科の意義である。実技教科は指導力が必要で，児童・生徒への影響が多大であることは先にも記したが，特定の優れた児童・生徒を育てるのではなく，児童・生徒の全体的なレベルアップを図るのが実技教科のねらいである。

(2) 学校・学級現場

小学校の実技をみてみよう。音楽，図画工作，体育，技術家庭であるが，その教科を含めた全教科の中で最も好かれているのが体育である。からだを動かせること，机上の教科ではないこと，教室内だけではないことなどがあげられる。そのために，児童といっしょになってくれる先生が，子供たちの間では好かれる。体育といっても水泳，ボール運動，マット運動，鉄棒，とび箱などがあるので，それらすべてができなければ教師になる資格はないことになる。図工においては，技能というよりその材料，製作過程をよく理解していること，児童にものをつくり出すことの楽しさを教えることなどが必要である。音楽においては，音楽の楽しさを指導することが大切だ。うまい，へたではなく音楽の基礎を教える，音に親しませることが教師に望まれる。中学校・高校の各実技教科は，専門教科であるため高度な技能が必要である。

中学校・高校になれば，生徒にもその教科の好き嫌いがはっきりしてくることになる。体育の苦手な生徒，音楽の嫌いな生徒，美術をいやがる生徒が現れるとともに，逆に好きな生徒が出てきて，その生徒の能力をのばせるよう指導することも重要になってくる。教員採用試験の実技教科にもう1つ，英語があげられる。これは，ほとんどの場合ヒアリングと英会話である。実施する県がふえており，ますます内容は高度になってきているが，国際社会に向かっていく社会状況を考えても，英語教育は注目をあびることになる。英語が好きか嫌いかはっきりするのが，この中学校・高校の時期であるから，指導する教師の力が問題になってくることになる。

学校行事もまた実技教科と関わってくる。音楽会，展覧会，運動会，体育祭，夏休み作品展，書道展，水泳大会，学芸会・文化祭などや遠足があり，それぞれ各実技教科と結びついている。そのために小学校の教師はそれらを指導しなければならない。中学校・高校の教師は生徒中心に行う行事の手助けをしなければならない。クラブ活動の指導もあるために，音楽・体育などができなければならないわけだ。

実技試験の準備・対策

小学校

A. 音楽

小学校音楽はほとんどの県で実施されている。そのため，小学校の教員採用試験を受験する者は，音楽の実技は絶対に練習しておかなければならない。特に学習指導要領に掲載されている歌唱共通教材やバイエルなどは実技試験に頻出するので，弾き歌いは充分にできるようにしたい。

【1学年及び2学年】

• 歌唱

〔1学年〕

「うみ」(文部省唱歌)　林柳波(はやしりゅうは)作詞　井上武士作曲

「かたつむり」(文部省唱歌)

「日のまる」(文部省唱歌)　高野辰之作詞　岡野貞一作曲

「ひらいたひらいた」(わらべうた)

〔2学年〕

「かくれんぼ」(文部省唱歌)　林柳波作詞　下総皖一作曲

「春がきた」(文部省唱歌)　高野辰之作詞　岡野貞一作曲

「虫のこえ」(文部省唱歌)

「夕やけこやけ」　中村雨紅作詞　草川信作曲

• 鑑賞

(1)　鑑賞の活動を通して，次の事項を指導する。

ア　楽曲の気分を感じ取って聴くこと。

イ　音楽を形づくっている要素のかかわり合いを感じ取って聴くこと。

ウ　楽曲を聴いて想像したことや感じ取ったことを言葉で表すなどして，楽曲や演奏の楽しさに気付くこと。

(2)　鑑賞教材は次に示すものを取り扱う。

ア　我が国及び諸外国のわらべうたや遊びうた，行進曲や踊りの

音楽など身体反応の快さを感じ取りやすい音楽，日常の生活に関連して情景を思い浮かべやすい楽曲

イ　音楽を形づくっている要素の働きを感じ取りやすく，親しみやすい楽曲

ウ　楽器の音色や人の声の特徴を感じ取りやすく親しみやすい，いろいろな演奏形態による楽曲

【3学年及び4学年】

・歌唱

〔3学年〕

「うさぎ」(日本古謡)

「茶つみ」(文部省唱歌)

「春の小川」(文部省唱歌)　高野辰之作詞　岡野貞一作曲

「ふじ山」(文部省唱歌)　巌谷小波作詞

〔4学年〕

「さくらさくら」(日本古謡)

「とんび」　葛原しげる作詞　梁田貞作曲

「まきばの朝」(文部省唱歌)　船橋栄吉作曲

「もみじ」(文部省唱歌)　高野辰之作詞　岡野貞一作曲

・鑑賞

(1)　鑑賞の活動を通して，次の事項を指導する。

ア　曲想とその変化を感じ取って聴くこと。

イ　音楽を形づくっている要素のかかわり合いを感じ取り，楽曲の構造に気を付けて聴くこと。

ウ　楽曲を聴いて想像したことや感じ取ったことを言葉で表すなどして，楽曲の特徴や演奏のよさに気付くこと。

(2)　鑑賞教材は次に示すものを取り扱う。

ア　和楽器の音楽を含めた我が国の音楽，郷土の音楽，諸外国に伝わる民謡など生活とのかかわりを感じ取りやすい音楽，劇の音楽，人々に長く親しまれている音楽など，いろいろな種類の楽曲

イ　音楽を形づくっている要素の働きを感じ取りやすく，聴く楽しさを得やすい楽曲

ウ　楽器や人の声による演奏表現の違いを感じ取りやすい，独奏，重奏，独唱，重唱を含めたいろいろな演奏形態による楽曲

【5学年及び6学年】

• 歌唱

〔5学年〕

「こいのぼり」(文部省唱歌)

「子もり歌」(日本古謡)

「スキーの歌」(文部省唱歌)林柳波作詞　橋本国彦作曲

「冬げしき」(文部省唱歌)

〔6学年〕

「越天楽今様(歌詞は第2節まで)」(日本古謡)　慈鎮和尚作歌

「おぼろ月夜」(文部省唱歌)　高野辰之作詞　岡野貞一作曲

「ふるさと」(文部省唱歌)　高野辰之作詞　岡野貞一作曲

「われは海の子(歌詞は第3節まで)」(文部省唱歌)

• 鑑賞

(1)　鑑賞の活動を通して，次の事項を指導する。

ア　曲想とその変化などの特徴を感じ取って聴くこと。

イ　音楽を形づくっている要素のかかわり合いを感じ取り，楽曲の構造を理解して聴くこと。

ウ　楽曲を聴いて想像したことや感じ取ったことを言葉で表すなどして，楽曲の特徴や演奏のよさを理解すること。

(2)　鑑賞教材は次に示すものを取り扱う。

ア　和楽器の音楽を含めた我が国の音楽や諸外国の音楽など文化とのかかわりを感じ取りやすい音楽，人々に長く親しまれている音楽など，いろいろな種類の楽曲

イ　音楽を形づくっている要素の働きを感じ取りやすく，聴く喜びを深めやすい楽曲

ウ　楽器の音や人の声が重なり合う響きを味わうことができる，

合奏，合唱を含めたいろいろな演奏形態による楽曲

B．図画工作

図工は，音楽ほどには技能が表われにくい教科である。誰でも鉛筆デッサンなり，水彩画は描くことができる。しかしそれが本当に美術的な意味で絵になっているわけではない。「うまい」「へた」ではなく，デッサンはものの見方，色彩感，創造性が必要である。次に小学校学習指導要領の各学年の指導すべき材料，用具を記載する。

【1学年及び2学年】

土，粘土，木，紙，クレヨン，パス，はさみ，のり，簡単な小刀類など

【3学年及び4学年】

木切れ，板材，釘(くぎ)，水彩絵の具，小刀，使いやすいのこぎり，金づちなど

【5学年及び6学年】

針金，糸のこぎりなど

C．体育

小学校受験者に全員といってよいほど多く実施されるのが体育，特に水泳である。そして，音楽とともにこの体育に，ますます実施される種類が多くなっている。以前は水泳のみの実施であった県でも，鉄棒やマットやボール運動を実施する傾向にあるので，必ずそれらすべてを練習しておいた方がよい。やはり，学習指導要領の内容を中心に出題されるので，学習指導要領に示されている教科の構成を以下に示す。

【1学年及び2学年】

「体つくりの運動遊び」，「器械・器具を使っての運動遊び」，「走・跳の運動遊び」，「水遊び」，「ゲーム」及び「表現リズム遊び」

【3学年及び4学年】

「体つくり運動」，「器械運動」，「走・跳の運動」，「水泳運動」，

「ゲーム」,「表現運動」,「保健」

【5学年及び6学年】

「体つくり運動」,「器械運動」,「陸上運動」,「水泳運動」,「ボール運動」,「表現運動」,「保健」

以上の学習指導要領と採用試験の実技実施内容を見比べてもわかるが，学習指導要領と実技試験内容は一致している。つまり，学習指導要領にしたがって出題されていることになる。これらは，体育の基礎となるばかりか，児童を指導する上でも必要な技能である。水泳については，必ず指導することになっているので泳げなければ教師にはなれないことになる。

出題される内容のポイントをしっかりとつかむこととともに意味もはっきりと把握して，技能をみがくことが大切である。

中学校・高等学校

A. 音楽

○ピアノ演奏，○弾き歌い(共通教材)，○弾き歌い(共通教材以外)，○聴音，○新曲視唱，○伴奏づけ，○リコーダー演奏，がポイントとなる。

いずれも範囲が広く，専門教科なので高度の技能が要求される。共通教材，バイエルなどのソルフェージュの曲については，必ず演奏ができて歌え，伴奏づけもできるようにしておくことが望ましい。専門教科であり，中学生，高校生を指導するのであるから，高度の技能及び高い指導力がなければならない。また音楽をはじめ実技教科は，技能ばかりにとらわれて，評価を「うまい，へた」だけで決めてしまうものではない。そのために生徒が音楽を嫌いになってしまうこともあるので，教師の指導力も必要である。

また，逆に技能不足であると，生徒に音楽をわからせることができなくなり，これもまた生徒を音楽嫌いにしてしまうことになる。技能が高度であれば，生徒の信頼感も得られることになる。

日常の練習をして，自己の技能をみがくこと，ピアノばかりでなくリコーダーのことについても知っておかなければならないこと，聴音についても慣れておかなければならない。

実技は，実際に生徒の見本となっていると思って演奏なり歌唱なりを行うべきである。

B．美術

○鉛筆デッサン，○水彩画，○デザイン，○木炭デッサン，○平面・立体構成，○油彩画・日本画・彫塑，が主な出題範囲である。

鉛筆デッサン，水彩画は必ず出題される。それらの意味をよく考えて練習をすることである。デッサンとは物の見方を学ぶこと，そしてその見たことを描写することである。描けば描くほど力がつくのがこの鉛筆デッサンであるから，暇をみて練習しておくこと。

水彩画は，水彩絵の具の特徴をよくつかむと同時に使い方をマスターしなければならない。この場合まぜ方，重ね方がポイントになる。にごらないようにしなければならないし，また色彩感覚も問われることになる。

美術の場合は，描くことは誰でもできる。しかし，他人に指導する以上，特に教師として生徒に指導する以上，技能が高くなくてはならない。しかし，その反面芸術的に高いものばかりを追い求めて，生徒の美術嫌いをつくってはならない。教師には，人間性が要求される。

C．保健体育

ポイントとして，○水泳，○器械運動(鉄捧，マット，跳び箱)，○陸上競技(ハードル走，高跳び，幅跳び)，○球技(バスケットボール，バレーボール，ラグビー，サッカー，ドリブル，シュート，パス，フェイント，スパイク，レシーブ)，○ダンス，○武道(柔道，剣道)，○体操などが挙げられる。

水泳は，クロール・平泳ぎ・背泳ぎの3種は必ず泳げるようにすること。夏場のスポーツなので，練習は計画して行わないとできなくなってしまうこともあるので注意が必要だ。器械運動は，上記した3種目は完全にできるようにしておくこと。連続技としてできるように，鉄棒の逆上がりは必ず出題されるからマスターしておくこと。陸上競技はハードル走が大部分であるので，ハードルを倒さないこと，フォームなどに注意して練習を積むことが必要である。

球技は，試合かまたは個々に上記した技能を見ることになる。難しいものはないので確実にできるということが要求される。試合においてはその人の性格が表れるうえに，練習しにくいので，グループをつくって試合をやってみることだ。ダンス，武道は，女子と男子に分けられるが，それぞれ練習不足になりやすいので注意したい。ダンスは恥ずかしがらずにきちんと表現することが重要であり，武道は危険を伴うので基礎をしっかりと身につけておかなければならない。体操は，ラジオ体操と創作体操がほとんどである。どちらも型をしっかりと把握して，きちんと表現したい。

D．家庭

被服と食物に分けられる。被服は，そでつけ，そでつくり，えりつけ，ポケットつけ，幼児の衣類などをつくることが出題され，それらを通して，縫い方やボタン・ファスナー・スナップつけなどをみる。

食物は，調理をさせて，その手順，調理の方法，調味料などが正しいかどうかをみる。時間的に考えて，あまり難しく複雑なものは出題されない。切り方や調味料の使い方，料理のつくり方などは，日頃から心掛けておきたい。手順の良し悪しがポイントになるので，注意するように。材料研究をしておくこと。

E．技術

出題している県は少ない。しかし，これから増えると考えられるので，やはり日常から作業を通して，用具・工具の使い方や，作業方法を頭に入れておかなければならない。特に回路計などは慣れておくように。危険が伴う教科であるから，しっかりと技能を身につけておくこと。

F. 英語

国際社会になるとともに英語が重要になってきている。今までは英語を習っていても話せないということがあり，それが問題になっている。小学校でも，小学校第3学年から外国語活動を取り入れることになったため，ますます英語力が重視されるようになった。英語の実技では，英会話の重視がまず第一にあげられる。時間があれば，テープなりラジオ・テレビの英会話を聞き，英語に慣れることが一番重要である。英語を聞くことによって，ヒアリングも発音・アクセント・イディオムなども身につく。英語に親しむことが大切である。

適性検査

選考における適性検査の必要性

学校教育の職にあり，主として児童や生徒の生活及び教科に関する指導に当たる人物を教師又は教員という。その内容は，ほぼ同一ではあるが，前者はその機能から見た常識的な表現であり，後者は教育行政上から見た法規的な表現である。そこで，ここでは指導にかかわる能力ある人物の選考についてであるから，教員が適当かと思うため，以下，教員という用語を使うこととする。

そこで，教員の仕事は，ある程度の教養さえあれば，だれでもできるように考えている人がいるかもしれない。しかし，事実は，一般教養や教職教養及び専門教養の外に実務的技能が必要なのである。したがって，教員の職業が，独自の領域をもつものである以上，高度な専門的教養をも必要とする職業すなわちプロフェッショナルな職業として確立しているのは，当然のことなのである。適性検査もその試験の1つとして採用されており，平成22年度の試験では65自治体中で80％に当たる52自治体で適性検査が実施されている。

選考において用いられる適性検査

その選考について，教員に関することは，「実施要項」等で明らかにされていて，大きくは，「筆記試験(択一式，記述式)」，「適性検査(内田・クレペリン検査，Y・G検査，その他質問紙法等)，「身体・体力検査(健康診断を含む)」，「口述試験(個人面接，集団面接，集団討論等)」等あるが，いずれも職務内容への適否を適切に判断しようとしているのである。したがって，その評価が的確で，より正しく判定されてこそ有効な選考となるのであるが，その要件を妥当性(validity)という。しかも，それが偶然的変動によって変わる頻度の少ないことを信頼性(reliability)が高いというのである，そこで，適性検査について，これを実施していない都府県市もあるが，実施されている検査の特徴を知っておくと，その対応にゆとりが持てる。

適性検査の例

○クレペリン検査

この検査の名称は，内田・クレペリン作業素質検査ともいわれる。つまり，3から9までの1ケタの数が乱雑に並んでいるものを連続して加算するのであるが，時間の配分は，15分作業－5分休憩－10分作業の形式で行う。その間は，1分ごとの加算である。そこで，検査は，記答数を測り，時間経過に伴う作業量を曲線に直して，作業素質を測定しようとするものである。本来，連続加算は，K・クレペリンによって創始されたものであるが，この検査法を発展させたのは，内田勇三郎である。すなわち，連続加算作業に際して，生ずる曲線，つまり，1分ごとの作業量の推移と誤謬を観察することにより，正常型と異常型を判定することができる。そこで，多くの人は，正常型を示すのであるが，その様相は一律ではないのである。そこで，正常型の特徴を休憩前と休憩後とに分けて示すことにする。

ア．休憩前

初頭努力の現れが著しく，2分目からはそれに続く弛緩が表れ，疲労が加わって6～7分目までは作業量は徐々に低下するが，少しでもこのことに慣れているか，慣れていないかの変化はある。しかし，この低下は長く続くものではない。むしろ，この6～7分目頃より次第に作業興奮のはたらきが表れ，正に，疲労にうち勝っての作業による作業量は，徐々に増加し，曲線は上昇の傾向をたどるため，全体的には，鍋のような形やU字の形をした曲線が得られることになるのである。これが一般的な正常な曲線といえるものである。

イ．休憩後

疲労が回復しているためか，その当初の作業量は，休憩前の初頭努力の現れの量と比べてもはるかに高いのである。このことは，作業の慣れによることにもより習熟の表現ともなる。その後の傾向は，休憩前に似ているが，3～4分目には，一時上昇し，その後は，再び下降の傾向をたどることになる。

○Y・G検査

Y・G検査は，Y—G診断ともいわれるが，正しくは，矢田部・ギルフォード性格検査であり，南カリフォルニア大学の心理学教授J・P・ギルフォードによって創始されたものであるが，その3つの人格目録を日本の生活環境等に合うように構成したものである。これには，京都大学の矢田部達郎教授や関西大学の辻岡美延教授の研究の成果が生かされたものである，ということである。

ところで，この検査で捉えることができる性格特性は，①「抑うつ」，②「回帰的傾向」，③「劣等感」，④「神経質」，⑤「客観性」，⑥「協調性」，⑦「攻撃性」，⑧「一般的活動性」，⑨「のんきさ」，⑩「思考的外向」，⑪「支配性」，⑫「社会的外向」の12である。

ア．検査の形式と項目及び回答方法

この検査から得られる性格の特性が明確にされているため，その項目についても性質や行動などの傾向をみようとする簡単な質問が，120項目並んでいるのである。

そこで，その回答の方法は，検査表に示されている質問に対して，「はい」，「？」，「いいえ」の3件に対して回答することになるのである。つまり，平常の自分自身に当てはまると思われるときは，「はい」の欄の○印に○，当てはまらない思われるときは，「いいえ」の欄の×印に○，少し判断に戸惑うときには「？」の△印にマークすることになるのである。したがって，いずれもあまり考えすぎると，とまどいを感じることにもなりかねないため，すばやく回答することが肝要である。なお，回答の評点は，○が2点，△は1点，×は0点である。

イ．判定

素点の集計，プロフィール表への記入，各系統値の算出を得て，その系統値の算出から15の類型に分けられる。ただし，この類型も大きくは5種類であり，さらにそれぞれに3つの属性がある。

- A類(プロフィールは，平均型)：平凡・普通型
- B類(プロフィールは，右寄り型)：不安定・積極型
- C類(プロフィールは，左寄り型)：安定・消極型
- D類(プロフィールは，右下がり型)：安定・積極型
- E類(プロフィールは，左下がり型)：不安定・消極型

このA類，B類，C類，D類，E類のそれぞれに典型，純型，混合型があるため，合計15の類型となる。

○MMPI検査

MMPIとは，Minnesota Multiphasic Personality Inventoryのイニシャルをとったもので，アメリカのミネソタ州の州民を母集団として，ハザウェイとマッキンレイによって考案された質問紙法の検査で，1940年に発表されたものであり，多くの検査例がある。このことは，性格特性を知るために多くの方法はあるが，質問紙法には欠点もあったのである。そこで，その欠点を解消したのである。すなわち，この方法は，検査態度が信頼できるかどうかを補う妥当性尺度が付いているため，このことが大きな特徴となっている。なお，質問事項は550項目あり，検査時間も60分以上の大規模な検査であるが，ほとんどは質問事項330項目の簡易版で実施している。

ア．検査項目と回答方法

MMPIの質問項目は，「健康」，「神経症」，「脳神経」，「運動と協応動作」，「感受性」，「血管運動・栄養・言語・分泌腺」，「循環器呼吸系」，「生殖泌尿器系」，「消化器系」，「習慣」，「家族」，「婚姻」，「職業関係」，「教育関係」，「性についての態度」，「宗教についての態度」，「法律と秩序」，「会社についての態度」，「抑うつ的感情」，「軽そう感情」，「脅迫状況」，「もう想・幻覚」，「錯覚」，「恐怖感」，「サディズム・マゾヒズム傾向」，「士気」，「男女の性度」，「自分をよく見せようとする態度」等，いわゆる生活領域全般にわたった詳細な項目について，様々な質問事項がある。

したがって，性格の一特徴のみを調べようとするものではなく，

多面的な人格像を総合的に見出そうと工夫されているのである。そのため，質問事項も極めて具体的であるとともに，理解しやすく表現されていることなどから，中には，一体何を調べようとしているのか，全く感じさせないものもある。このことから，受験者にとって，よくありがちな無意味な警戒心などを払拭してしまうこともあるようである。

また，回答は，「そうです。」，「ちがいます。」，「どちらでもない。」の3件法で答えるようになっている。

イ．判定

この回答に対する評価は，「心気症」，「抑うつ症」，「ヒステリー症」，「精神病質的偏倚性」，「性度」，「偏執性」，「精神衰弱性」，「精神分裂症」，「軽そう性」，「社会的内向性」の10基礎尺度と受験者の反応態度を調べるための疑問点，虚構性，妥当性得点，修正点の4妥当尺度でなされる。

面接試験Q&A

面接試験は誰でも不安なもの。心配なのはあなただけではありません。ここでは，今までによせられた面接に関する質問にお答えします。

Q　私が受ける県では特に面接試験が重視されているようで，一次試験の時にグループ面接，二次試験の時には個人面接が実施されています。大学でも模擬面接(個人面接)を受けたことがありますが，なかなかうまく答えられませんでしたので，心配でなりません。そこで，グループ，個人面接を受けるにあたって，特に心がけること，注意点等についてアドバイスをお願いします。

A．教員採用試験では，各教育委員会ともに受験者の人柄や人物について，かなり慎重な判断をすることに意を用いています。人柄や人物については人物調書も参考にしますが，より重視されるのは面接であることはいうまでもありません。

個人面接，集団面接を問わず，服装，髪型，化粧，礼儀作法については，あまり常識の線を超えない程度であることが望ましいです。基本的には，面接は，限られた時間の範囲内で行われますから，試験官の質問に的を射た返答をすることが重要なポイントです。それができるためには，面接で一般的に質問される事項については，あらかじめ考えを整理しておくことが必要です。大学生活(研究室やサークル活動のこと)，△△県を受験した動機又は理由，教育実習の感想，自分の性格の特徴，または長所，短所などは，質問が想定される事項ですから，考えを整理しておくことをお薦めします。

以上は面接の一般的な注意点ですが，集団面接において特に注意しなければならないのは，(ア)他の面接官の意見に引きずられないこと，(イ)他の人の発言中に，それをおさえてしまったり，発言を独り占めしないこと，(ウ)他人を傷つけたり，全体の雰囲気をこわさないこと，(エ)話題の流れに注意を配り，前後関係を無視したり，偏見や独善的な発言に傾かないようにすることなどです。目立つだけが集団面接のポイントではないことを十分に自覚して試験に臨んでください。

Q

私の受験する県では，教員採用試験で集団討論があります。そして，昨年，受験した先輩の話では，教育の場で講師などの経験をなさった人の方が断然有利で，討論をしていても，現役の学生の受験者は，口を挟むことすらできない状況であるとのことでした。

ところで，私は，自己アピールすら下手であり，まして周囲に圧倒される状態では，自分の意見などいえなくなってしまいそうで，今から心配でなりません。そのため，集団討論にはどのような心構えで臨めばよいのか，どうかアドバイスをお願いいたします。

A. 採用試験で集団討論が課せられるとのこと。近年，この傾向にあるようですが，これも教員選考において，人物重視が顕在化した証ではないかと思われます。おそらく，その討論の課題も，現実の教育課題であるはずです。このことは，教員は採用即児童生徒と接する，直ちに教育の当事者ということになるからです。したがって，教師を志望する方は，このことを十分認識し，教育についての在り方に自らの考えを持っていなければなりません。このことは“教育の自立”といえるかもしれませんが，教育に携わる人は，決して評論家的な認識であってはならないということです。

そこで，自らの気質として意思表示が苦手であるということのようですが，このことについては，少し理解しにくいのです。それは，これまでにお会いした方で，教師を目指す人は，共通に“育てる”ということに関心があり，そのために子供たちにどのように接していこうとしているかの考えを持っていらっしゃったからです。したがって，おそらく，それはあるが，それを表現することに躊躇があるということではないかと考えます。

このことから，現在のご心配を了解いたしますが，その心境もこれまでのことから実感していらっしゃるのですから，即効性のある対策など考えられません。しかし，自らの適性がよりよい評価につながるように，これから，心得ていただき，試験の当日，自分のためではなく，自らが育てようと思っている子供たちのためとの考えから表現することではないかと思います。そのために是非実行していただきたいことは，新聞の利用です。それは，近年，日刊紙で教育にかかわる記事のないものはないほどで，時には特集もあるぐらいですし，特に読者の欄の教育の記事は見逃してはなりません。このことについて，必ず，自らがその当事者であるとして自問すると，案外自らの考えていることも明確になってくるものです。さらに，このことから認識を深め，自らの意見となったものは，集団討論でも客観性を発揮し，討論者の間での話題を醸し出すことになりますので，孤立することもありません。

なお，先輩からの情報ですが，当然のことですので，ある県では，経験者と同席しないような工夫もあるくらいです。したがって選考は，そのことを承知の上で評価していると思ってください。

Q **私は，残念ながら前年の試験には失敗してしまいました。原因は，第二次試験，特に面接にあったようです。この面接試験を突破するには，具体的にどのような心構えが必要でしょうか？**

A. 第二次試験で不合格になる理由は，人により当然さまざまです。二次試験そのものの出来，不出来もさることながら，一次試験の出来が相対的に低かったために，二次を受けてから不合格になる場合も考えられます。

ここでは，一次試験はかなり出来たものと仮定して，面接についての心構えを述べましょう。

面接では，知識よりもむしろ対応の感じの良し悪し，ものの考え方の特徴・傾向性などが限られた時間のうちに試されることを知っていなくてはなりません。博識であっても，試験官が聞きもしないことを得意然として解説したり，さらに悪乗りして，プライベートな美談を自信満々に披露するなどは，マイナス点を稼ぐために口を開いているようなものである，というくらいの常識は最低持ちたいものです。また，教育問題についても，マスコミ受けしている評論家のような論評をしたり，まったく第三者的に論評するようなやり方(たとえば,「日本の教育に明日はない」というような論評)は，試験官のひんしゅくを買うことになります。あくまでも，教師になろうとしている己の主体的な判断が問われているという前提で，面接官に対応することが大切です。

面接試験心構え六か条

①志望動機など基本的な質問については，あらかじめ回答を用意しておく。
②身上書の内容は必ずコピーをとっておく。
③各種の報告書や通達など，できる限り多くの資料に目を通し，その内容を理解しておく。
④指導案をいくつか自分で作っておく。
⑤常に，実際に教壇に立ったとき，自分は具体的にどのような指導を行うかを考える。
⑥すべての質問に対して，より実践的，より具体的に答えること。

第 4 部

提出書類の書き方

願書の書き方

願書を書くに当たって

学校は設置者によって，「国立」，「公立」，「私立」に分けられるが，公立学校の教員の身分は地方公務員である。

したがって，すべての人に愛されるのが理想であり(現実社会では，さまざまな考えを持つ人がいるし，立場も異なるので，あり得ないことかもしれないが)，より多くの人に信頼されたり，好感を持たれることが重要である。

そのためには，願書を書くに当たり，以下のことを心掛け，好印象を与えることが大切である。

決められた形式の中で，自分の魅力を出す

あること(題材やテーマ)にそって，かなりの文字数を使って自分の考えを書く論作文に対して，願書は，「教員を志す理由」，「特技や資格等」，「ボランティア活動等の実績」，「△△県を志望する理由」など，あらかじめ決められた項目にそって，書く場合がほとんどである。

何も項目が決められていない論作文より，項目が決まっている願書のほうが簡単だと思われがちであるが，すべての受験者が同じ項目について書く願書の中で，「この人物なら，面接してみたい」と思われるような願書を書くことは，かえって難しい面がある。論作文では，あるテーマを窓口にして，受験者の教育についての思いや考えを知ることが採用者側の主旨であるのに対して，願書では，受験者の人物像について，概括的に理解することになる。この受験者は，どんな人物なのかという，人物のプロフィールを理解するのが願書である。

提出を求められる書面

①「自己アピール」

記入項目例「あなたのこれまでの経験を，教育実践にどのように生かすかアピールしてください」「長所，特技，抱負などをお示し下さい」「本県希望の動機をお書きください」など

②「自己申告カード」

記入項目例「教員を志望した理由」「あなたはどのような点が本県教員にふさわしいと考えるか」「海外留学や国際交流の経験などがあったら記入してください」など

③「クラブ活動・ボランティア活動歴等」

記入項目例「著書，論文，研究発表，卒論テーマ等」「趣味・特技」「外国語能力」「クラブ等で指導できる種目」「賞罰」など

④「人物に関する証明書」

職歴のある人

書類作成上の注意事項

願書では，書いた内容，文字，写真で，プロフィールを理解する場合が多いので，それぞれについて，次のようなことに心がける必要がある。

①写真は，さわやかに

願書に目を通す多くの人に，好印象を持ってもらうには，明るいさわやかな感じの写真がよい。写真で，この人物は頼りがいがありそうであるとか，周りの人と協調してやっていけそうであるとか，子供に好かれそうであるといった印象を与えたいものである。

そのためには，結婚式や七五三などの晴れ着はまったく必要ないが，こざっぱりとした，清潔感のある服装や表情を心掛けることである。暗そう，だらしなさそう，子供に嫌われてしまいそうな印象を与える写真は避けることである。

②文字は，丁寧に

「文は人なり」と同様に(その中に含まれる)，文字は人なりで人柄を推測できるものである。

したがって，「丁寧に書く」ことを心がけることが一番である。

美しい文字を書くこともあるだろうが，人それぞれに味わいのある文字を書くので，自分らしく，丁寧に書くことである。

文字を見て，優しそうな人とか，おだやかそうな人とか，少し乱雑そうな人とか，少し頼りなさそうなどの印象から，人柄を思い浮かべることがある。

筆圧が強く，大きい力強い文字があると思えば，薄く，小さく，一見頼りなさそうな文字もある。常識をわきまえた人柄がにじみ出るような文字を書くように心掛けたいものである。携帯メールで使う絵文字や略語も避けることである。

③内容はスッキリと，自分の思いを熱く伝える

願書に目を通して，最も人柄が表出されているのが，書かれている内容表現である。「教員を志す理由」，「ボランティア活動等の実績」などの項目はあらかじめ決められていて，各項目に書く行数や紙面もそう多くはない。常識的なことだけしか書けないことも予測される。各項目にそって事実や常識的なことを書くこと自体は，そう難しいことではないと思われる。しかし，それだけで，自分の魅力，他人と異なる教員への思いを伝えることは簡単ではないだろう。

多くの願書の中で，採点者に「おやっ」と思わせ，面接に期待感を持ってもらうには，スッキリとした内容の中で，自分の思いや考えを熱く伝えるように心掛けることが大切である。そのために教員採用試験を受験する者は，常に「子供」のことを念頭に置きながら考え，書く必要がある。

各項目ごとに，事実や思い・考えを書きながら，できるだけ，子供とのかかわりについて結論づけていくように心がけたい(願書の中には，事実だけ書けばいい場合もあるので，何がなんでも，子供に結びつければいいというわけではないので注意する。要は無理なこじつけはしないほうがよいということだ)。

願書の書き方

①基本的なことをふまえて書く

願書で自分のプロフィールを理解してもらい，好印象を持ってもらうには，願書を誠実に，丁寧に書くよう心掛けることである。そのため，次の基本的なことを踏まえて清書し，提出すること。

②記入例にそって書く

願書を書く際は，必ず「記入例」をよく読んで，例を参考にして書くことである。

注意事項を読むだけでなく，下線を引くなどして，確認・納得するようにすることである。

③願書をコピーして，下書きする

願書を書く際は，いきなり清書するのではなく，願書をコピーして，コピーしたものに下書きするよう心掛けることである。

そうすることにより，誤字，脱字を防ぎ，表現上の修正などができる。

④指定された筆記用具を使って書く

黒のボールペンで書くように指定してある場合が多いが，指定されていなくても，黒か青のボールペンで書くようにしたい。それが現在の日本では一般的になってきている。

⑤まず，鉛筆で下書きする

清書する際には，コピーに下書きしてあっても，できたらその内容を鉛筆で薄く下書きし，その上を黒のボールペンで清書するように心がけたいものである。清書した願書は，ミスや訂正がなく，より適切・的確なものが望ましい。

⑥下書きを丁寧に消す

清書が終わったら，下書きした鉛筆書きの筆跡を消すことを忘れてはならない。消しゴムで消すことになるが，消しゴムによっては願書が汚れることがあるので注意を要する。あらかじめ，別な用紙で確かめておく。また，使用中に消しゴムが汚れてしまうので，使った都度，細かく汚れ具合をチェックしたほうがよい。また，清書の際訂正しなければならなくなった時には，指示に従って訂正すればよい。わずかな訂正はあまり気にしなくてよい。

願書記入例①

教育現場の現状認識に基づき，自らの熱意をアピール

教育の重要性の認識に基づいた教職選択の表明

・志望の動機及び抱負

日本は資源に乏しく、人材は宝である。日本人が世界のあらゆる場面で活躍できるのも、教育が果たしている役割が大きい。私は教員になり、日本の教育の充実に努め、世のため人のために尽すことができ、様々な分野で幅広く活躍できる人材を育てるために、子どもたちと正面から向き合って、共に成長していきたいと思う。

いじめやニートが社会問題化している今、夢や希望を抱くのが難しい時代だが、子どもたちが前向きに生きる力を身に付けられるようにしたい。授業での学力を高めるのは当然だが、挨拶などの基本的な生活習慣もしっかり指導していきたい。また、目標に向って子どもたちと協力し、努力し、共に成長できるような、楽しいクラスを作っていきたい。常に子どものことを考え、全力を尽せる教員を目指し、授業力の向上を図っていく所存である。

・自己PR

私は仲間をはじめ、人と話したり共に活動することが好きである。教員になったら同僚の先生や保護者、地域の人たちと交流を深め、周囲から信頼される教員になるよう努力したい。

また、得意のパソコンを生かして、子どもたちにパソコンの楽しさを通じて学習に必要な検索ができるように指導し、子どもたちの自己学習力を伸ばすように努めたい。学校から地域と保護者に必要な情報が速やかに伝わるように、学校全体のパソコン活用能力の向上に取り組み、地域、保護者参加の開かれた学校作りにも貢献できればと思う。

自分の特技が教職の現場でどのように生きるのか，具体的に

自己の性格を分析，教員の適性と結び付けてアピール

願書記入例②

面接で質問されることを念頭に置いて，よく吟味して書く

項目	記入欄
特技や資格等	英検準1級を持っている。国際社会の一員として，我々は英語以外の外国語も必要な時代を迎えている。今では英語教育は小学校でも取り入れられるようになり，今後ますます重要なものになるので，英検準1級の力を教室でも存分に発揮したい。 水泳が得意である。子どもの基礎体力の衰えが言われて久しいが，水泳指導の中で，泳ぐことの楽しさを教え，子どもの泳力を高めると共に体力増進を図りたい。スポーツを通して健康な体づくりに励むことは大切だと思う。
ボランティア活動等の実績	地域で子どもたちのサッカー活動を手伝う。子どもの良いところを誉め励ますと，喜ぶ顔を見せると同時に，技術も上達するし，自然と挨拶などの礼儀も身に付いていく。こうした経験を生かして子どもたち一人一人を認め，励ましながら，学級という一つのチームワークを作り上げ，前向きな子どもたちを育てたい。
海外留学・国際交流の経験	中国の人々との交流。親善交流で訪れた中国では，人々はとても明るく，広い心で受け入れてくれたので，とても有意義であった。子どもたちの笑顔も印象的で，教員になったらこの時の体験を生かして，様々な国の子どもたちを広い心で温かく受け入れたいと思う。
あなたが目指す教員像	子どもの心を理解し，楽しい授業ができ，保護者に信頼される教員でなければならない。そのために授業時間に止らず，休み時間も子どもたちと時間を共有し，話を聞いてあげたい。また，教材研究を十分にし，分かりやすい教材を準備し，発問を工夫し，子どもが活動しながら必要な知識や技能を身に付けられる授業ができるような教員を目指したい。
あなたが教員に向いていると思うところ	明るく真面目な性格である。教員は子どもに教え，学力を身に付けさせ，個性を伸ばし，社会性を育てるのが仕事である。常に子どもと明るく接することによって，子どもの心を開き，学級の子どもたち全員が楽しく学校生活を送れる手助けとなる。また，子どもの個性や社会性を育てるという重責を担う教員は，教職への意欲と責任感，周囲の人々との協調性を併せ持っていなければならないので，謙虚で真面目な性格であることは欠かせないことだと思う。
教員を目指すにあたって努力していること努力しようとしていること	子どもとの接し方，教材の研究，授業の方法などを勉強するために，教育研究の会合に参加している。現役の教員の実践発表を聞くことは，学ぶべきことが多く，参考になることも多い。自分も教員になったら，創意工夫に富んだ授業を実践したいと考えている。 読書に励んでいる。「教育は人なり」とよく言われるが，子どもに必要な知識を与え，子どもの健全な心を育てる教員には，高度な教養が求められる。読書は教養を身に付けられる，最も身近で強力なツールである。常日頃より教育に止らずあらゆるジャンルの本を読んでいる。地味ではあるが，知識や教養を身に付けるためのこうした努力を惜しまないことが，必ず生きてくると思う。

資格や特技を教職に結び付けてアピール

積極的に地域社会に貢献する姿勢をアピール

自分の経験が教職にどう生かされるのか

自分はどんな教師でありたいのか，具体的に

教員としての適性をアピール

教員としての課題意識の表明

書類作成上のポイント

願書に書いた内容は，面接で問われることを想定しておく

これは重要なことである。選考試験での面接は，願書の内容を見て質問されるわけだから，特に「これは」と思った内容について，具体的に，詳しく聞きたくなるものである。

その際，しっかりと自分の言葉で，堂々と説明できる人もいれば，言葉に詰まってしまい，うまく説明できない人がいる。どの場面でも通用するような美辞麗句を並べている人は，本人は説明しているつもりでも，面接官にとってはわかりきったこと，抽象的なことにすぎず，これでは質問に答えたことにはならないだろう。

願書が面接と連動していることを考えると，願書で他人と異なる自分の違いを出そうとするあまり，自分が十分に使いこなしていない語句や表現の使用は厳につつしむべきである。

願書では誠実に，素直に，自分の思いや考えを書くように心掛けることである。その表現の中で，自分の思いや考えを熱く伝えるには，日頃から教育関係のことについて(できるだけ幅広く，世の中の動きと併せて)，自分なりの考えを持ち，整理しておくことである。

教育関係等の出来事について，興味・関心をもつだけでは不十分であり，自分ならどうするか，どう考えるかということまで自問自答するように心掛けておくとよい。さらに，整理した内容については，自分の言葉で短くコメントをつけることも忘れずに付け加えておきたい。

「自己PR文」の書き方

記入用紙が1枚の場合が多く，罫線が引いてある場合と罫線のない場合もある。そこで，罫線のない場合は，罫線を引いて記載することであり，次の各文は，引いた罫線を消したものと考えていただきたい。なお，記載内容のねらいも記しているので参考にしてもらいたい。

①自らの経験を生かし，これからの在り方の表明

教職を目指したこと自体が，教師としての生き方を決定づけたと考えている。つまり，教師は，子供たちの成長を期待し，日々の変容に一喜一憂しつつ，よりよき影響を与えようとしている者であり，とくに学級活動における子供たちの影響は大きいため，指導には，とくに力を尽くしたい。また，あくまでも子供たちとともにという心がけを忘れずに，常に教室や校庭に顔を出し触れあいの時間を少しでも多く作るようにしていきたい。

そこで，△△県の受験は，現在在住であることに加え，これまで臨時講師の経験があり，心豊かなたくましい児童生徒の育成と魅力ある学校づくりに努力していらっしゃる先生方と，その実現に向けて一緒に努力し続けたいためである。今後は，さらに，子供たちが登校することを楽しみにできる学級づくりにも工夫していきたいと考えている。

そのため，任用された暁には，これまで特色ある学校づくりを目指してこられた先生方のご努力を見習うとともに，協力して，微力を尽くすこと。さらに，地域の方々の期待を熟知し，その期待に応えられる教育を実践し，△△県の教師として，全力投球で努力していくことなど，私なりに自覚し，研鑽に努め，子供たちを育てることには人後に落ちないよう，常に自らを戒めていきたい。

②子供たちの現状認識に基づいた職務に対する認識表明

現実の日本社会における，子供たちの実情について，日常の報道などマスコミを通じて感じることが多い。しかし，自らが目指して

いることが，子供たちの健やかな成長に関わることであるため，いたたまれない気持ちになることも実に多い。そこで，身近に見る子供たちの多くは，一見賢そうな顔つきであり，衣服等も整っているが，その外見とは裏腹に，内面はとても貧しく，自らの在り方にも利那的な傾向さえ感じることがある。そのようなとき，子供たちらしさに浸れないでいることに，とても可哀想な気がしてならない。子供たちが，個々の現象を知るにつれ，切ない思いになるのかも知れない。このことは自我が芽生えつつある時期であるため，どうしても大人の影響なしには考えられないからでもある。そして，日常生活全般を考えるとき，現代の子供たちは，いわゆる核家族の状況，少子化や保護者の家庭で過ごす時間の減少などから，寂しい存在なのではないかと思える。

したがって，これから教育に携わろうとする者として，一人一人の子供たちの夢や希望を育むことが極めて大切であると考えている。このことに関して，学校での子供たちの生活の重要さは，計り知れないものがあると認識しているため，私は，学習活動ということに留まらず，人としての生き方・在り方ということを前提として，与えられた職務に尽力する覚悟である。

③教育の重要性の認識に基づいた教職選択の表明

自らの職業選択の機会に恵まれ，これからの生き方を考えるとき，どうしても頭から離れないことは，国際社会と我が国についてである。若年で，しかも浅学非才の身であることを承知しつつではあるが，具体的には，次のようなことである。

近年，日本においては，国際化，情報化，科学技術の進展が急速であるとともに，環境問題への関心も高まり，社会の変化が急激である。さらに高齢化や少子化など社会の様々な面での変化も加わり，今後，一層の激しい変化が予想される状況にある。

このような現況において，天然資源は皆無に等しく，地理的条件も好ましくないわが国が国際社会において，よりよき貢献の任に当たり，ひいては人類の明るい未来に向けての範となる必要があるのである。しかも，世界の社会の情勢を垣間見るとき，現代は極めて重要な時期にあると思えてならないのである。

そのためにも，最も大切な社会的機能が教育であり，現在ほど教育に期待がかかっていることはないと感じ，その業務に当たれるのが教職であり，自らが，その一翼を担えることは至上の喜びである。また，このように認識できるように育ててくださったことに対しての感謝の念がその背景にあり，これからの自らの生き方は，決して独善に浸ることなく，常に社会に貢献することを基盤とし，先人の努力を範として生きたいと考えている。そのため，是非とも，教員として勤務する場を与えていただきたい。

④教育の現状認識に基づき，自らの適性表明

私は，これまでの生活を振り返るとき，教員として生きるための予備期間であったと思えてならない。幼稚園，小学校，中学校などでは，ご指導くださった教師の皆さんに対して，憧れの気持ちで満ちており，その後の学校では，正に，自らの姿勢の礎を固めてくださったことに感謝の念でいっぱいである。

教育改革の真っただ中にある現在，21世紀の教育を目指し，今後は「教育課程自主編成の時代」の到来であるともいわれている。しかし，私はこれまでの日本の教育における子供たちの学習状況は，全体としてはおおむね良好であったと認識しているが，確かに過度の受験競争の影響から，多くの知識を詰め込む授業になる傾向や時間的ゆとりを持てず，教育内容を十分理解できない子供が少なくなかったことは否定できない。また，学習が受け身となり，覚えることは得意であるが，自ら調べて判断し，自分なりの考えを持つとともに，それを表現する力が十分育っていないことなど，諸外国に比べて改善すべきことなどの課題はあると思える。

このような状況から，現在，自ら学び自ら考えるなどの「生きる力」を育むことが重視されている。このことを考えるとともに，「適性」という文言を再確認し，これからの学校教育の充実こそが，日本の真の教育の力が発揮できると確信している。

〈自己PR文の作成例〉

「自己PR文」の作成

例：中学校教諭・英語志願者

近年，選考試験の願書とともに必要書類として提出を求められるものの例を示す。

●教職志望の動機	高校時代の恩師の教科指導のみならず，「育てる」ことへの情熱を感じ，自らの生き方の指針が与えられました。 この思いを自らが育った地で，これから生きる子どもたちの夢と希望を大いに抱かせるために力を尽くせるのは，教職以外にないとの強い意思です。
●出身県以外を受験する理由	出身県以外は，受験いたしません。
●学生時代に力を入れたこと	国際化の進展に伴い，人間関係に必要不可欠な言葉による意思疎通が重要で，教育上の課題であると考えています。そのため，少なくとも「英語」に関する違和感を払拭させる方法はないかと考え続け，試行錯誤しつつ，努力して参りました。
●長所・短所	長所：好奇心が旺盛である。さらに，粘り強さも人後に落ちません。 短所：考え過ぎることがあります。したがって，諸事に対し，即断即決の可否が分別できるよう努めています。
●理想の教師とは	○生徒の如何なる疑問・質問にも，応えられる教師。 ○生徒の相談には，親身になって耳を傾ける教師。 ○生徒のための如何なる事にも時間を惜しまない教師。 ○教育に携わっている自らの職に，誇りを感じている教師。
●現在の教育について	教育は，健全な社会を維持し，さらに発展させる営みで，教育愛やその使命感に基づく豊かな資質を備えた教師に支えられてきた。このことは，現在も不変です。しかし，社会が激変中であるだけに，子どもたちには，より一層，希望や夢を育む必要があります。
●採用先で指導できること	○学習指導：「英語」の教科指導では，生徒一人一人の学習進度に適した教材づくりに励み，学習に熱中させます。 ○特別活動：クラスの良き仲間づくりのため，諸行事参加に意欲を醸成させます。部活動では，剣道及びその他の部も指導します。
●保健室登校について	少なくとも保健室に現れる生徒は，登校の意欲を表していると考えます。したがって，その生徒が，教室へ足を運べるようにすることですが，そのためには，これまでの教室での状況を他の教師や生徒から十分聴き，皆で対応の仕方を工夫します。
●完全学校週五日制について	生徒にとって，休日，すなわち自由な日が増えることです。したがって，自発性や自主性を身に付ける良い機会と捉えています。しかし，放任するのではなく，有効な過ごし方などを示したり，時には，教師も加わったりし，正に，「生きる力」を育むことです。

①用紙の記入欄は空欄になっている。しかし，**鉛筆で罫線を引き，文章表現した後，罫線は消すこと**である。
このことは，項目を考えると選考する方がしっかり読むという姿勢を示しているからである。つまり，誰が読んでもよくわかるようにということである。

②文の調子は「です，ます」調がよい。

⑤自己PR文作成の具体例

記述内容の指示がなく形式を問わなければ，次のような書き方も考えられる。例として挙げる。

[前文として]

面接で「あなたはどのような人間ですか」と問われたら，なんと答えるか。良い悪いではなく，自己紹介をする。

例えば「横浜で生まれ横浜で育った生粋の横浜人である。中学校の恩師の姿が忘れられずに教職志望となる。物づくりに興味を持ち理科(物理)を選ぶ。生徒と共に新たなものを創り出していきたい」

[本文として]

1. 座右の銘…「我以外皆我師」，中学校で教育実習をして，生徒に数多くのことを教えられた。改めて周囲の人たちを見直し，自らの未熟さを知る。

2. 体験して学んだこと

ア　「学校は学び方を学ぶところ」…教育実習で，総合的な学習の時間を通して学校教育は生涯学習体系に位置付けられていることを学ぶ。

イ　「教育は自分探しの旅をたすける営み」…非常勤講師としての勤務で，自分探し(アイデンティティの確立)に努力している生徒の支援の仕方を学ぶ。これは個性の発掘や伸長は，生徒が生涯を通して努力することに通じていると知る。

ウ　「コミュニケーション能力の育成」…アメリカに語学留学をしたが，相手の主張をきちんと聞き取りこちらの言いたいことをはっきりと表現する難しさを知り学ぶ。

エ　「信頼は結果として得られるもの」…学習塾講師としての勤務で，児童生徒や保護者からの信頼は得ようとして得られるものではないことを知る。

3. 学んだことを教師として活かす

ア　「主役は子供，教師は黒衣」…子供たちをどのように演じさせる(生きる力の育成)かを考える。総合的な学習の時間では学習課題の設定で各自の考えをまとめさせ，その後に十分な討議をさせて多くのアイデアを出させる。

イ　「自分探しに挑戦させる」…個性の発掘と伸長は生徒自身に努力させる。理科の授業では可能な限り一人1実験を行う。班による実験を報告書にまとめるにも，各自の関わり方の報告や個人の感想文を書かせる。

ウ　「為すことにより学ぶ(デューイ)」…討議も重要であるが，学習は行動によってこそ身につく。「いのちの尊さ」も体験によってこそ実感できる。各自に体験策を考えさせ，実践させる。

エ　「教育は人なり」…パソコンもビデオも活用するが，教育は人と人とのふれあいによって形成されるものである。常に生徒といかに関わるかを考える。関わり方により効果は左右する。

「学習指導案」作成の基本

学習指導案作成について

①学習指導案とは何か

これは，子供たちを学習に熱中させ，新しい興味・関心，意欲・態度，思考・表現，知識・理解，気付きなどを養うため，教師の指導の道筋を表す授業の設計書である。そして，この設計書は，授業を組み立てる計画書であると同時に，授業に狂いがないかどうかを点検する役割もある。

②子供のための指導設計であること

そのためには，学級の子供の特徴を見抜き，授業の目標を明確にし，授業に対する教師の考えを盛り込み，子供が期待通りに生き生きと活動できるかを点検する必要がある。したがって，授業の公開で学習指導案が使われるのは，目前の子供の動きに加えて，授業参観者に，設計書からも授業を理解してもらおうという目的がある。いずれにせよ，子供のための設計書であるという立場で書くことが大切である。

③期待する子供像を描くこと

学習指導案をつくるに当たっては，まず，ねらいは何かということが十分考えられていなければならない。つまり，目標設定が単なる言葉の遊戯にならないようにしなければならないということである。そして，指導を終えた段階では，どのような子供になってほしいかという具体的な子供像を頭に描き，その子供像をねらいとして，学習指導案をつくっていくことが，極めて大切である。

④子供の実態を原点とすること

次に，設計の原点を何に求めるかについても十分留意する必要がある。もし，教師の指導上の都合だけに求めるならば，教師中心の子供不在の指導になりかねない。何はさておき，学習指導案をつくるに当たっては，設計の原点を子供の実態に置くことである。

⑤教材としての事象の設計であること

例えば，理科の学習は，物や道具があってこそ成立する。そして，物の種類や量によって，起こる現象や子供の活動が変わってくる。そこで，子供の発想を促したり，発想を生かしたりできるよう事象の選定や経験させる順序などを計画的に組織していくことが大切である。

⑥45分(50分)から45分(50分)への設計であること

学習指導案は，ふつう45分(50分)を単位として，子供と教師，子供と教材の関係を表現している。しかし，この45分(50分)には過去や未来が隠されているのであって，その時間をどう展開するかは，その時間の内容だけで決まるものではない。そこで，前時までにどのような活動をしたか，次時にはどう展開するかによって決まるので，前後の学習を明確にした上で作成する必要がある。

⑦形式を整え記録すること

作成した学習指導案に基づいた授業実践の後，反省の資料として活用することである。

学習指導案作成の手順と留意点

①単元の目標と内容の検討

ア　各学校種別の学習指導要領・教育要領及びその解説の各編に記述されている学年目標や分野等の目標及び内容等を十分に理解し，該当する単元で，指導すべき重点や留意事項を知る。

イ　教科書に基づき，単元の具体的目標を確認するとともに，指導項目の位置づけ及び指導箇所を明確にする。

ウ　上記のア，イをもとにして，さらに学校の重点目標を加味し，指導を通して形成されることが期待される子供像を頭に描き，単元目標を決める。その単元目標は，興味・関心，意欲・態度，思考・表現，知識・理解，気付きなどに分けて考えておく必要がある。このことは，評価に関わることであり，子供の学力の評価については，これからの学校教育で重視される自ら学ぶ意欲や思考力，判断力，表現力などを重視することである。とくに，学力を単なる知識の量ととらえるのではなく，自ら学び自ら考える力を身に付けているかどうかを適切に評価できるようにすることである。そのためにも，評価の観点についての意義を明確にし，評価の在り方についても客観性をもたせておくことが大切である。

②子供の既習経験の調査

ア　各学校種別の学習指導要領・教育要領及びその解説の各編や教科書，さらに当該学校に保存されている学習指導案等の資料に基づいて，当該単元に関係する子供の既習経験などを調査する。

イ　必要に応じて診断テストなどを実施し，既習経験が身に付いている状態を調査することも良い。その際，複数教員の合議により調査項目を設定するなど，的確な資料が得られるようにすることである。

③単元の指導計画の作成［例・理科学習］

ア　子供の実態を考慮し，目標を達成するために必要な活動を単位時間ごとに予定することである。

イ　自然の事物・現象にはたらきかける活動内容について，検討の視点を明確にすることであり，次のものが考えられる。

- 各学校種別の学習指導要領・教育要領及びその解説の各編や教科書に記載され，各学校で無理なく実践できる観察・実験の内容
- 地域や学校の実態に即した素材を最大限活用でき，子供たちの興味・関心を醸成できる観察・実験の内容

ウ　子供の既習経験をもとに，子供の実態に即して，学習意欲を起こさせるとともに，それを持続させるために有効である，と考えられる活動の順序を工夫することである。そのためには，指導に当たる教員間の一致協力した態勢のもとで，次のことが考えられる。

- 観察や実験をさせることにより捉えられることが，過去の経験

との差異があったり，矛盾する場に立たせ，疑問や問題をもたせることである。さらに，それを解決する道筋を考える際，観察や実験をさせることにより捉えられる事象が，目前の事象間で異質のものであったり，他のグループのものと同一でなかったりする場に立たせ，疑問や問題をもたせて，それを解決する道筋を自ら考え，解決していこうとする意欲をより一層増加させるようにすることである。

- 地域や学校の実態に即する学習活動を充実させるため，製作・栽培・飼育などの活動を指導する際，指導内容に応じてコンピュータ，視聴覚機器などの適切な機器を選ぶとともに，その扱いに慣れさせ，より一層活用することである。また，それぞれの地域にある博物館や科学学習センター，プラネタリウム，植物園，動物園，水族館などの施設を活用することも考えられる。正に，地域の身近な自然に関する豊富な情報源であるとの認識に基づき，それを指導計画に加えることは，子供たちの活動に有効である。

エ　教科書の指導書の活用については，次のことを考えることであり，有効に生かすことである。

- 教科書の指導書とは，一般的に市販されていないものである。しかし，各学校の教員は購入が可能であり，それを活用することも有効であると考えられる。ただし，その活用に際し，そこに記載されている活動の時数等は標準的なものであり，地域や学校の自然環境及び施設・設備の実情によって活動の時数等を割り振りする必要がある。子供の観察・実験能力，話し合いの方法や記録の仕方などについての積み上げの状態によっても変わるものである。そこで，これらのことを考慮して，活動の時間を適切に決めるとともに，重点とする活動については，十分な学習時間を予定することが大切である。

オ　単元の指導計画を作成する際，少なくとも，次のことは最低限配慮すべきことと心得ることである。

- とくに理科学習に関しては，必要に応じて，野外の現地調査，生物などの状態の調査，未経験な観察・実験の経験などを取り入れることは，貴重な学習体験となるものである。ところが，すべて教員が精通しているとは限らない。そのため，これらの活動の必要性を認識するとともに，安全確保のためにも，事前調査が不可欠である。

④本時案の作成上の留意点

ア　本時の指導目標を具体的な活動に即して決めることである。なお，目的によっては，授業研究目標を決めることもある。

イ　子供の学習意欲や問題意識を考慮して，学習活動とその展開の順序を十分に考慮して決める。

ウ　観察や実験の素材，用具などについて，予備実験をする。予備実験をする目的としては，次のことが考えられる。

- 素材，器具，操作法などについて，効果的な実験をするための留意点を調べるとともに，事象に取り組む子供の心情をも推察する。
- 準備や実験に要する時間を調べる。
- 安全を確保するための留意点を調べる。

エ　子供の思考過程や過去の学習経験などを考慮して，子供に考えさせることと，教員が説明すべきことを区別する。

オ　子供の実態に即するように，思考を促す発問を吟味し，発問に対する子供の反応を予想するとともに，発問しやすくする姿勢についても適切であるよう留意することである。

カ　子供を生かす的確な指示，子供の学習活動を促す適切な助言について考えることである。

キ　思考，観察・実験，記録及び話し合いなどを助けるための板書については，その時期及び位置などを検討する。

ク　思考，観察・実験，記録及び話し合いなどを助けるためのコンピュータ，視聴覚機器などの適切な機器など活用できる資材について検討する。

ケ　子供の問題意識，観察・実験の方法や結果などについての話し合いの場面で，子供が発言しそうな内容を予想する。

コ　ノートについて，必要な場面を予定し，その方法を検討し，子供たちにも適切に伝える。

サ　本時の学習のまとめについて，その方法と内容を指導目標に照らして予定し，導入から学習のまとまりができるまでの流れをたどってみる。

シ　教師の指導を評価するために，子供の状態をチェックするポイントやチェックの方法を予定する。

ウ～シの考察を総合して，本時の指導内容や展開順序，指導方法，所要時間などを再検討し，より望ましい指導計画となるよう努力する。

学習指導案の内容と形式

学習指導案は，次に述べるように，単元または単元名，単元の目標，単元の指導計画，本単元の立場，本時案の要素に分けて表現するのがふつうである。

①単元または単元名

ア　当該授業の名称を示す。

イ　その名称は，簡潔に示す。

②単元の目標

ア　単元全体の指導を通して目指す目標を書く。

イ　総括的な目標を書くことがある。

ウ　興味・関心，意欲・態度，思考・表現などを強調し，総括的な目標を少し詳しく表す場合がある。

エ　意欲・態度に関するねらいを具体的に表現する場合には，「～することができる。」や「～することができるようにする。」など箇条書きにする。

オ　その単元を指導することによって，子供たちに何を定着させるかについて，授業者の立場を明確にし，他の人が見て，授業者が何をねらって授業を展開しようとしているのかが，容易に理解できるように工夫することである。

③単元の指導計画

次に示すように，学習活動のまとまりで示す簡単なものから，問題解決の筋道を示す詳しいものまで，いろいろなものがある。

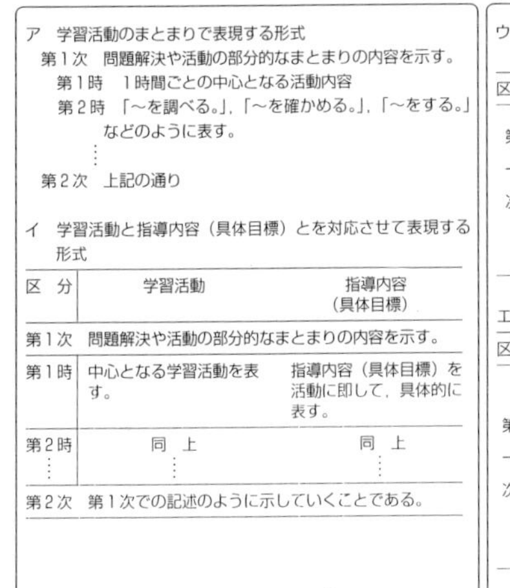

ア　学習活動のまとまりで表現する形式

第1次　問題解決や活動の部分的なまとまりの内容を示す。

第1時　1時間ごとの中心となる活動内容

第2時　「～を調べる。」，「～を確かめる。」，「～をする。」などのように表す。

⋮

第2次　上記の通り

イ　学習活動と指導内容（具体目標）とを対応させて表現する形式

区分	学習活動	指導内容（具体目標）
第1次	問題解決や活動の部分的なまとまりの内容を示す。	
第1時	中心となる学習活動を表す。	指導内容（具体目標）を活動に即して，具体的に表す。
第2時 ⋮	同上 ⋮	同上 ⋮
第2次	第1次での記述のように示していくことである。	

ウ　問題を中心として、学習活動と指導内容(具体目標)とを対応させて表現する形式

区分	学習活動	指導内容
第一次（○時間）	「～は，～だろうか。」のように，調べていく課題を示す。	
	・中心となる学習活動を表す。	・指導内容（具体目標）を活動に即して具体的に表す。
	次に調べていく課題を示す。	
	・上と同様に示す。	・上と同様に示す。

エ　問題解決の筋道で表現する形式

区分	学習活動
第一次（○時間）	○「教師が提示する活動のきっかけとなる課題の提示」 ・児童生徒の具体的な活動を表す。 ○「児童生徒の疑問・問題や活動のテーマの提示」 ・新しい疑問や観察・実験の内容を表す。 ○「観察・実験の結果をまとめるきっかけの提示」 ・話し合いの主な内容を表す。 ○「新しい疑問・活動のテーマの提示」 ・簡潔に示す。

④本単元指導の立場

目的により，記述される内容は様々である。しかし，これまで示されているものを要約すると，その要素は次のようである。

ア　本単元の自然認識の内容に関して，既習経験と将来への発展について述べる。

イ　単元展開の筋道を児童生徒の認識や能力の実態と関連させながら，特に配慮した点を述べる。

ウ　素材の教材化に当たっての立場や活動の内容について取り上げた理由を述べる。

エ　季節との関係や単元配列との関係，通常の学習場所以外での学習の場合はその理由を述べる。

オ　研究テーマとの関連で，特に配慮した展開の工夫，素材の選定や活動の工夫，子供たちを扱う立場などについて，その根拠とな

る考えを述べる。

カ　第一時，第二時，……のそれぞれの時案について，問題解決や活動の筋道の概要を述べる。

キ　学級集団としての学習方法や学習状況の実態，さらに，それに立脚した指導上の配慮について述べる。

ク　本時の指導について，特に配慮したり，努力したりすることなどを述べる。

本時案の内容と形式

本時案は，次に述べるように，「本時の目標」，「本時の展開」の要素に分けて表現するのがふつうである。しかし，研究テーマに即して授業研究をする場合，本時の研究目標を設定するのが望ましい。その場合は，「本時の目標」，「本時の研究目標」，「本時の展開」の順になる。その他，目的によっては，評価の方法について述べることもある。

ここに，「本時の目標」は同一であるが，「本時の展開」については様々なものが考えられるため，次の六種類を示した。

①学習活動と指導上の留意点で表現する形式

②留意すべき点を教師の活動，子供の反応，留意点に分けた形式

③問題解決の筋道を中心にして，教師と子供の関係で表す形式

④子供たちの活動と意識を中心とする形式

⑤学習活動を中心にした，教師と子供たちの関係を表す形式

⑥フローチャートを活用した形式

これらの形式は，いずれもふつうに用いられているものである。そこで，各教科・科目等の特色を考えることが大切である。しかし，いずれにしても，自らが適切であると思われるものを選ぶと良い。

●書籍内容の訂正等について

弊社では教員採用試験対策シリーズ（参考書，過去問，全国まるごと過去問題集），公務員試験対策シリーズ，公立幼稚園・保育士試験対策シリーズ，会社別就職試験対策シリーズについて，正誤表をホームページ（https://www.kyodo-s.jp）に掲載いたします。内容に訂正等，疑問点がございましたら，まずホームページをご確認ください。もし，正誤表に掲載されていない訂正等，疑問点がございましたら，下記項目をご記入の上，以下の送付先までお送りいただくようお願いいたします。

① **書籍名，都道府県（学校）名，年度**
（例：教員採用試験過去問シリーズ　小学校教諭 過去問　2025年度版）
② **ページ数**（書籍に記載されているページ数をご記入ください。）
③ **訂正等，疑問点**（内容は具体的にご記入ください。）
（例：問題文では“ア～オの中から選べ”とあるが，選択肢はエまでしかない）

〔ご注意〕
○ 電話での質問や相談等につきましては，受付けておりません。ご注意ください。
○ 正誤表の更新は適宜行います。
○ いただいた疑問点につきましては，当社編集制作部で検討の上，正誤表への反映を決定させていただきます（個別回答は，原則行いませんのであしからずご了承ください）。

●情報提供のお願い

協同教育研究会では，これから教員採用試験を受験される方々に，より正確な問題を，より多くご提供できるよう情報の収集を行っております。つきましては，教員採用試験に関する次の項目の情報を，以下の送付先までお送りいただけますと幸いでございます。お送りいただきました方には謝礼を差し上げます。
（情報量があまりに少ない場合は，謝礼をご用意できかねる場合があります）。
◆あなたの受験された面接試験，論作文試験の実施方法や質問内容
◆教員採用試験の受験体験記

送付先
○電子メール：edit@kyodo-s.jp
○FAX：03-3233-1233（協同出版株式会社　編集制作部 行）
○郵送：〒101-0054　東京都千代田区神田錦町2-5
協同出版株式会社　編集制作部 行
○HP：https://kyodo-s.jp/provision（右記のQRコードからもアクセスできます）

※謝礼をお送りする関係から，いずれの方法でお送りいただく際にも，「お名前」「ご住所」は，必ず明記いただきますよう，よろしくお願い申し上げます。

教員採用試験「過去問」シリーズ

神戸市の
面接 過去問

編　集　© 協同教育研究会
発　行　令和6年2月25日
発行者　小貫　輝雄
発行所　協同出版株式会社
〒101-0054　東京都千代田区神田錦町2 - 5
電話　03－3295－1341
振替　東京00190－4－94061
印刷所　協同出版・POD工場

落丁・乱丁はお取り替えいたします。